KB274002

강원 원주 지역의 언어와 생활

국립국어원 지역어조사추진위원회
이기갑 (위원장, 목포대학교 교수)
강영봉 (위원, 제주대학교 교수)
김무식 (위원, 경성대학교 교수)
김봉국 (위원, 부산교육대학교 교수)
김정대 (위원, 경남대학교 교수)
박경래 (위원, 세명대학교 교수)
소강춘 (위원, 전주대학교 교수)
최명옥 (위원, 서울대학교 교수)
한영목 (위원, 충남대학교 교수)
홍윤표 (위원, 연세대학교 교수)
이상규 (전 위원장, 국립국어원 원장)

지역어 구술 자료 총서 2-1
강원 원주 지역의 언어와 생활

초판 제1쇄 인쇄   2007년 12월 21일
초판 제1쇄 발행   2007년 12월 31일

지 은 이 ‖ 김봉국
펴 낸 이 ‖ 국립국어원
펴 낸 곳 ‖ 태학사
　　　　　주소 ｜ 경기도 파주시 교하읍 문발리 파주출판도시 498-8
　　　　　전화 ｜ (031) 955-7580~2(마케팅부) · 955-7584~90(편집부)
　　　　　전송 ｜ (031) 955-0910
　　　　　홈페이지 ｜ www.thaehaksa.com
　　　　　전자우편 ｜ thaehak4@chol.com
　　　　　등록 ｜ 제 406-2006-00008호

ⓒ 국립국어원, 2007

ISBN 978-89-5966-202-9 94710
ISBN 978-89-5966-200-5 (세트)

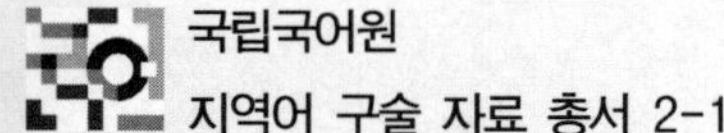

국립국어원
지역어 구술 자료 총서 2-1

강원 원주 지역의 언어와 생활

김봉국

태학사

■ 책을 내면서

이 책은 강원도 원주시 소초면에 거주하는 토박이 화자들의 구술발화를 녹취하여 전사한 것이다. 이 책을 내기까지 적극적인 도움을 주신 토박이 화자로는 서홍운, 전창례, 김은애 할머니와 추교철 할아버지이다. 서홍운, 전창례 할머니의 구술에는 논농사, 밭농사, 가을걷이와 겨우살이, 마을 공동체 생활 등의 생업활동, 무명, 명주의 재배와 길쌈에 대한 과정을 포함한 의생활, 채소 재배와 밑반찬의 조리와 같은 식생활에 대한 내용이 포함되어 있으며, 추교철 할아버지의 구술에는 마을 공동체 생활과 관련된 생업 활동 등의 내용이 포함되어 있다.

이 구술 담화는 국립국어원에서 매년 실시하는 지역어 조사 사업의 하나로 수행된 것인데, 강원도 원주 지역의 조사는 2005년에 실시되었고, 그 조사 결과 보고서도 같은 해에 출간되었었다. 이 책에 실린 구술 담화 또한 조사 보고서에 포함된 내용으로 구성되어 있다. 하지만 조사 보고서의 양적인 면이나 질적인 면에서 전문가 및 비전문가들이 이용하기에는 여러 가지 불편한 점이 있었을 뿐만 아니라 보고서의 내용에서도 잘못된 부분이 많아서 이를 수정하고 보완해야 할 필요성이 있었다. 이런 이유로 인하여 구술 발화만 따로 떼어서 단행본을 출판하게 되었다. 이 과정에서 잘못 전사된 부분이나 표준어 대역에서 문제가 있는 부분을 수정하였고, 주석과 색인 작업을 덧붙이게 되었다.

구술 담화는 그 지역 토박이들의 자연스러운 발화를 그대로 전사한 것이므로, 전사된 구술 담화는 담화 연구의 자료로서 요긴하게 이용될 수 있다. 이런 구술 담화의 전사는 이미 뿌리깊은나무사의 『민중자서전』이나 정신문화연구원의 『구비문학대계』에서도 시도된 바 있다. 또한 국립국어원의 『서울토박이말자료집』(Ⅰ)과 (Ⅳ) 역시 서울 토박이들의 구술 담화를 싣고 있다. 그러나 뿌리깊은나무사의 『민중자서전』이나 정신문화연구원의 『구비문학대계』는 전사의 정확성이 의심될 뿐 아니라 부분적으로 편집이 행해지기도 하였다. 또 『서울토박이말자료집』은 비교적 정확히 전사된 자료이지만 담화의 길이가 짧은 것이 흠이다.

이 책은 모두 네 분의 제보자가 약 3시간 20분 동안 구술한 내용을 담고 있다. 여기에는 생업 활동, 의생활, 식생활, 거주생활 등 우리의 전통적이면서도 기본적인 삶의 다양한 형태들이 내용 속에 포함되어 있으며, 질병과 민간요법, 이 지역에서 전해져 오는 전설과 설화 등이 들어 있다. 따라서 다양한 내용에 따른 다양한 토박이 어휘들이 그대로 드러나 있다고 볼 수 있다. 우리는 표준어 번역과 주석 그리고 색인을 통하여 이런 어휘들에 대한 상세한 정보를 제공하려고 노력하였다.

이 구술 담화 자료는 강원도 원주 지역의 어휘를 비롯한 음운, 문법의 이해에 도움을 줄 뿐 아니라, 이 지역 토박이들의 말하기 방식을 파악하는 데 유용할 것으로 예상된다. 더구나 말하기의 방식은 군 단위마다 차이를 보이는 것이 아니므로, 이 구술 담화는 강원도 방언 전체의 담화 연구를 위한 자료로 이용될 수 있을 것이다.

이 구술 담화의 초벌 전사는 서울대학교 박사과정 김세환 선생이 맡았으며, 이 초벌 전사에 대하여 저자가 다시 한번 점검을 하였다. 전사를 경험해 본 사람들은 전사 작업이 얼마나 힘들고 고통스러운 작업인지 알게 되는데, 이처럼 어렵고 힘든 작업에 적극적으로 애써 준 김세환 선생에게 고마움을 전한다. 하지만, 살아서 숨쉬는 귀한 보물인 이 구술발화 자료를 단행본으로 간행하는데 누구보다도 가장 큰 도움을 주신 분들은 바로 제보자이신 서홍운, 전창례, 김은애, 추교철 어르신들이다. 뜨거웠던 여름날, 젊은 사람들도 힘들어할 수 있는 일을 기꺼이 응해 주시고 자세하게 말씀해 주신 이들이 있었기에 이와 같은 결과물이 나올 수 있었으리라. 다시 한 번 감사의 말씀을 전하고 싶다.

조사 과정

　국립국어원에서는 2004년부터 전국의 지역어 조사 사업을 시행하고 있다. 이 사업은 도(道)를 단위로 하여, 한 도에서 한 지점씩 연차적인 조사를 진행할 예정으로 있다. 첫 해에는 질문지를 만들고 시험해 보기 위하여 예비조사를 실시하였고, 본격적인 조사는 이듬해인 2005년부터 시작되었다. 강원도 지역에서는 원주시를 1차 조사지점으로 선정하였다.

　원주는 한반도의 중심부이자, 강원도 남서부에 위치하고 있으며 반도의 백두대간에 남북으로 길게 뻗은 태백산맥을 중심으로 하여 서남쪽에 자리잡고 있다. 원주를 중심으로 동쪽으로는 영월, 평창, 서쪽으로는 경기 여주, 양평, 북쪽으로는 횡성, 남쪽으로는 충북 충주, 제천 등이 자리하고 있다.

　강원도 방언은 크게 태백산맥을 경계로 동쪽 지역인 영동 방언과 서쪽 지역인 영서 방언으로 나누어지는데, 영동 방언과 영서 방언의 차이는 특히 운소적인 면에서 두드러진다. 원주는 영서 지역에 속하며, 영서 방언의 특징을 가지고 있기는 하지만, 인접한 경기 방언의 영향이 미치는 곳이기도 하다. 하지만 영서 방언을 대표하는 지역이라 할 만하다.

　소초면(所草面)은 원주시(原州市)의 북동부에 위치하고 있는데, 동부의 차령산맥에서 뻗은 치악산이 위치하여 높고 험한 산지를 이루며, 섬강 유역으로 약간의 산간지대를 형성하고 있다. 비로봉과 매화산에서 발원한 학곡천 유역과 편장리에서 발원한 장양천 유역 등은 약간의 평지가 발달하여 벼농사의 중심지를 이루는데, 농경지는 총 면적의 20% 정도에 해당

한다. 지리적으로는 동쪽으로 횡성군
강림면과 안흥면, 서쪽으로 섬강을 경
계로 하여 호저면, 북쪽으로 횡성이
접해 있다. 교통은 영동고속국도가 면
의 북서부를 통과하고, 원주~평창간
의 42번 국도가 이와 나란히 달리며,
원주~홍천간 5번 국도가 서부를 통
과하고 있다.

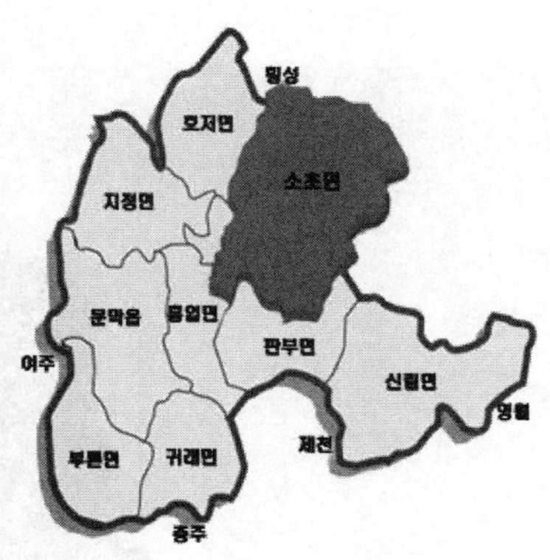

원주시 소초면

　　본 조사는 원주시 소초면 평장2리
경로당 및 제보자의 집에서 주로 진행되었는데, 조사는 2005년 8월 24일
에서 9월 10일까지 이루어졌다. 이 기간에 집중적인 조사를 실시하였으
며, 자료 전사 중에 빠진 부분이나 미흡한 부분에 대한 보충 조사는 9월
24일에서 25일에 걸쳐 이루어졌다. 조사는 저자가 주로 하였으며, 녹음
자료의 전사는 김세환(서울대 박사과정) 선생이 일차로 수행하였고, 초벌
전사한 부분을 저자가 다시 점검하며 보충하였다.

　　이 지역의 자료 제보자는 서흥운(당시 87세, 1919년생) 할머니, 전창례
(당시 85세, 1921년생) 할머니, 김은애(당시 75세, 1931년생) 할머니, 추교
철(당시 73세, 1933년생) 할아버지 등이다. 이 분들 중에서 구술발화에 주
로 많이 참여하신 주제보자는 서흥운, 전창례 할머니와 추교철 할아버지
이다.

　　서흥운 할머니는 강원도 원주시 문막읍에서 출생하였으며, 선대의 거주
지 또한 그곳이다. 현재는 강원도 소초면 평장2리에 거주하고 있는데, 이
곳으로 시집을 와서 줄곧 이곳에서만 살고 있다. 문막읍과 소초면은 지리
적으로 가깝고 인접한 지역이라서 두 지역 간에는 큰 방언차가 없어 보이
며, 제보자 또한 문막읍의 말과 소초면의 말이 다르지 않다고 하였다. 이
런 이유로 제보자로서의 자격을 충분히 갖추었다고 판단되었다. 이 분은

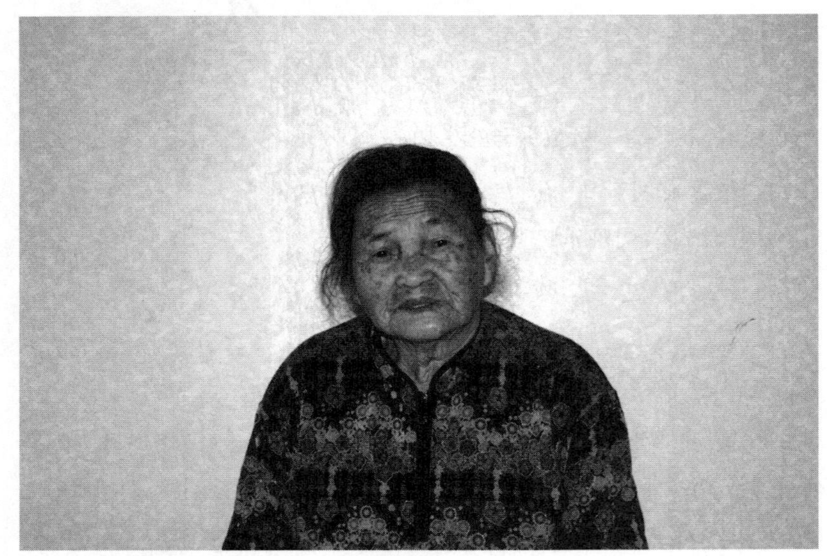

제보자 전창례

천창례 집

제보자 추교철

추교철 집

평창리 마을회관

평장리 마을 전경

태어나서 농사를 오랫동안 지어본 경험이 있기 때문에 농사와 관련된 많은 정보를 제공해 주었는데, 지금도 집의 텃밭에 몇몇 채소를 직접 재배하고 있다. 문자를 잘 모르시기 때문에 상대적으로 표준어를 사용하는 환경에 상대적으로 덜 노출되어서 이 지역의 방언형을 아직도 많이 갖고 있었다. 발음이 분명하였고, 청취력이나 치아 상태는 모두 양호하였다.

전창례 할머니는 강원도 원주시 흥업면에서 출생하였으며, 선대의 거주지 또한 그곳이다. 현재는 강원도 원주 소초면 평장2리에 거주하고 있으며, 10대에 이곳으로 시집와서 지금껏 살고 있다. 저자가 2000년 박사학위논문을 쓰기 위해 원주시 흥업면을 조사한 적이 있었는데, 흥업면이나 이곳 소초면이나 방언적인 차이는 거의 느끼지 못한다. 따라서 주제보자로서 손색이 없을 것으로 보였으며, 청취력이나 발음 상태 또한 양호하여 녹음하기에 어려움이 없었다.

김은애 할머니는 강원도 횡성군에서 태어나 일찍이 소초면으로 시집을 오셨는데, 목소리가 다소 작기는 하였지만, 발음이나 청취에 큰 어려움은 없었다. 이 분은 보조제보자로 참여하였는데, 서흥운, 전창례 할머니를 중심으로 저자가 이야기를 이끌어 나갔고 가끔씩 흥미로운 화제에 참여하여 이야기를 펼쳐 놓았다.

추교철 할아버지는 소초면에서 출생하였으며 선대의 거주지 또한 소초면이다. 젊은 시절 군대 생활을 하면서 한때 전국을 많이 돌아다닌 적이 있기는 하지만, 군을 제대하고는 줄곧 소초면에서만 농사를 지으면서 살아 왔고 지금도 농사를 짓고 있다. 그러기 때문에 농사짓기와 관련된 여러 가지 정보를 제공해 줄 수 있었다. 이 분 또한 발음이나 청취력에 크게 문제가 없었다.

이 구술 발화의 총 녹음 시간은 약 3시간 20분이다. 서흥운, 전창례 할머니는 주제보자로서, 논농사, 밭농사, 가을걷이와 겨우살이, 마을 공동체 생활 등의 생업활동, 무명, 명주의 재배와 길쌈에 대한 과정을 포함한 의

생활, 채소 재배와 밑반찬의 조리와 같은 식생활에 대한 내용을 구술하였
으며, 가끔씩 보조제보자로서 김은애 할머니가 보충 자료를 제공하였다.
한편 또다른 주제보자인 추교철 할아버지는 마을 공동체 생활과 관련된
생업 활동 등의 내용을 중심으로 구술하였다.

전사

제보자의 구술 자료는 SONY DAT D-100 디지털 녹음기로 녹음하였고,
녹음된 자료는 Cool Edit Pro 2.0 프로그램을 이용하여 음성파일로 변환하
였다. 이 음성파일을 컴퓨터로 재생하여 들으면서 TRANSCRIBER 1.4로 전
사하였다.

전사는 소리 나는 대로 전사하는 것을 원칙으로 하였다. 어절 단위를
기본으로 전사할 것을 원칙으로 하였으나, 하나의 기식군(氣息群) 안에서
는 어절보다 큰 단위로 전사할 경우도 더러 있었다. 원주 지역어는 단모
음 /ㅔ/와 /ㅐ/, /ㅟ/와 /ㅚ/가 정확하게 구별되는 곳이다. 이 지역은 비
모음이 실현되기도 하는데, 비모음를 표시하기 위하여 비모음 기호인 '~'
를 사용하였다.

본문의 글자체와 전사에 사용된 부호는 다음과 같다.

고딕체	조사자
명조체	제보자
‾	제1 제보자(서흥운)
=	제2 제보자(전창례)
≡	제3 제보자(김은애)
≣	제4 제보자(추교철)
:	장음 표시
::	표현적 장음

****   청취가 불가능한 부분 또는 표준어로의 번역이 불가능한 경우
+   색인에서 방언과 대응 표준어에 의미 차이가 있는 경우
⧺   색인에서 방언에 대응하는 표준어가 없는 경우
→   공시적인 음운변동
〉   통시적인 음운변화
~   비모음 표시

주석

주석은 각 장마다 미주를 달았다. 독자로서는 각주가 이용하기에 편리하나, 책의 편집상 불가피하게 미주로 만족할 수밖에 없었다. 주석은 가능한 한 자세하게 덧붙이려 하였다. 주로 어휘의 의미를 풀이해 놓거나, 그 밖에 형태에 대한 음운적 해석을 덧붙이기도 하였다. 문법 형태의 경우, 그 기능에 대한 설명을 간략하게 붙여 놓았다. 독자의 편의를 위해서 동일한 내용의 주석이 반복되는 것을 허용하였다.

표준어 대역

전사된 방언 표현에 대해서는 표준어 대역을 붙였다. 원래의 조사 보고서에는 문장 단위로 표준어 번역을 붙였으나, 여기서는 문장보다 큰 의미 단락을 기준으로 하였다. 또한 표준어 대역을 별도의 쪽에 배치한 것도 조사 보고서와 달라진 점이다. 이런 것들은 순전히 독자들이 쉽게 읽을 수 있도록 하기 위한 조처이다.

전사된 방언 문장을 표준어로 옮길 때는 직역하는 것을 원칙으로 하였다. 문장 중간에 '어', '저', '거'와 같은 군말 또는 담화표지가 있을 경우에도 이를 표준어 대역에 그대로 살려 놓으려고 노력하였다. 전사된 방언 표현의 의미가 불확실한 경우, 표준어 대역에서는 ***를 사용하여 표시하고, 번역에서 제외하였다.

조사 마을의 환경과 배경

　여기예는 혹씨, 어르신드른 그 어르신보다 더 나이 마느신 머 어르신들한테서 이쪼게서 내려오는 머 전서리라등가 이렁거 혹씨 드러 아시능거 이쓰세요?

ᆨ 아이 몰:라, 우린 그렁거.

ᆨ 그렁건 몰르지 머, 누가 이써두 머:.

이 마으른 형성된지가, 언제쯤 형성이 돼써요?

ᆨ 뭐라구?

이 마을 여기가 동네가 어 예전부터 커썬나요?

ᆨ 아이, 예:전버터 크지두 아내. 여기는 늘 요래.

= <u>으으</u>~.

ᆨ 늘 요래.

= 무리 읍:써 그러태, 무리 읍:써.

ᆨ <u>으</u>~, 무리 읍:써가주구.

무리 여기는 만치가 안나요?

ᆨ 예, 여기가 만:치가 안치.

= 골:두 조꾸.

ᆨ 고:리 좁짜너.

= 그래두 이씰껀 다: 이써. 지서두 이꾸 머, 우체국뚜 이꾸 머, 면사무소 이꾸, 우체국 이꾸 머:.

ᆨ 지서 이꾸 다: 이써, 다 이낀.

= 농혀비꾸.

　여기에는 혹시, 어르신들은 그 어르신보다 더 나이 많으신 뭐 어르신들한테서 이쪽에서 내려오는 뭐 전설이라든가 이런 것 혹시 들어 아시는 것이 있으세요?

　－ 아이 몰라, 우린 그런 것.

　＝ 그런 건 모르지 뭐, 누가 있어도 뭐.

　이 마을은 형성된 지가, 언제쯤 형성이 됐어요?

　－ 뭐라고?

　이 마을 여기가 동네가 어 예전부터 컸었나요?

　－ 아니, 예전부터 크지도 안 해. 여기는 늘 요래.

　＝ 응응.

　－ 늘 요래.

　＝ 물이 없어 그렇대, 물이 없어.

　－ 응, 물이 없어서.

　물이 여기는 많지가 않나요?

　－ 예, 여기가 많지가 않지.

　＝ 골도 좁고.

　－ 골이 좁잖아.

　＝ 그래도 있을 것은 다 있어. 지서도 있고 뭐, 우체국도 있고 뭐, 면사무소 있고, 우체국 있고 뭐.

　－ 지서 있고 다 있어, 다 있긴.

　＝ 농협 있고.

⌐ 참 이씰껀 다 이써.

= 저, 늘그니 살기엔 조:와. 돔:만 이씨먼 이래두 사러가구 저래두 사러
가구. 버:리 일두 볼꺼 어:꾸, 그저 보건소두 이써서 보건소도 오고 그저.
그래능거 보머, 그러이 소:재지지, 여게는.[1]

⌐ 음, 소:재지여, 참.

이 근처에는 또 머 광광지가 또 이꼬, 구룡사[2]도

⌐ 음, 그럼.

= 구룡사는 광:광진데, 여그서두 머 그리 안머러여. 거까지 한 이:시보
리 되나?

구룡사는 세워진지 오래 된나요?

⌐ 엔:날버터 구룡상가봐.

그게 왜 구룡사예요?

⌐ 구:리 마:너, 구룡사?

= 아니여.

⌐ 구, 머여?

= 용이 가때, 용이.

⌐ 용이 나와때, 거기서, 용이.

그얘기 아시능게 이쓰세요?

⌐ 몰:라, 그건.

= 아, 일딴 소리만 드꾸. 거 저리 인는데, 그게 삼천넌, 삼천녀니 돼:때.
저 저리, 구룡사 저리. 뭐 삼천녀네 머, 다래떰불 소:게서 세:버널 처:댄해:
따 그러데.

무슨 마리예요?

= 다래덤불소게서 누가 아내고 가니까 야중에 와 또 요걸 해구 가구.

다래덤부레서?

= 으~, 그래따구 말해떤데 몰:러. 우투게 됀:넌지, 시바~으는.

˗ 참 있을 것은 다 있어.

˭ 저, 늙은이 살기엔 좋아. 돈만 있으면 이래도 살아가고 저래도 살아가고. 벌이 일도 볼 것 없고, 그저 보건소도 있어서 보건소도 오고 그저. 그러는 것 보면, 그러니 소재지지, 여기는.

˗ 음, 소재지야, 참.

이 근처에는 또 뭐 관광지가 또 있고, 구룡사도

˗ 음, 그럼.

˭ 구룡사는 관광지인데, 여기서도 뭐 그리 안 멀어요. 거기까지 한 이십오리 되나?

구룡사는 세워진 지 오래 됐나요?

˗ 옛날부터 구룡사인가봐.

그게 왜 구룡사에요?

˗ 굴이 많아, 구룡사?

˭ 아니야.

˗ 구, 뭐요?

˭ 용이 갔대, 용이.

˗ 용이 나왔대, 거기서, 용이.

그 얘기 아시는 것이 있으세요?

˗ 몰라, 그건.

˭ 아, 일단 소리만 듣고. 거기 절이 있는데, 그게 삼천년, 삼천년이 되었대. 저 절이, 구룡사 절이. 뭐 삼천년에 뭐, 다래덩불 속에서 세 번을 처단했다 그러데.

무슨 말이에요?

˭ 다래덩불 속에서 누가 안 하고 가니까 나중에 와서 또 욕을 하고 가고.

다래덩불에서?

˭ 응, 그랬다고 말했던데 몰라. 어떻게 됐는지, 지금은.

- 거, 구룡사 아주머이가³⁾ 와씸⁴⁾ 잘 알: 껄 그랜:네.

- 응, 그이는 어디예서 그리 시지벌 와때. 그르이까 잘 알:지.

- 그이 지끔 팔심 너머씨니, 팔심여서시나 되이.

= 오널 꽤 바뺑가 본데.

- 으~, 바뽕가 본데, 오눌 온대더니⁵⁾ 모:돠.

- 거, 구룡사 아주머니가 왔으면 잘 알걸 그랬네.
- 응, 그이는 어디에서 그리 시집을 왔대. 그러니까 잘 알지.
- 그이 지금 팔십 넘었으니, 팔십여섯이나 되니.
- 오늘 꽤 바쁜가 본데.
- 응, 바쁜가 본데, 오늘 온다더니 못 와.

주석

1) '여게는'은 '여게-는'으로 분석되며, '여게'는 '여기'의 방언형이다.
2) 강원도 원주시 치악산에 위치한 절.
3) '아주머니'의 방언형으로, '아주머~이'와 같은 비모음화를 거쳐 비모음이 탈락하여 '아주머이'가 된 것이다.
4) '와씸'은 '오-았-음'으로 분석되며, '왔으면'의 뜻으로, 이때의 어미 '-음'은 '-으면'의 방언형이다. 어미 '-았-'과 어미 '-음'이 결합하면 전설모음화가 일어나게 되어 '-았음→-아씸'으로 변동이 나타나게 되는 것이다.
5) '온대더니'는 '온다고 하더니'에서 '-고 하다'가 생략된 말로, '온다더니'의 방언형이다.

일생 의례

여기는 머 유기오 때나 이러케 이럴 때는 쫌 그래도 쫌 상꼬리여서 부칸구니 잘 안?

‐ 아이, 그래두 우리 다: 피:랑가써.

= 다: 쬐께[1] 가따 완는데?

‐ 다: 쬐께 가따 와찌.

어디로 가따 오셔써요?

‐ 아, 나는 저기 머여, **** 가따 온 데두 이저버리네.

저 강원도 쪼기여써요? 아니면, 저?

= 아:유, 저리 나가얘지 강안두[2] 쪼구루 드러오면 되나? 마중얼 가게, 도로, 응?

‐ 그름.

= 우린 ***** 가따 와찌.

‐ 군대가 이리 나완는데?

= 웅:윙꺼정 가따 와짜나.

어디까지요?

= 웅:원.

= 청주를 쫌 모까써요.

= 충주 지내가찌.

= 아이, 청주를 모까따, 청주.

= 어, 청주 쪼꿈 모:까.

여기는 뭐 육이오 때나 이렇게 이럴 때는 좀 그래도 좀 산골이어서 북한군이
잘 안?

　‾ 아이, 그래도 우리 다 피난 갔어.

　＝ 다 쫓겨 갔다 왔는데?

　‾ 다 쫓겨 갔다 왔지.

어디로 갔다 오셨어요?

　‾ 아, 나는 저기 뭐야, **** 갔다 온 곳도 잊어버리네.

저 강원도 쪽이었어요? 아니면, 저?

　＝ 아유, 저리 나가야지 강원도 쪽으로 들어오면 되나? 마중을 가게, 도
로, 응?

　‾ 그럼.

　＝ 우린 ***** 갔다 왔지.

　‾ 북한 군대가 이리 나왔는데?

　＝ 웅원까지 갔다 왔잖아.

어디까지요?

　＝ 웅원.

　＝ 청주를 좀 못 갔어요.

　＝ 충주 지나갔지.

　＝ 아니, 청주를 못 갔다, 청주.

　＝ 어, 청주 조금 못 가.

⁻ 청주는 나두 모:까써. 거거가 봉워니라 구래등가? 나두 거꺼정 가따 오구 모:까써.

며쎄 때 가셔써요? 아주 머 어려쓸 때

⁻ 아니, 이저버리지두 아너, 지금또.

＝ 난 수무라홉쌀.

시집 오고 가, 가셔써요?

＝ 시집 오고.

⁻ 그럼 머: 시집까구 간네.

그럼 애들도 데리고 가셔껜네요?

＝ 하나, 둘: 데리구 가따 하나 주꾸 하나만 데리구 댕긴 아더리, 개:가 열:뚜사링가 머건는데 데리구 가따 와찌, 업:쌔찌 머. 서른에 와써, 수물 아호베 나가따가.

그럼, 마으레 그럼 다 가써요? 여기 이떤 사람 피해가지고?

⁻ 아이, 여기 아주 한싸라멉:씨 다: 가써.

아, 피해는 암보셔껜네요.

⁻ 어~, 피얘는 암봐찌. 우린, 집뚜 기냥³⁾ 이써써. 지비도 집 기냥 이썯찌러⁴⁾?

＝ 아이.

지븐 파괴가 안 되고요?

⁻ 응, 안돼써.

≡ 머그면서 안저서 얘기를, 저 고기 얘기를 해능거야. 이러케 저 어항 얼 보구. 그래길래 내 그래찌, 아 그 아네 그 바우가 뭔: 바운지 아느냐구 래니까, 하하, 소게 도:리, 아이 거 하도 독또눈 우리 땅인데, 이 일분누 미⁵⁾ 즈, 즈:꺼라 구랜다 구래서 내 저기다가 그 독또 바이⁶⁾를 하하, 고기 예 서식처를

아, 달만는

˥ 청주는 나도 못 갔어. 거기가 봉원이라 그러던가? 나도 거기까지 갔
다 오고 못 갔어.

몇 세 때 가셨어요? 아주 뭐 어렸을 때

˥ 아니, 잊어버리지도 않아, 지금도.

˭ 난 스무아홉살.

시집 오고 가, 가셨어요?

˭ 시집 오고.

˥ 그럼 뭐 시집가고 갔네.

그럼 애들도 데리고 가셨겠네요?

˭ 하나, 둘 데리고 갔다가 하나 죽고 하나만 데리고 다닌 아들이, 걔가
열 두살인가 먹었는데 데리고 갔다 왔지, (한 아이는) 없앴지 뭐. 서른에
왔어, 스물아홉에 나갔다가.

그럼, 마을에 그럼 다 갔어요? 여기 있던 사람 피해가지고?

˥ 아이, 여기 아주 한 사람 없이 다 갔어.

아, 피해는 안 보셨겠네요.

˥ 응, 피해는 안 봤지. 우린, 집도 그냥 있었어. 댁도 집 그냥 있었지
를?

˭ 아이.

집은 파괴가 안 되고요?

˥ 응, 안 됐어.

▦ 먹으면서 앉아서 얘기를, 저 고기 얘기를 하는 거야. 이렇게 저 어항
을 보고. 그러기에 내 그랬지, 아 그 안(어항 안)에 그 바위가 뭔 바위인
지 아느냐고 그러니까, 하하, 속에 돌이, 아이 거 하도 독도는 우리 땅인
데, 이 일본놈이 자기 것이라 그런다 그래서 내 저기다가 그 독도 바위를
하하, 고기의 서식처를

아, 닮은

▣ 으음, 그걸 거기다 느:놔:따 그르니까는, 그 사람드리 우수워, 하하, 아이구 세:상에 으트케 그르케 생가글 해션느냐구래면서. 그래 이러:케 여기 안저서 이러::케 보므는, 독또에 하하.

티비예 보이능거하고 비스타네요.

▣ 어허, 티비 보이능거 하구 비스태지.

그 고기는 직쩝 자부싱거에요?

▣ 그래, 아이 여름 방학때 저기 손주더리 쪼::끄만 애드리 와따, 요 압깨 우레 가서 송사리 요렁거럴 가주 완는데, 커써.

요만하면 빨리 중는데 오래 사나봐요.

▣ 이고세 오래 사러, 무룰 가러주구 이래얘지. 일쭈이레 함번씽만 가러 주면 돼. 머기도 안 줘. 그래는데 이래 물만 먹꾸 살:구, 저기 저, 더러 파리 이쓰머는 파리 때려자버쓰머는 오래됭거는 안 안먹찌마는 파리두 말룽거[7], 금방 자버서 금방 지버주머는 잘 머거.

어르, 어르시는 그 한문도 공부하셔짜나요? 언제 어디서 누가 가르처주셔써요?

▣ 나? 허허허 허, 서당에서 배워찌 머.

아, 서당에서요? 어릴 때요?

▣ 서당에서 쪼꿈, 쪼꿈 배워찌. 그래구 겨울방악똥아네 방학똥아네 배우구.

그럼 하꾜는 어 어, 어트케 나오셔써요? 하꾜는?

▣ 하꾜 여기 초등하꾜 여기 나오구.

초등하꾜만 나오셔써요?

▣ 아, 쪼꿈 더 배워찌.

어디까지 배우셔써요?

▣ 아이, 머. 그래 이, 그 인제 여기 그 저네, 머거 머거. 고등궁민하꾜라 구 하꾜가 하나, 이 이게 사리파꾜가 서 이써따구. 그래서 거기를 쫌 댕

▪ 으음, 그걸 거기다 넣어 놨다 그러니까, 그 사람들이 우스워, 하하, 아 이구 세상에 어떻게 그렇게 생각을 하셨느냐 그러면서. 그래 이렇게 여기 앉아서 이렇게 보면, 독도에 하하.

텔레비전에 보이는 것하고 비슷하네요.

▪ 어허, 텔레비전 보이는 것하고 비슷하지.

그 고기는 직접 잡으신 거에요?

▪ 그래, 아니, 여름 방학 때 저기 손주들이 조그만 애들이 왔다가, 요 앞 개울에 가서 송사리 요런 것을 가지고 왔는데, 컸어.

요만하면 빨리 죽는데 오래 사나바요.

▪ 이 곳에 오래 살아, 물을 갈아 주고 이래야지. 일주일에 한번씩만 갈 아 주면 돼. 먹이도 안 줘. 그러는데 이래 물만 먹고 살고, 저기 저, 더러 파리 있으면 파리 때려 잡았으면 오래된 것은 안 먹지만 파리도 마른 것, 금방 잡아서 금방 집어 주면 잘 먹어.

어르, 어르신은 그 한문도 공부하셨잖아요? 언제 어디서 누가 가르쳐 주셨어 요?

▪ 나? 허허허 허, 서당에서 배웠지 뭐.

아, 서당에서요? 어릴 때요?

▪ 서당에서 조금, 조금 배웠지. 그러고 겨울방학 동안에 방학 동안에 배우고.

그럼 학교는 어 어, 어떻게 나오셨어요? 학교는?

▪ 학교 여기 초등학교 여기 나오고.

초등학교만 나오셨어요?

▪ 아, 조금 더 배웠지.

어디까지 배우셨어요?

▪ 아이, 뭐. 그래, 이, 그 인제 여기 그 전에, (앞에 놓인 포도) 먹어 먹 어. 고등국민학교라고 학교가 하나, 이 이게 사립학교가 서 있었다고. 그

기구. 근데 ***씨라구 그부니 한하걸

　예.

▪ 그르케두 배우구 머 서당에 그 서당에 가서 공부럴 해는데 그때가 운젠냐믄[8] 유기오 딱 돌발핻쩌게거등.

　예.

▪ 그래는데, 간는데 아이 경차리 와가주구 마리야. 글빵 때레부신다구. 이 한:가네서 왜 머 싸럴 머 두:가마씩 주구 이래구 배우능거 이짜너. 이래 서당 공부 그르케 배우자너. 그래, 거기서 머꾸 자구 저녀게 자다말구 두 또 저기 글리꾸, 으:, 또 저기 그러케 핸는데, 그 머야, 그사라미 내가 봐쓰때, 사상저구루 나뿡거는 아닝거 가튼데 우투케 경찰한테 오이닐 바더가주구서는 그 서당 머야, 함:문 가르치는 선성니메 아:드리 사:상이 나뿌다구래가주구 글빵을 와서 막 문 때레부셔짜너. 지벌 막 파필 해. 그래니깐 공불 모:태게 훼:방을 농거야. 그래서 마:~이 모빼워찌. 그래지 아나쓰먼 함:문 쫌 마~이 배원는데. 한:무는 시전서저니래능거까지 배워야지 그래두 어디가서

　얼마나 배우셔써요, 얼마나?

▪ 나? 아이, 머 어:트게 우리야 머, 명심보감, 동문선스비니 머 이렁거지, 동문선스븐 머:, 게명펴니니, 머 이렁거 그렁거 또 천자문두 배우구 머. 그른데 배워서야 다 이저머거찌 머. 다 아나?

　아, 그래도 마니 배우션네요.

래서 거기를 좀 다니고. 그런데 *** 씨라고 그 분이 한학을

예.

▪ 그렇게도 배우고 뭐 서당에 그 서당에 가서 공부를 하는데 그때가 언제나 하면 육이오 딱 돌발할 적에거든.

예.

▪ 그러는데, 갔는데 아이, 경찰이 와서 말이야. 글방 때려부순다고. 이 항간에서 왜 뭐 쌀을 뭐 두 가마씩 주고 이러고 배우는 것 있잖아. 이렇게 서당 공부 그렇게 배우잖아. 그래, 거기서 먹고 자고 저녁에 자다말고도 또 저기 글 읽고, 으, 또 저기 그렇게 했는데, 그 뭐야, 그 사람이 내가 봤을 때, 사상적으로 나쁜 것은 아닌 것 같은데 어떻게 경찰한테 오인을 받아서는 그 서당, 뭐야, 한문 가르치는 선생님의 아들이 사상이 나쁘다고 그래서 글방을 와서 막 문 때려 부쉈잖아. 집을 막 파괴를 해. 그러니까 공부를 못 하게 훼방을 놓은 거야. 그래서 많이 못 배웠지. 그렇지 않았으면 한문 좀 많이 배웠는데. 한문은 '시전(詩傳), 서전(書傳)'이라는 것까지 배워야지 그래도 어디 가서

얼마나 배우셨어요, 얼마나?

▪ 나? 아니, 뭐 어떻게 우리야 뭐, '명심보감(明心寶鑑), 동몽선습(童蒙先習)'이니 뭐 이런 것이지, 동몽선습은 뭐, 계명편(戒名篇)이니, 뭐 이런 것 그런 거 또 천자문(千字文)도 배우고 뭐. 그런데 배워서도 다 잊어먹었지 뭐. 다 아나?

아, 그래도 많이 배우셨네요.

결혼하기까지의 과정

어르, 예, 어르신 여기 여기서 태어나서 쭉 여기서만 자라셔써요, 딴데, 딴데 안?

▣ 그럼, 으~.

어르신 신식껴론 하셔써요?

▣ 아:니, 구식 구식캐:써요.

그 괭장히 복짭할텐데

▣ 아니여. 가마타구, 가마타구서넌 이러케, 거뚜 가, 가꺼워써[9]. 우리 처가가 여기 지금 우체국, 우체구기 산, 우체구게 해넌 여 우리 거 손주되넌 사라미야. 우체국짱이, 지금 여기 우체국짱인데, 그그 먼저, 그 저기, 우리 처나메 아더리 해:찌, 먼저. 그래다 지금 고 손주한테루다가 이게 이 사설 우체구기래서 개인으루 너머가써. 그래서 가까운데서 해:찌 머. 서로 이러케, 게, 나두, 나두 우리 아버지예 망내구, 우리 안싸람두 그지베 망내따리구. 그랜는데 사실 으른[10]드리 서루 이러케 마으메 결쩡얼 해가주구서넌, 그래 거시기 가마, 가마타구 가써. 가마타구 저기

그면 결혼할 때, 처메 이러케 인제 그럼 소개해서 만나자나요? 만나고나서 그다메 인제 어르신드리 날짜를 잡짜나요? 날짜 잡꼬 나서는 이제 어떠케 진행이 되능거죠?

▣ 하하하, 날짜럴, 아이구 거시기, 그날 도러올때까지 기다리능거지 머.

예, 그면 결혼싱날 인제 준비를 해야 되자나요? 옌나레는?

▣ 아이, 그거야 양:쪽 지베서, 아이, 이지비서 음:시캥거 저 지부루 가주

어르, 예, 어르신 여기여기서 태어나서 쭉 여기서만 자라셨어요, 다른 데, 다른 데 안?

▪ 그럼, 응.

어르신 신식 결혼 하셨어요?

▪ 아니, 구식 구식했어요.

그 굉장히 복잡할텐데

▪ 아니야. 가마 타고, 가마 타고서는 이렇게, 그것도 가, 가까웠어. 우리 처가가 여기 지금 우체국, 우체국이 산, 우체국에 하는 여 우리 거 손주되는 사람이야. 우체국장이, 지금 여기 우체국장인데, 그 그 먼저, 그 저기, 우리 처남의 아들이 했지, 먼저. 그러다 지금 그 손주한테로다가 이게 이 사설 우체국이라서 개인으로 넘어갔어. 그래서 가까운 데서 했지 뭐. 서로 이렇게, 그게, 나도, 나도 우리 아버지의 막내고, 우리 안사람도 그 집에 막내딸이고. 그랬는데 사실 어른들이 서로 이렇게 마음의 결정을 해서는, 그래 거시기 가마, 가마 타고 갔어. 가마 타고 저기

그러면 결혼할 때, 처음에 이렇게 인제 그럼 소개해서 만나잖아요? 만나고 나서 그 다음에 인제 어르신들이 날짜를 잡잖아요? 날짜 잡고 나서는 이제 어떻게 진행이 되는 것이죠?

▪ 하하하, 날짜를, 아이고 거시기, 그 날 돌아올 때까지 기다리는 거지 뭐.

예, 그러면 결혼식 날 인제 준비를 해야 되잖아요? 옛날에는?

▪ 아니, 그거야 양쪽 집에서, 아니, 이 집에서 음식한 것 저 집으로 가

가구, 저 지비서 행거 일루 가주오구. 또 상에다가 마:능 거슬 여다[11] 주연 쌍 머, 이러케 채려얘지. 이러케 과자 머 이렁거럴 이러케, 떡:: 이러케 괘:[12]노쿠, 그거해지.

　연세가, 언제 결혼하싱거예요?

　▪ 나? 나, 우리 아버지가 나 이러케 장:개[13] 앙가게따구 그래니까넌 막, 때, 저기, 담부때[14]루다가 머리럴 때리구 이래써, 우리 아버지가. 왜 그랜냐 해며넌 으, 노인네더런 이, 저기, 마냐게 노인네가 살:다가 죽짜너. 도러가시며넌 이러케 장:예시게 보며넌 결혼안핸 사라먼 요러케 왜, 똥구라게 이, 저기, 머, 요주메넌 머, 이러케 상주 표시나 해구 이래지마넌 엔:나레넌 그 거널 모:쓰게 해:딴마리야, 미:혼 남성언. 그래니까 누가 보며넌 아이, '부모가 핼로루설 모:따해구 주거꾸나!' 이랜다구. 그래서 결호늘 그, 저, 거시기 머이가 먼:지두 몰르구 결혼해꺼등. 하하.

져가고, 저 집에서 한 것 이리로 가져오고. 또 상에다가 많은 것을 여기다 주연상 뭐, 이렇게 차려야지. 이렇게 과자 뭐 이런 것을 이렇게, 떡 이렇게 괴어 놓고, 그것 하지.

연세가, 언제 결혼하신 거에요?

▮ 나? 나, 우리 아버지가 나 이렇게 장가 안 가겠다고 그러니깐 막, 때, 저기, 담뱃대로다가 머리를 때리고 이랬어, 우리 아버지가. 왜 그랬느냐 하면 으, 노인네들은 이, 저기, 만약에 노인네가 살다가 죽잖아. 돌아가시면 이렇게 장례식에 보면 결혼 안 한 사람은 요롷게 왜, 동그랗게 이, 저기, 뭐, 요즘에는 뭐, 이렇게 상주 표시나 하고 이러지만 옛날에는 그 건을 못 쓰게 했단 말이야, 미혼 남성은. 그러니까 누가 보면 아니, '부모가 할 노릇을 못다 하고 죽었구나!' 이런다고. 그래서 결혼을 그, 저, 거시기 뭐가 뭔지도 모르고 결혼했거든. 하하.

아, 요기서는 여기서는 장녜도 이제 그 치르자나요, 옌나레는? 그 장녜 치르는 절차를 쫌 알고 시푼데, 월래 전통저그루 장녜 치르는 절차는 어떠케 됩니까?

먼저 사라미 어르신, 사라미 죽께 되며는 그다메 뭐부터 젤먼저 함니까?

▪ 사라미 주구며넌 먼저 거시기 이, 송과 바럴 마리야. 이 수조걸 페기 위해서 무꺼 노차너, 이러케.

솜바를료?

▪ 으, 솜바럴.

고렁걸 머라고 함니까?

▪ 그게, 그 수세[15] 건넌다구래거덩. 으으, 고, 고정시켜노쿠.

그다멘 머를 어떠케 함니까?

▪ 그래구서넌 이 저기, 머야, 놔:두구서, 머야 주군, 머, 친척떨한테에다 모두 알구면서[16] 모여가주구서넌 인제 저거럴 해이지[17]. 매장얼 해애지. 요주메야 사밀장이깐, 옌:나레넌 머, 이, 일쭈이리 너머서, 구일장이니 머 이러케 해:자너. 일쭈이리 너머서두 지내자너. 그렌데 요주메야 머 사밀장이니까 여기예 구시구루 해는 사람덜 그래해가주구 과네다가 전수, 매장해:서 입꽌시켜가주구.

옌나레 어르신도 그, 어르신 마냐게 사라미 주구며는 그걸 어르신드리 다 어르싱께서 참녀해서 이거 다 함 해보셔써요?

▪ 아이, 나넌 가, 여페서 구경언 해:찌.

아, 요기서는 여기서는 장례도 이제 그 치르잖아요, 옛날에는? 그 장례 치르는 절차를 좀 알고 싶은데, 원래 전통적으로 장례 치르는 절차는 어떻게 됩니까?

먼저 사람이 어르신, 사람이 죽게 되면 그 다음에 뭐부터 제일 먼저 합니까?

▪ 사람이 죽으면 먼저 거시기 이, 손과 발을 말이야. 이 수족을 펴기 위해서 묶어 놓잖아, 이렇게.

손발을요?

▪ 응, 손발을.

그런 것을 뭐라고 합니까?

▪ 그게, 그 수세 걷는다고 그러거든. 으으, 고, 고정시켜놓고.

그 다음엔 뭣을 어떻게 합니까?

▪ 그러고서는 이 저기, 뭐야, 놔 두고서, 뭐야 죽은, 뭐, 친척들한테다 모두 알리면서 모여서는 인제 저것을 해야지. 매장을 해야지. 요즘에야 삼일장이니깐, 옛날에는 뭐, 이, 일주일이 넘어서, 구일장이니 뭐 이렇게 하잖아. 일주일이 넘어서도 지내잖아. 그런데 요즘에야 뭐 삼일장이니까 여기에 구식으로 하는 사람들 그렇게 해서 관에다가 전수, 매장해서 입관시켜서.

옛날에 어르신도 그, 어르신 만약에 사람이 죽으면 그걸 어르신들이 다 어르신께서 참여해서 이것 다 한번 해 보셨어요?

▪ 아니, 나는 가, 옆에서 구경은 했지.

아, 금 구경하실 때, 먼저 인제 수세를 하자나요? 수셀 건는다고, 이러케 하고 나서 그다메 사람들한테 알, 알구자나요?

▪ 아이, 그 그 그레니깐 사라미 수, 수, 수:미 떠러지면 즉씨 이게 구두니까 혀리 구두니까년 빨리 이러케 무꺼논넝거지. 이러케 수세럴 거더노년대넝거. 그레구 예럴 드러서 머야, 하마[18] 그래구 미리 사라미 주굴라구[19] 그래머년 오설 깨:끄탱걸루다가 가러 이페애지.

오슬 먼

▪ 임:종해년 사라미, 머 히놀, 힌, 될쑤 이씀 물등거 말:구, 히노스루다가 가러서 이피지.

오슬 가라 이피고, 그다메 온모믈 이제 또 이러케 무꼬, 또 씨서야

▪ 아이, 그거는 이꽌햏쩨게 씨우능거여. 관속: 머야, 매장오설 매장오설 해:노차너. 그러니까 매장오설 이필쩨게 그때 그 향으루다가 항무를 해가주구 손수 이러케 저기, 딱찌, 깨:끄태게.

고렁거를 머라고 함니까, 그러케하는?

▪ 그, 그 이꽌, 이꽌해능거라그러지. 머.

몸 땅능거를

▪ 땅능거럴?

예, 입꽌하기 저네 몸땅능거를, 머 한다 그러자나요?

▪ 그거 머 저기, 어트게 마럴 해는지 몰르겐네.

월래 치를 때, 습또 하조, 습.

▪ 움. 그레구 머야, 제레, 저 거시긴, 말짱히 여기 이러케 말하자먼 이게 저 씨여[20]주넝거여. 분양, 그 월래, 이러케해서 씨어주넝거여. 깨:끄태게. 그다:메 거 매장오뚜 이펴가주구서넌 으, 저기 햏쩨게 우떤[21] 사라먼 머야, 이, 머, 쌀두 이러케 좀 거시기 해:서 느구, 머 엽쩌널 느구 머, 요주메야 머 이, 돈: 머 시번짜리 머, 이렁거 는는데, 지금 그러케 해넌 사람 읍써. 다: 교회시그루 마~이 해기 때미네.

아, 그럼 구경하실 때, 먼저 인제 수시를 하잖아요, 수시를 걷는다고, 이렇게 하고 나서 그 다음에 사람들한테 알, 알리잖아요?

▪ 아니, 그 그 그러니깐 사람이 수, 수, 숨이 떨어지면 즉시 이게 굳으니까 혈이 굳으니까 빨리 이렇게 묶어놓는 거지. 이렇게 수시를 걷어놓는다는 것. 그러고 예를 들어서 뭐야, 벌써 그러고 미리 사람이 죽으려고 그러면 옷을 깨끗한 것으로다가 갈아 입혀야지.

옷을 뭐

▪ 임종하는 사람이, 뭐 흰 옷, 흰, 될 수 있으면 물든 것 말고, 흰 옷으로다가 갈아 입히지.

옷을 갈아 입히고, 그 다음에 온몸을 이제 또 이렇게 묶고, 또 씨서야

▪ 아니, 그거는 입관할 적에 씌우는 거야. 관속, 뭐야, 매장 옷을 매장 옷을 해 놓잖아. 그러니까 매장 옷을 입힐 적에 그때 그 향으로다가 향물을 해서 손수 이렇게 저기, 닦지, 깨끗하게.

그런 것을 뭐라고 합니까, 그렇게 하는?

▪ 그, 그 입관, 입관하는 거라 그러지. 뭐.

몸 닦는 것을

▪ 닦는 것을?

예, 입관하기 전에 몸 닦는 것을, 뭐 한다 그러잖아요?

▪ 그것 뭐 저기, 어떻게 말을 하는지 모르겠네.

원래 치를 때, 습도 하죠, 습.

▪ 응. 그러고 뭐야, 제례, 저 거시긴, 말짱하게 여기 이렇게 말하자면 이게 저 씻어주는 거야. 분향, 그 원래, 이렇게 해서 씻어 주는 거야. 깨끗하게. 그 다음에 거 매장 옷도 입혀서는 으, 저기 할 적에 어떤 사람은 뭐야, 이, 뭐, 쌀도 이렇게 좀 거시기 해서 넣고, 뭐 엽전을 넣고 뭐, 요즘에야 뭐 이, 돈 뭐 십원짜리 뭐, 이런 것 넣는데, 지금 그렇게 하는 사람 없어. 다 교회식으로 많이 하기 때문에.

1) '쬐께'는 '쬐끼-어'로 분석되는데, '쬐끼다'는 '쫓기다'의 방언형이다. '쪼끼다 (쫓기다)'는 '이' 모음역행동화에 의하여 '쬐끼다'가 되었으며 어미 '-어'와 결합하여 '쬐껴'가 되고 다시 모음축약으로 '쬐께'가 된 것이다.

2) '강원도'의 방언형.

3) '그냥'의 방언형.

4) '이썰찌러'는 '있-었-지-러'로 분석되는데, '-러'는 '-를'의 방언형이다.

5) '일분누미'는 '일본놈이'의 뜻이다. '일본〉일분, 놈〉눔'은 모두 비어두 음절 위치에서 '오〉우' 모음상승에 의해 형성된 것이다.

6) '바이'의 '바위'의 방언형으로 '바우'가 쓰이기도 한다. 이것은 옛말의 '바회' 가 '바위'로 변화되었다가 하향이중모음이 단모음화를 겪으면서 '바위〉바우/ 바이'로 변화한 것이다. 이 지역에서는 일반적으로 '바우'가 많이 쓰인다.

7) '말릉거'는 '말르-ㄴ-거'로 분석되며, '말르다'는 '마르다'의 방언형이다.

8) '운젠냐믄'은 '언제냐면'의 뜻으로 '운젠'은 '운제(언제)'의 잘못된 발화이다.

9) '가꺼워써'는 '가꺼웠어'를 뜻하며, '가껍다'는 '가깝다'의 방언형인데, 자음으로 시작하는 어미와 결합할 때는 '가껍찌, 가껍따'가, 모음으로 시작하는 어미와 결합할 때는 '가꺼워'가 실현된다.

10) '으른'은 '어른'의 방언형으로 첫음절이 장모음이기 때문에 '어〉으' 모음상승에 의해서 형성된 것이다.

11) '여다'는 '여기에다'의 뜻으로, '여'는 '여기'의 방언형이다.

12) '꽤:'는 '괴-어'로 분석되는데, 이 지역에서는 '괴다'와 함께 '고이다'도 쓰인다.

13) '장개'는 '장가'의 방언형으로, 이 지역에서는 체언 어간말에 '이'가 첨가된 현상이 자주 보인다.

14) '담부때'는 '담뱃대'의 방언형이다.

15) '수세'는 '수시(收屍)'의 방언형으로, '시신을 거두어 머리와 팔다리를 바로잡는 일'을 뜻한다.

16) '알구면서'는 '알구-면서'로 분석되며, '알구다'는 '알리다'의 방언형이다.

17) '해이지'는 '해야지'의 뜻이다.

18) '이미, 벌써' 정도를 뜻하는 부사이다.

19) '주굴라구'는 '죽-을라-구'로 분석되며, 이때의 의도형 어미 '-을라'는 '-으려'의 방언형이다.

20) '씨여'는 '씻어'의 뜻으로, '씻다'는 모음으로 시작하는 어미와 결합했을 때 '씨어, 씨여, 쎠:' 등으로 실현되어 불규칙활용을 보이기도 한다.

21) '어떤'의 방언형.

생업활동

＂ 에이, 남자도 남자 나르미지. 제:[1] 본 사라미 알지 아무나

그럼 아까 그 벼 품종이 아끼바리라고 털베 이따고 하셔짜나요?

＂ 아께바리 찰베, 찰베 찹싸른 어디나

근데 머 옌나레는 조생종 이렁거뜰도 이찌 아난나요? 어르신 이러케 하실 때?

＂ 우리 질: 때만 해도 그럴껄? 시방 모두 새루 새볍씨가 면:에서 줘가지고 모두 해니까는 우리가 농살 또 인젠 논 조민능거 남 주고 안 지:니깐 뭔 베가 뭔 벤지 모르는데.

네.

＂ 그저네 우리 할 쩬 찰베, 메베, 베가 아께바리라는 베하고 찰베하고, 뭐 그때도 내:가 지찔 아나구 뭐 할아버지도 게시고 영감님 이씨니깐 그런 종:내기는 몰:러찌. 똑뜨기 잘.

그러면 저이 잘, 그걸 몰라서 그런데 베 농사를 지을 때 그런 과정이 이짜나요?

＂ 그럼.

그면 인제 처멘 어떠케 함니까? 처메는 이제?

＂ 벱씨를 무레다 담:궈따.

벱씨를 무레 당궈가지고 그거시 인제 쫌 자라야

＂ 그럼 인제 이러케 모자리파널 해 치고는 시방은 요런 판대기가[2] 인:나른 그냥 이러케 핸는데 저 담:뇨처럼 해가주서는 그냥 이래 뿌레가주구

= 에이, 남자도 남자 나름이지. (농사를) 지어 본 사람이 알지 아무나

그럼 아까 그 벼 품종이 아께바리라고 털벼 있다고 하셨잖아요?

= 아께바리 찰벼, 찰벼 찹쌀은 어디나

그런데 뭐 옛날에는 조생종 이런 것들도 있지 않았나요? 어르신 이렇게 하실 때?

= 우리 지을 때만 해도 그럴걸? 지금 모두 새로 새 볍씨가 면사무소에서 줘서 모두 하니까는 우리가 농사를 또 인젠 논 좀 있는 것 남 주고 안 지으니깐 뭔 벼가 뭔 벼인지 모르는데.

네.

= 그전에 우리 할 적엔 찰벼, 메벼, 벼가 아께바리라는 벼하고 찰벼하고, 뭐 그때도 내가 짓질 않고 뭐 할아버지도 계시고 영감님(남편) 있으니깐 그런 종류는 몰랐지. 똑똑이 잘.

그러면 저희가 잘, 그걸 몰라서 그런데 벼 농사를 지을 때 그런 과정이 있잖아요?

= 그럼.

그러면 인제 처음에는 어떻게 합니까? 처음엔 이제?

= 볍씨를 물에다 담갔다.

볍씨를 물에 담가서 그것이 인제 좀 자라야

= 그럼 인제 이렇게 모자리판을 해서 치고는 요런 판때기가, 옛날은 그냥 이렇게 했는데 저 담요처럼 해서는 그냥 이래 뿌려서 그냥 하지 않으

그냥 하자느머 노네다 무를 대구

ᆢ 또 요즈메만 해도 또 그냥 요러케애구서는 체까지로 요러케애구서는
그냥 핸는데 시방은 모도[3] 판대기다 해:서 또 달러저써. 우리 알:기도 하
머[4] 세:번 달러지는데 뭐 모자리파네 기능두.

그러면 인제.

ᆢ 옌:나렌 그냥 해찌, 그냥 요러케 모판에다 봐:가주고.

그럼, 먼저 지끼 위해서 가장 먼저 하능거는 인제 베 씨를

ᆢ 당궈따.

당궈서 그다메.

ᆢ 그럼. 그러커 언저놔따 인제 모자리 해:가주구.

모자리 해서요.

ᆢ 그럼, 요러케 큰 인제 모, 그땐 말짱 손모종 소누로 시므능거 시방은
기게로 말짱 하게 되니깐 뭐

예, 그깐 옌나레 시믈 때 소누로 이러케

ᆢ 그럼, 옌:나렌 소누로 시무고

네, 시무고. 그다멘 인제 심꼬 나서 그다멘 어떠케 함니까?

ᆢ 매:야지.

아! 노늘

ᆢ 뭐, 굉장하지 다:노리[5]를 차꼬 뭐 기때를 **** 거 아주

ᆢ 아니 인제 모판을 해:가주 이러케 모가 이망큼 자라자너.

예예.

ᆢ 그기 크머는 인제 모사리[6]를 해가주고 가따 싱궈, 소느루.

모사리를 해가주고요?

ᆢ 어.

모사리가 뭄니까?

ᆢ 모 찌능거, 찌능거.

면 논에다 물을 대고

＝ 또 요즘에만 해도 또 그냥 요렇게 하고서는 쳇가지로 요렇게 하고서는 그냥 했는데 지금은 모두 판때기다 해서 또 달라졌어. 우리 알기도 벌써 세번 달라졌는데 뭐. 모자리판의 기능도

그러면 인제

＝ 옛날엔 그냥 했지, 그냥 요렇게 모판에다 부어서

그럼, 먼저 짓기 위해서 가장 먼저 하는 것은 인제 벼 씨를

＝ 담갔다.

담가서 그 다음에.

＝ 그럼 그렇게 얹어 놓았다 인제 모자리 해서.

모자리 해서요.

＝ 그럼, 요렇게 큰 인제 모, 그땐 모두 손모종 손으로 심는 것 지금은 기계로 모두 하게 되니깐 뭐

예, 그까짓 옛날에 심을 때 손으로 이렇게

＝ 그럼, 옛날엔 손으로 심고

네, 심고. 그 다음엔 심고 나서 그 다음엔 어떻게 합니까?

＝ 매야지.

아! 논을

＝ 뭐, 굉장하지 다노리를 찾고 뭐 깃대를 **** 거 아주

￣ 아니 인제 모판을 해서 이렇게 모가 이만큼 자라잖아.

예예.

￣ 그게 크면 인제 모사리를 해서 갖다 심어, 손으로.

모사리를 해서요?

￣ 어.

모사리가 뭡니까?

＝ 모 찌는 거, 찌는 거.

‾ 찌능거, 찌능거를 인제 쩌가주고 이러케 모숨모숨[7]해가주 새끼루 묵찌.

예예.

‾ 다널 해 무꺼가주고 인제 싱굴 쩌게.

예.

‾ 고걸 또 아라리 해가주구 요러케씩 가따 꼬찌.

예, 인제 가따 꼬꼬 나서 그다메.

‾ 그다메 인제 싱궈노쿠선 인제 울마 이따 또 매:.

예예.

‾ 그걸 호매~이[8]로 맨다구.

= 수무다쌤마네 맨다 그러던데, 수무이틀.

‾ 어, 수무다쌤마네 매:, 그거를.

예, 수무다쌤마네 매고 나서

= 수무다쌔도 느증게고 수무이트리면 맨대.

예.

= 두:버럴 매지. **** 그게 아러보라능게 나올런지두 몰러.

예.

= 수무이트리 정각 매는 숭가닌데 까따캐먼 수무다쌔도 나가고, 한달도
나가믄 푸리 이러케 나지.

예. 인제 매고 나서, 그다해메.

= 또 매애지. 두벌.

두벌, 두벌 매나요?

= 음, 두벌.

총 두벌 매게 되능거예요?

= 응?

총 전부 합처서 두 번

= 아, 그럼, 츠:메[9] 아이매고, 야:중에[10] 또 아이맬쩌 호매~이루다 이러케

˗ 찌는 것, 찌는 것을 인제 쪄서 이렇게 모숨모숨해서 새끼로 묶지.

예예.

˗ 단을 해 묶어서 인제 심을 적에.

예.

˗ 고걸 또 알알이 해서 요렇게씩 갖다 꽂지.

예, 인제 갖다 꽂고 나서 그 다음에.

˗ 그 다음에 인제 심어 놓고선 인제 얼마 있다 얼마 있다 또 매어.

예예.

˗ 그걸 호미로 맨다구.

＝ 스무닷새만에 맨다 그러던데, 스무이틀.

˗ 어, 스무닷새만에 매어, 그거를.

예, 스무닷새만에 매고 나서

＝ 스무닷새도 늦은 것이고 스무이틀이면 맨대.

예.

＝ 두 벌을 매지. **** 그게 알아보라는 것이 나올는지도 몰라.

예.

＝ 스무이틀이 정각 매는 순간인데 까딱하면 스무닷새도 나가고, 한 달
도 나가면 풀이 이렇게 나지

예. 인제 매고 나서, 그 다음에.

＝ 또 매야지. 두 벌.

두 벌, 두 벌 매나요?

＝ 음, 두 벌.

총 두 벌 매게 되는 거예요?

＝ 응?

총 전부 합쳐서 두 번

＝ 아, 그럼, 처음에 아이매고, 나중에 또 아이맬 적에 호미로다 이렇게

어퍼 매고, 야:중엔 소느로 이러케

　소느로 인제 이러케 매구요. 그다메

　ˉ 인제 다: 큰 다메는 또 피사리해. 피 골:러 뽀버.

　예.

　ˉ 피럴.

　예예.

　ˉ 피가 올러 뽀버 가지고는 그다메 인제 기냥 손질만 자꾸 해가지고서
패먼 인제 비지 머.

　예.

　그러먼 인제 논 가능거 시기 가튼게 이짜나요?

　ˉ 아유, 그럼. 모자리하먼 거 농갈:지 전부.

　예.

　ˉ 가래질해야지. 논 가러야지.

　농갈 때

　ˉ 할말두 만:치 그럼.

　음.

　ˉ 아이가러 놔:따, 해쌀미[11] 놔:따, 또 가러가지구, 또 쌈:꼬. 이를테면
네:버늘 하네. 아이갈구, 해쌀미 노쿠, 갈:구, 또 삼:꾸.

　ˉ 그래 갈:고 또 쌈:꾸.

　ˉ 그래야 베가 잘 들고, 그게 정상으로 해 논 베래요.

　네, 갈고 또 삼꼬.

　ˉ 그럼. 저 한번 갈구, 또 해쌀미라고 한번 노쿠.

　ˉ 그래 인제 빤::빠해질꺼 아니야, 살머 노:먼. 인제 또 가러서 운둘분둘
해게[12] 해가주고 또 쌀므먼 인제 노니 부드럽꼬 아주 조와지는, 시무기가
조치 뭐.

　ˉ 풀도 업:꼬.

엎어 매고, 나중엔 손으로 이렇게

　손으로 인제 이렇게 매고요. 그 다음에

　￣ 인제 다 큰 다음에는 또 피살이해. 피를 골라 뽑아.

　예.

　￣ 피를.

　예예.

　￣ 피가 올라오면 뽑아서는 그 다음에 그냥 손질만 자꾸 해서 패면 인제
베지 뭐.

　예.

　그러면 인제 논 가는 시기 같은 것이 있잖아요?

　＝ 아유, 그럼. 모자리하면 논 갈지 전부.

　예.

　＝ 가래질해야지. 논 갈아야지.

　논 갈 때

　＝ 할 말도 많지 그럼.

　음.

　＝ 아이갈아 놓았다가, 햇삶이 놓았다가, 또 갈아가지고, 또 삶고. 이를
테면 네 번을 하네. 아이갈고, 햇삶이 놓고, 갈고, 또 삶고.

　￣ 그래 갈고 또 삶고.

　＝ 그래야 벼가 잘 들고, 그게 정상으로 해 놓은 벼예요.

　네, 갈고 또 삶고.

　＝ 그럼. 저 한 번 갈고, 또 햇삶이라고 한 번 놓고.

　＝ 그래 인제 빤빤해질 것 아니야, 삶아 놓으면. 인제 또 갈아서 울퉁불
퉁하게 해서 또 삶으면 인제 논이 부드럽고 아주 좋아지는, 심기가 좋지
뭐.

　￣ 풀도 없고.

그럼 먼저 벼씨를 뿌리기 저네 노늘

˘ 그럼, 다: 가러 노코

처메 인제 가라 논능거를 쫌

˘ 손지를 잘: 해얘지.

거, 이제

˘ 모자리버텀[13] 우선 해:노쿠.

모자리부터 해노코.

˘ 고 뒤로다 인제 거 다: 해 노쿠.

인제 무룰 또 이러케

˘ 다 대:가주고. 그럼 물 다 대:가주고 가러가주고

예.

˘ 마른 노느루 갈:고 물 대:가주고 또 허쌀미노쿠[14].

녜.

˘ 조흔 노니래야[15] 그러케 제 가라그로 해지, 또 마~핸[16]노는 그래지두

모태.

근데, 이

˘ 시방은 말쨍[17] 무럴 파지만 그때는 뭐:

음.

˘ 하늘만 바래는[18] 노니 마:느니깐.

그러면 인제 무를 대고 나서 그 다메

˘ 그럼.

그다메 인제

˘ 쌀머서

쌈능건 어떵거조?

˘ 쌈능거는 아까 거 쓰:레,[19] 그 가달 마능걸로

예, 그걸로 인제 노늘 고루

그럼 먼저 볍씨를 뿌리기 전에 논을

▪ 그럼, 다 갈아 놓고

처음에 인제 갈아 놓는 것을 좀

▪ 손질을 잘 해야지.

거, 이제

▪ 모자리부터 우선 해 놓고.

모자리부터 해 놓고.

▪ 그 뒤로다 인제 거 다 해 놓고.

인제 물을 또 이렇게

▪ 다 대서. 그럼 물 다 대서 갈아서

예.

▪ 마른 논으로 갈고 물 대서 또 햇삶이 놓고.

예.

▪ 좋은 논이라야 그렇게 제 가락으로 하지, 좋지 못한 논은 그러지도
못해.

그런데, 이

▪ 지금은 말짱 물을 파지만 그때는 뭐

음.

▪ 하늘만 바라는 논이 많으니깐.

그러면 인제 물을 대고 나서 그 다음에

▪ 그럼.

그 다음에 인제

▪ 삶아서

삶는 건 어떤 거죠?

▪ 삶는 것이 아까 거 써레, 그 가닥 많은 것으로

예, 그걸로 인제 논을 고루

ᵀ 음, 고루지. 거름두 그걸로 하지 음.

ᵁ 아이가러가주 그걸로다 인제 막 휘저꾸 도러댕기먼

부드럽께 이러케 하구요.

ᵀ 그래구 인제 야중에 또 펀펀핸데 쇠스랑으루 이제 고루지.

예예.

ᵀ 쇠스랑 이:뿌게[20] 요러케 해노치, 요러케.

예. 고르고 나서 그다메

ᵀ 싱구지. 인제 그래구 나서

인제 모를 숭굴 때 고때는 그냥 싱구능게 아니라 여러사람 동네 어르신드리

다 모이자나요? 다 모여서

ᵀ 그럼, 다 모여가주

ᵁ 그럼, 아주 안안파게 죄 나서서 해지.

ᵀ 주럴 치구서

예.

ᵀ 줄 누까리[21] 내로 요래 싱구자너.

줄눈?

ᵀ 응, 주레 누니 또 이써.

예예.

ᵁ 요망큼.

예예예.

ᵁ 그래 인제 그거대로 여기 가따 꼬찌.

대고 이러케 하시고

ᵁ 으:

그리고 쭉 나두며는 인제 쪼금씩 인제 자라자나요?

ᵁ 그럼.

ᵀ 그럼.

˚ 음 고르지. 거름도 그걸로 하지 음.
＝ 아이갈아서 그걸로다 인제 막 휘젓고 돌아다니면
부드럽게 이렇게 하고요.
˚ 그리고 인제 나중에 또 편편한데 쇠스랑으로 이제 고르지.
예예.
˚ 쇠스랑 예쁘게 요렇게 해 놓지, 요렇게.
예. 고르고 나서 그 다음에
˚ 심지. 인제 그리고 나서
인제 모를 심을 때 그때는 그냥 심는 게 아니라 여러 사람 동네 어르신들이
다 모이잖아요? 다 모여서
˚ 그럼, 다 모여가지고
＝ 그럼, 아주 안팎에 죄다 나서서 하지.
˚ 줄을 치고서
예.
˚ 줄 눈 안으로 요렇게 심잖아.
줄눈?
˚ 응, 줄에 눈이 또 있어.
예예.
＝ 요만큼.
예예예.
＝ 그래 인제 그것대로 여기 갖다 꽂지.
대고 이렇게 하시고
＝ 응.
그리고 쭉 놔 두며는 조금씩 자라잖아요?
＝ 그럼.
˚ 그럼

인제 자라고 나서 그다메 아까 얘기해떤 그

‾ 수무다쌤마네 또 아이를 매:.

수무다쌔마네 아이를 매고 아이를 맬 때는 뭐 특뻐란 뭐 땅거가 인나요?

‾ 땅거 웁찌 기냥

＝ 아이, 호매~이루다 매면

호매이

‾ 호매~이로 매먼서 풀도 ** 그래.

＝ 아이, 그거 할쩌게 다:노리[22) 차꾸 야다니지.

예.

어떵걸 차자요?

‾ '에헤:라 호:리 다:노리야' 이래.

그게 무슨 마리예요?

‾ 거, 이제 노네서 일:해는 소리지 그게.

아, 그게 어떵검니까? 그거는 첨 든는데

‾ 첨: 드러요?

예예.

‾ 그거 인제 노래해느라구.

처메는

‾ '에, 에헤:라 호:리 다:노리야' 이라머서 노널 매:.

에헤라

‾ '에헤:라 효:리 다:노리야' 이래구.

호리

‾ 응.

다노리, 예. 고런 노래를 부르면서

‾ 어.

이제

인제 자라고 나서 그 다음에 아까 얘기했던 그

‾ 스무닷새만에 또 아이를 매어.

스무닷새만에 아이를 매고 아이를 맬 때는 뭐 특별한 뭐 다른 것이 있나요?

‾ 다른 것 없지 그냥

= 아이, 호미로다 매면

호미

‾ 호미로 매면서 풀도 ** 그래.

= 아니, 그것 할 적에 다노리 찾고 야단이지.

예.

어떤 것을 찾아요?

‾ '에헤라 호리 다노리야' 이래.

그게 무슨 말이에요?

‾ 거, 이제 논에서 일하는 소리지 그게.

아, 그게 어떤 겁니까 그거는 처음 듣는데

‾ 처음 들어요?

예예.

‾ 그것 인제 노래하느라고.

처음에는

‾ '에, 에헤라 호리 다노리야' 이러면서 논을 매어.

에헤라

‾ '에헤라 효리 다노리야' 이러고.

호리

‾ 응.

다노리, 예. 그런 노래를 부르면서

‾ 어.

이제

¯ 히만들게 해느라구.

아.

¯ 그럼 아:페선 부걸 땅땅 치구, 하하.

¯ 어, 부걸 또 치지. 부걸 인제 미구서 부걸 땅땅 치면서

예.

¯ 노래대로 마치면서 부걸 치지.

아, 그러케 인제 함번 매고 나서

¯ 으~.

그다메 수물다쌤마네

¯ 으~.

또함번 아이매고

¯ 으~.

그다메?

¯ 두버른 또 두버른 메칠마네 매는지 모르게꾸먼.

예.

¯ 풀뽀버 주면서 매:지.

예. 예, 그걸 매고, 그다메 또 하능건 업씀니까?

¯ 그다메 인제

＝ 인제, 피나뻐리머

¯ 팬 다:메

팬, 피

¯ 피나 인제 뽑꾸이래, 피.

그게 패고, 패게 대머 인제 피를 뽁께 되는 거죠, 인제 피를?

¯ 피 뽀부머 인제 마지마기지, 논니런.

예, 인제 피를 다 뽑꼬 나서

＝ 이맘:때 피뽀불 때 댄:네.

⁻ 힘 안 들게 하느라고

아.

= 그럼 앞에선 북을 땅땅 치고, 하하.

⁻ 응, 북을 또 치지. 북을 인제 메고서 북을 땅땅 치면서

예.

⁻ 노래대로 맞추면서 북을 치지.

아, 그렇게 인제 한 번 매고 나서

⁻ 응.

그 다음에 스물닷새만에

⁻ 응.

또 한 번 아이매고

⁻ 응.

그다음에?

⁻ 두 벌은 또 두 벌은 며칠만에 매는 지 모르겠구먼.

예.

⁻ 풀 뽑아 주면서 매지.

예. 예, 그걸 매고, 그 다음에 하는 것은 없습니까?

⁻ 그 다음에 인제

= 인제, 피 나 버리면

⁻ 팬 다음에

팬, 피

⁻ 피나 인제 뽑고 그래, 피

그게 패고, 패게 되면 인제 피를 뽑게 되는 거죠, 인제 피를?

⁻ 피 뽑으면 인제 마지막이지, 논일은.

예, 인제 피를 다 뽑고 나서

= 이맘 때 피 뽑을 때 되었네.

예. 피뽑꼬 나며는 그다메 하능게

˭ 인제 벼:서[23]

인제

˭ 추수나 해야지.

예, 별 벼게 되잔습니까, 벼서?

˭ 추수나 해고

추수를 하게 되고, 예 근데 음 그러면 옌나레 언나레는 그 전통저그로 이제 모내기를 하는 그런 방법뜨리 이짠씀니까, 옌나레 모내기를 하능거, 아까고렁거뜨리 다 겹치게 되는데, 그 방법뜨를 쪼굼 자세히 쫌 말쓰메 주시게씀니까, 옌나레 모내릴 때 모를 낼 때 인제?

ˉ 모낼쩨 머 방버빈나?

음.

˭ 맬쩨만 그러게. 소리해구 도러댕기능거 마리지.

ˉ 으~, 맬:쩨망그래지 머. 모낼쩬 조용:히 그냥 일:덜만 해요.

음.

ˉ 일:덜만 해찌 무어. 소리해구래진 안치.

인제 모를 그럼 모를 낼, 모내기를 할 때 그 사용하는 도구드리 이짜나요? 기구드리 마니 이짜나요? 그게 어떻게 어떻게 쓰이나요?

˭ 그땐 도구두 으꾸, 쓰:레 쌈:능거 하구 소하구

ˉ 소시랑[24]하구, 마저.

˭ 소시랑하구만 이씨면 돼:서 소누로 **** 나짜너, 옌나렌. 시방 기게로 싱구지만 글쎄, 쓰:레질 쓰:레가

ˉ 쓰:레지런 해얘해, 쓰:레지럴.

˭ 응, 쟁기 그러게. 두벌 논 가러가지구 인저 쓰:레로 쌀머 가지구, 또 소시랑으루 골:러 가지구 쟁기 다 이꾼 그래.

ˉ 그러게. 다 인는데.

예. 피 뽑고 나면은 그 다음에 하는 것이

▪ 인제 베서

인제

▪ 추수나 해야지.

예, 벼를, 베게 되잖습니까, 베서?

▪ 추수나 하고

추수를 하게 되고, 예 그런데 음 그러면 옛날에 옛날에는 그 전통적으로 이
제 모내기를 하는 그런 방법들이 있잖습니까, 옛날에 모내기를 하는 것, 아까
그런 것들이 다 겹치게 되는데, 그 방법들을 조금 자세히 좀 말씀해 주시겠습니
까, 옛날에 모 내릴 때 모를 낼 때 인제?

▪ 모낼 때 뭐 방법 있나?

음.

▪ 맬 적에만 그렇게. 소리하고 돌아다니는 것 말이지.

▪ 응, 맬 때만 그러지 뭐. 모낼 땐 조용히 그냥 일들만 해요.

음.

▪ 일들만 했지 뭐. 소리하고 그러진 않지.

인제 모를 그럼 모를 낼, 모내기를 할 때 그 사용하는 도구들이 있잖아요?
기구들이 많이 있잖아요? 그게 어떤 것이 쓰이나요?

▪ 그땐 도구도 없고, 써레 삶는 것하고 소하고

▪ 쇠스랑하고, 맞어.

▪ 쇠스랑하고만 있으면 되어서 손으로 **** 놓았잖아, 옛날엔. 지금은 기
계로 심지만. 글쎄, 써레질 써레가.

▪ 써레질은 해야 해, 써레질을.

▪ 응, 쟁기 그렇게. 두 벌 논 갈아서 인제 써레로 삶아서, 또 쇠스랑으
로 골라서 (조사용 그림책에) 쟁기 다 있군 그래.

▪ 그러게. (조사용 그림책에) 다 있는데.

= 차레차레 아주 거 해는데.

　근데 이제 그 노네 무를 댈때 그러면 무를 대:는 여러가지 방버뜨리 이씀니까? 그냥 무를 댈때는?

　= 그건 논 마르면 노니 조우머는 보뜰로니[25] 봄무레 엄:청 저 참 팜부[26]는 그무리 **꺼정[27] 와서 심니를 온대. 저 큰 저 용수꼴 무리 이 아래 심닐 내려온다는데 이런덴 보가 업써가지구 그냥 쬐끄만[28] 논 해가지구 해구 쬐꾸만 개우레서도 대:구. 시방은 또 말짱 파찌 머.

　⁻ 무럴 파서 인제는 대:진 안해.

　= 개울물 하나썩

　무를 저수지 가튼데, 만드는 아, 예.

　⁻ 저저 지하수 지하술 파지. 파구 가지구 인제 그걸 사용얼 해지.

　근데 여기는 아까 얘기해떤 노네 인제 푸리 나먼 푸를 매자나요?

　= 매:.

　매는데 두벌바께 안매고 세벌 매능거는 여기능 엄능겅가요?

　= 왜, 셰:벌도 매:지. 자라능거 봐 가.

　⁻ 세:벌도 매:.

　세벌 맬 때는 고걸 마를 머라고 함니까?

　⁻ 피뽐능거여, 피뽐능게

　= 그건 그건 피 뽑꾸 그냥 모뵝거 해구, 왕푸리나 뽀꾸 이래능거든데.

　⁻ 그렁게 왕풀.

　첨 맬 때는 아이

　⁻ 그럼, 아이.

　아이맨다.

　= 그럼 다:노를 차꾸[29] 야다니지.

　두번째는?

　⁻ 두번째 두벌 두벌매능거.

▪ 차례차례 아주 거 하는데.

그런데 이제 그 논에 물을 댈 때 그러면 물을 대는 여러 가지 방법들이 있습니까? 그냥 물을 댈 때는?

▪ 그건 논이 마르면 논이 좋으면 봇들논이 봇물에 엄청, 저 참 판부면에서는 그 물이 **까지 와서 십리를 온대. 저 큰 저 용숫골 물이 십리를 내려온다는데 이런 데는 보가 없어서 그냥 조그만 논을 해서 농사짓구, 조그만 개울에서도 대고. 지금은 또 싹 팠지 뭐.

▪ 물을 파서 인제는 대지는 안 해.

▪ 개울물 하나씩

물을 저수지 같은데, 만드는 아 예

▪ 저저 지하수 지하수를 파지. 파고 (그것을) 가지고 인제 그걸 사용을 하지.

그런데 여기는 아까 얘기했던 논에 인제 풀이 나면 풀을 매잖아요?

▪ 매어.

매는데 두 벌밖에 안 매고 세 벌 매는 것은 여기는 없는 것인가요?

▪ 왜 (없어), 세 벌도 매지. 자라는 것을 봐 가면서.

▪ 세 벌도 매어.

세 벌 맬 때는 그걸 말로는 무엇이라고 합니까?

▪ 피 뽑는 것이야, 피 뽑는 것이

▪ 그건 그건 피 뽑고 그냥 못된 것 하고, 왕풀이나 뽑고 이러는 거든데.

▪ 그런 것이 왕풀.

처음 맬 때는 아이

▪ 그럼, 아이.

아이맨다.

▪ 그럼 다노를 찾고 야단이지.

두 번째는?

▪ 두 번째 두 벌 두 벌 매는 것.

두벌 매는 그다메 인제 세벌 맨다라고 하는

= 세:벌 매는 사람, 건 농사 잘 진는 사라미여.

⁻ 그럼.

며뻘 맨다구요?

= 일 잘해는 사래미 그래지. 모태는[30] 사람 아이도 몸매구 머꾸 머이 얼

칭대칭이니깐.[31] 대:개 두벌매먼, 세벌매는 사람두 드물지 드무르꺼요.

드물고요. 그럼 보통 두벌 매능거

= 그럼 두벌 매지.

그럼 여기는

= 시방은 한번두 암매고 머그니 뭐.

예.

= 야걸 뿌레가주고[32].

두 벌 매는 그 다음에 인제 세 벌 맨다라고 하는

▪ 세 벌 매는 사람, 그건 농사 잘 짓는 사람이야.

▪ 그럼.

몇 벌 맨다고요?

▪ 일 잘하는 사람이 그렇게 하지, 못하는 사람 아이도 못 매고 뭐 대충 대충이니깐. 대개 두 벌 매면, 세벌 매는 사람도 드물지, 드물거요.

드물고요. 그럼 보통 두 벌 매는 것(입니까?)

▪ 그럼 두 벌 매지.

그럼 여기는

▪ 지금은 한번도 안 매고 먹으니 뭐.

예.

▪ 약을 뿌려서.

음 그러면 여기 인제 논농사 이래, 반농사도 쫌 진는데가 이씀니까? 여기?

⁻ 반농사는 마:~이 지찌.

마이 지쪼.

⁻ 마:~이 지어, 반농사.

밭농사는 어떵거어떵거 이씀니까? 진능거 보며는?

⁻ 농사 진능거?

반농사에는?

⁻ 반농사 인제 콩 싱구구, 파씽구구, 오 녹뚜, 녹뚜는 인제

⁼ 아니, 그건 중가네서 해구 일찌캐능건 감자.

젤 먼저?

⁻ 감자.

감자.

⁻ 인제 그다메 콩, 옥쑤수.

⁼ 옥쑤수 시무구. 옥쑤수버텅 시무구, 콩 시무구 이랠꺼여. 옥씨기[33]가
먼저 나니까.

그담 또 아니아니 음

⁼ 아유 반농사는 *** 삐꿈한 덴[34] 다 이거쩌거 싱구기때메[35] 그건 뭐
머 여러가지 이쓸텐데.

⁻ 여러가지 이찌머.

음 그러면 여기 인제 논농사 이렇게, 밭농사도 좀 짓는 데가 있습니까? 여기?

⁻ 밭농사는 많이 짓지.

많이 짓죠.

⁻ 많이 지어, 밭농사.

밭농사는 어떤 것 어떤 것 있습니까, 짓는 것 보면?

⁻ 농사 짓는 것?

밭농사에는?

⁻ 밭농사 인제 콩 심고, 팥 심고, 녹두, 녹두는 인제.

⁼ 아니, 그건 중간에서 하고, 일찍하는 건 감자.

제일 먼저?

⁻ 감자.

감자.

⁻ 인제 그 다음에 콩, 옥수수.

⁼ 옥수수 심고. 옥수수부터 심고, 콩 심고 이럴 거야. 옥수수가 먼저 나
니까.

그 다음 또 아니아니 음

⁼ 아유 밭농사는 *** 아주 조금이라도 비어 있는 데에는 다 이것저것 심
기 때문에 그건 뭐

뭐 여러 가지 있을텐데.

⁻ 여러 가지 있지 뭐.

= 감미콩[36] 이구, 힝콩 이꾸 머 콩두 머

‾ 감미콩언 인제 먼저 싱그구, 힝콩언 좀 야중 싱그구 이래.

밤뭉콩요?[37]

= 깜장콩.[38]

‾ 깜장콩.

깜장콩은 쫌

‾ 야중 먼저 싱궈 그거는.

먼저 싱구고요.

‾ 힝콩언 쪼꿈 야중 싱그구.

야중에 싱구고요, 네. 어, 근데 이 보리 버리가틍거뜨른

‾ 버리는[39] 갸:레 시머.

가레요?

‾ 으~, 갸:레.

거 순차저거로 혹씨 심능거 아까 얘기해떤 처메 감자 그다메 콩.

= 보무로는 보메 인제 드러서는 츠:므로 감자버텀 시자캐.

예. 보메는 감자, 그다메 콩, 그다메 여름?

= 옥씨기, 옥씨기라로고 봐얘지.

옥씨기 여르메 싱꼬, 그다메 또 지나면 가으레 가을게

= 가을겐[40] 추수할때니깐 인제 연:다러서 느저도 하지때꺼지는[41] 다 해.

오월 시비일꺼정은 다: 인제 싱구능거는 마치구 인제.

예. 그다메 버리는 언제쯤

‾ 버리는 여거 안해 몰러.

버리는 여기 안함니까?

‾ 버리는 갸:레 시머떤데?

= 갸:레 시무능거는 갈:게 싱구지.[42]

‾ 갸:레 시머.

＝ 감미콩 있고, 흰콩 있고 뭐 콩도 뭐

￣ 감미콩은 인제 먼저 심고, 흰콩은 좀 나중 심고 이래.

감미콩요?

＝ 검정콩.

￣ 검정콩.

검정콩은 좀

￣ 나중, 먼저 심어 그거는.

먼저 심고요.

￣ 흰 콩은 조금 나중 심고.

나중에 심고요, 네. 어, 그런데 이 보리 보리 같은 것들은

￣ 보리는 가을에 심어.

가을에요?

￣ 응, 가을에.

거 순차적으로 혹시 심는 것 아까 얘기했던 처음에 감자 그 다음에 콩.

＝ 봄으로는 봄에 인제 들어서는 처음으로 감자부터 시작해.

예. 봄에는 감자, 그 다음에 콩, 그 다음에 여름?

＝ 옥수수, 옥수수라고 봐야지.

옥수수 여름에 심고, 그 다음에 또 지나면 가을에 가을에

＝ 가을엔 추수할 때니깐 인제 연달아서 늦어도 하지 때까지는 다 해. 5
월 10일까지는 다 인제 심는 것은 마치고 인제.

예. 그 다음에 보리는 언제쯤

￣ 보리는 여기 안 해서 몰라.

보리는 여기 안 합니까?

￣ 보리는 가을에 심었던데?

＝ 가을에 심는 것은 가을에 심지.

￣ 가을에 심어.

= 아마 시방 버리 해기도 해쓰 해씨까?

‾ 아:니야, 쪼꿈 쪼꿈 더 이따가

= 해써. ***** **** 다해찌.

‾ 어, 버리 해능거?

= 오:월 다노가 버리 핼땐데 뭐.

‾ 으~, 버리는 다해지 그때는.

= 그럼 다노때 버리 하능거지뭐.

‾ 으~.

거 버리는 농사는 여기서는 잘 안 지꼬요?

= 여긴 안 저. 저 아페 경상도 쪼게서.

아, 여기는 버리는 안 지꼬

‾ 옌나렌 핸는데 이젠 안해자너.

옌나레 어르신 하셔씀니까?

‾ 아이, 마:~이 해찌, 옌나레야.

금 옌날 금 버리 농사 지을 때

‾ 으~.

뭐, 그 아 그다메 인제 가으레는 버리를 뭐 옌날 해쓸 때 하능게 이쓰면, 가

을

‾ 그래구 뭐래?

= 베 추수해기 저네 인제

아, 예.

= 가을 콩뽀끼라구

‾ 밀두, 미럴 인제 해:, 미런.

= 거 다: 항꺼버네, 밀하구 버리하구 항꺼버네 해.

버리 밀 이러케 가을

= 항꺼버네 시머.

＝ 아마 지금 보리하기도 했을까?

ᅳ 아니야, 조금 조금 더 있다가

＝ 했어. **** **** 다 했지.

ᅳ 어, 보리 하는 것?

＝ 5월 단오가 보리 할 땐데 뭐.

ᅳ 응, 보리는 다 하지 그때는.

＝ 그럼 단오 때 보리 하는 거지 뭐.

ᅳ 응.

거 보리는 농사는 여기서는 잘 안 짓고요?

＝ 여긴 안 지어. 저 앞에 경상도 쪽에서.

아, 여기는 보리는 안 짓고

ᅳ 옛날엔 했는데 이젠 안 하잖아.

옛날에 어르신 하셨습니까?

ᅳ 아이, 많이 했지, 옛날에야.

그럼 옛날 그럼 보리 농사 지을 때

ᅳ 응.

뭐, 그 아 그 다음에 인제 가을에는 보리를 뭐 옛날 했을 때 하는 것이 있으
면, 가을

ᅳ 그러고 뭘 해?

＝ 벼 추수하기 전에 인제

아, 예.

＝ 가을 콩 뽑기라고

ᅳ 밀도, 밀을 인제 해, 밀은.

＝ 거 다 한꺼번에, 밀하고, 보리하고 한꺼번에 해.

보리, 밀 이렇게 가을

＝ 한꺼번에 심어.

항꺼버네 하고. 그다메 인제 쪼꿈 지나며는 또

▪ 지내먼[43] 인제 베:드리먼 고마~이지머.[44]

예.

▪ 끈나고 인제 봄버텀 또 시자캐구.

그럼 여기는

▪ 농산 한처리니깐.

파나 마늘 고추 이렁거뜨른

▪ 고추는

▪ 아이, 꼬추 해요, 꼬치.

▪ 고추 마:~이 해찌, 여기덜.

왜 고추 마니 함니까?

▪ 보메 감자노쿠 꼬추버터 싱궈.

아, 감자도 하고, 고추도

▪ 연제[45], 받 쪼꿈썽멍느라구 다: 해니까는.

네.

▪ 감자노쿠 꼬추해구.

아. 감자는 논는다고 왜 얘기를 함니까?

▪ 그럼.

▪ 감잔 논능거지.

아, ‘감자는 논는다’ 이러케 얘길

▪ 으~, 논는다구래.

▪ 땅에다 수무니까는

콩가틍거는 어떠케 함니까? 콩은?

▪ ‘콩언 싱군다’구래구.

아, ‘감자는 논는다, 콩은 싱군다.’ 그러며는

▪ 그게 사투링가 본데.

한꺼번에 하고.그 다음에 인제 조금 지나면 또

= 지나면 인제 베어 들이면 그만이지 뭐.

예.

= 끝나고 인제 봄부터 또 시작하고.

그럼 여기는

= 농사는 한철이니깐.

파나 마늘 고추 이런 것들은

¯ 고추는

= 아니, 고추 해요, 고추.

¯ 고추 많이 했지, 여기들.

왜 고추 많이 합니까?

= 봄에 감자 놓고 고추부터 심어.

아, 감자도 하고, 고추도

= 연제, 밭 조금씩 먹느라고 다 하니까는.

네.

= 감자 놓고 고추 하고.

아. 감자는 놓는다고 왜 얘기를 합니까?

= 그럼.

¯ 감자는 놓는 것이지.

아, '감자는 놓는다' 이렇게 얘길

¯ 응, 놓는다고 그래.

= 땅에다 심으니깐

콩같은 것은 어떻게 합니까? 콩은?

¯ '콩은 심는다'고 그러고.

아, '감자는 놓는다, 콩은 심는다.' 그러면

= 그게 사투리인가 본데.

예, 그러네요, 예.

˝ 으~, 그게 사투링가?

감자를 논는다고 버리는 어떠케 한다고 버리

˜ 버리는 인제 가:레 뿌리지.

아, 버리는 뿌리는

˝ 버리 간:다그래구.

˜ 뿌린다구래구.

˝ 버리 타자캔다 그래구 그래는데 여그서는[46].

음, 간다, 뿌린다.

˜ 음.

˝ 아유, 버리 해본지도 메심녀닌지 머:.

그름, 조가틍거 어때요, 조?

˝ 조 안해요.

여긴 조는 안해요?

˝ 할쩌겐 옌나레 할쩌게는 그게 보메 뿌레가주고 갈:게 베하구 또까치 해 드리능거

예, 아.

˝ 추수넌 콩, 베 모두 연:다러 드러오니깐

네.

˝ 다 모아드리니깐.

예, 아.

˝ 머, 땅에 드러간 곡서건 베 드러오먼 다 따러드러와, 뒤때능게 으꾸[47].

예. 그러며는 각 시절에 각 때에 마게끔 사실 반농사를 이러케 진는데, 그런 방법뜨리 이짜나요? 예를 드러서 어 젤 처메는 감자가틍 거 먼저

˜ 감자는 인제 보메 싱궈가지구

예, 그러네요, 예.
= 응, 그게 사투리인가?
감자를 놓는다고 보리는 어떻게 한다고 보리
⌐ 보리는 인제 가을에 뿌리지.
아, 보리는 뿌리는
= 보리 간다고 그러고.
⌐ 뿌린다 그러고.
= 보리 타작한다 그러고 그러는데 여기서는.
음, 간다, 뿌린다.
⌐ 음.
= 아유, 보리 해 본 지도 몇 십년인지 뭐.
그럼, 조 같은 것은 어때요, 조?
= 조는 안 해요.
여긴 조는 안 해요?
= 할 적엔 옛날에 할 적에는 그게 봄에 뿌려서 가을에 벼하고 똑같이
해 들이는 것
예, 아.
= 추수는 콩, 벼 모두 연달아 들어오니깐
네.
= 다 모아들이니깐.
예, 아.
= 뭐, 땅에 들어간 곡식은 벼 들어오면 다 따라들어 와, 뒀다는 것이 없
고.
예. 그러면 각 시절에 각 때에 맞게끔 사실 밭농사를 이렇게 짓는데, 그런 방
법들이 있잖아요? 예를 들어서 어 제일 처음에는 감자 같은 것 먼저
⌐ 감자는 인제 봄에 심어서

네.

⁻ 유:월따리[48] 캐나?

= 유:월. 하지땐데, 유:월 시빌 빼구, 이시비일 빼먼 다: 캐지.

음. 그믄 인제 반농사 진는 어 방법가틍거, 절차 가틍거 이짜나요? 반농사를 질때. 어, 먼저 반농사를 질라먼 반농사도 인제 마냐게 감자든지 반농사를 질라면, 감자를 한다면

= 그럼.

감자를 처메 어뜨케 해야 됨니까? 바틀 먼저.

= 감자를 가라가주구, 드러걸[49] 똬:가주구 이러케 인제 비누릴 씨우구 거르멀 잔뜩태구선 인제 이러케 소루다, 기게루다 인젠 해. 이러케, 이러케 해면 거게 꺼문 비누릴 씨우구, 고겔 파구서는 감잘

그럼 젤먼저 인제 감자를 노키저네

= 그럼 아주 올롱사는 감자서버텀 시자캐.

감잘 시작할 때 땅을 먼저 이러케 쑥

= 감자두 잘해애지. 노:타리[50] 치구

⁻ 그럼 이러, 이러케 부짜너?

네.

⁻ 그래면, 누니 이써 감자눈.

네네.

⁻ 고걸 칼로 이러케 오레가주구서 그누널 싱궈.

아, 근데 누늘 싱구기 저네, 그 먼저 바틀 이러케

⁻ 어, 바털 먼저 맨드러놔야지.[51]

아, 바츨 어떤시그로 맨드러 노씀니까?

= 노타리 치구

⁻ 요로::케

로타리 치능거는 뭠니까?

네.

― 6월 달에 캐나?

＝ 6월. 하지 때인데, 6월 10일 빼고, 22일 빼면 다 캐지.

음. 그러면 인제 밭농사 짓는 어 방법 같은 것, 절차 같은 것 있잖아요? 밭농사를 지을 때. 어, 먼저 밭농사를 지으려면, 밭농사도 인제 만약에 감자든지 밭농사를 지으려면, 감자를 한다면,

＝ 그럼.

감자를 처음에 어떻게 해야 됩니까? 밭을 먼저

＝ 감자를 갈아서, 두둑을 모아서 이렇게 인제 비닐을 씌우고 거름을 잔뜩 하고선 인제 이렇게 소로다, 기계로다 인젠 해. 이렇게, 이렇게 하면 거기에 검은 비닐을 씌우고, 거기를 파구서는 감자를

그럼 제일 먼저 인제 감자를 놓기 전에

＝ 그럼 아주 올해 농사는 감자서부터 시작해.

감자를 시작할 때 땅을 먼저 이렇게 쑥

＝ 감자도 잘 해야지. 로터리 치고

― 그럼 이러, 이렇게 붙잖아?

네.

― 그러면, 눈이 있어 감자눈.

네네.

― 고걸 칼로 이러케 오려 가지고서 그 눈을 심어.

아, 그런데 눈을 심기 전에, 그 먼저 밭을 이렇게

― 어, 밭을 먼저 만들어 놓아야지.

아, 밭을 어떤 식으로 만들어 놓습니까?

＝ 로터리 치고

― 요러케

로터리 치는 것은 뭡니까?

⁼ 기게루다 인제 ** 부수구, 갈:구

아, 부수구, 근데 이 지그믄 기게로 하는데 옌나레는 기게로 하지 아나짜나
요?

⁼ 그땐 소루다 해:찌.

⁻ 소루 해찌. 똑: 소루 해써.

예. 소루 하셔써요?

⁻ 음.

소루 이러케 할 때 예 소를 가지고 이러케 인제 갈자나요? 근데 뭐 여기에다
가 아까 ** 쟁기가틍거 이러케

⁼ 그럼, 아까 멍에 여기하능건 멍에.

⁻ 멍에, 멍에 씨우구.

⁼ 멍에 씨우구서는

⁻ 소 멍에 씨우능게 이래, 이러케 생겨써.

예.

⁻ 그래믄 인제 소등어리에[52] 가서 그게 꽁마짜너? 그래믄 인제 소 주럴
걸:구서 갈:지. 가라가주 감자는 또 이러게, 이러케 뚜걸 세워애해.

감자를 어떠케 세운다고?

⁼ 소가주 할쩌겐 또 안: 세워써. 그냥 갈:지.

⁻ 아, 감자 뚜걸 지꿈 고추 싱구자너.

아, 감자뚜굴. 예, 감자뚜굴 요러케 그러며는 이 바치 이러 평평하면, 인제
거기 이러케 갈며는 속, 폭파인 거기를 머라고 함니까? 거기는?

⁼ 폭 파인 데다 그저낸 감잘 노쿠 해구, 옌:나레는 그래 그냥 고물개루[53]
요러케 무던는데 문는 고물개 이짜너, 거.

예예, 요러케, 요요, 이게 바츨 보면 요게 파이꼬, 올라오면 요러케 되자나
요?

⁼ 그럼.

= 기계로다 인제 ** 부수고, 갈고

아, 부수고, 그런데 이 지금은 기계로 하는데 옛날에는 기계로 하지 않았잖아요?

= 그땐 소로 했지.

- 소로 했지, 똑 소로 했어.

예. 소로 하셨어요?

- 음.

소로 이렇게 할 때 예 소를 가지고 이렇게 인제 갈잖아요? 그런데 뭐 여기에다가 아까 ** 쟁기같은 것 이렇게

= 그럼, 아까 멍에 여기 하는 것은 멍에

- 멍에, 멍에 씌우고.

= 멍에 씌우고서는

- 소 멍에 씌우는 것이 이래, 이렇게 생겼어.

예.

- 그러면 인제 소 등어리에 가서 그게 꼭 맞잖아? 그러면 인제 소 줄을 걸고서 갈지. 갈아서 감자는 또 이렇게, 이렇게 두둑을 세워야 해.

감자를 어떻게 세운다고?

= 소 가지고 할 적엔 또 안 세웠어. 그냥 갈지.

- 아, 감자 두둑을 지금 고추 심잖아.

아, 감자 두둑을. 예, 감자 두둑을 요렇게. 그러면 이 밭이 이러 평평하면, 인제. 거기 이렇게 갈면 속, 폭 파인 거기를 뭐라고 합니까? 거기는?

= 폭 파인 데다 그 전엔 감자를 놓고 하고, 옛날에는 그래 그냥 고무래로 요렇게 묻었는데. 묻는 고무래 있잖아, 거.

예예, 요렇게, 요요, 이게 밭을 보면 요게 파여 있고, 올라오면 요렇게 되잖아요?

= 그럼.

파인 부부늘 머라고?

= 이런데 지나간 자리예 우멍한데다[54] 감잘 놔써.

⌐ 그걸 고:리 골[55] 켄다구래지.

아, 그건 골케고

⌐ 어~.

그다메 요러케 올라옹고슨 머라고 함니까?

⌐ 두기지.

= 아이, 그건 둔덕.

⌐ 둔덕.

= 받뚠덕.[56]

아, 받둔더기라고 함니까?

⌐ 음.

= 근데 고:레다 놔:. 시방 농사진능걸 무짱쿠, 옌날 농사 진능걸 문는데 옌:날껄 가르케[57] 줘얘지.

예예, 마씀니다, 옌날꺼.

= 옌:날 요러케 쪽: 켄데, 고기다[58] 감잘 노쿠. 옌:나레 뭐 이써? 재:나 노쿠선 그냥 무더뻐리지.

예.

= 시방은 아주

⌐ 인제 감자를 이러케 고럴 지자너.[59] 옌나렌 요기다 요 소게다 놔써, 감자. 요 소게다, 요런데다 요기다 이러케 노쿠선 흐그루 메워찌. 흐그루 이러케

= 이러:케 나가면 그 멍[60] 씨워가주 그 아래다 나가머 아주 골 타징게 이씨면 고그다[61] 감자 노쿠 그냥 무끼만 해도 참 쉬워찌. 그러케 핸는데, 시방은 뭐 둔더글 해구, 아주 잘해, 그러니깐, 감자두 그때버다 조:와.

⌐ 지끄믄 비니리를 모두 씨우자너.

파인 부분을 뭐라고?

˭ 이런 데 지나간 자리에 우묵한 데다 감자를 났어.

˗ 그걸 골이 골 켠다고 그러지.

아, 그건 고랑 켜고

˗ 응.

그 다음에 요렇게 올라온 곳은 뭐라고 합니까?

˗ 두둑이지.

˭ 아니, 그건 두둑.

˗ 두둑.

˭ 밭두둑.

아, 밭둔덕이라고 합니까?

˗ 음.

˭ 그런데 고랑에다 놔. 지금 농사 짓는 걸 묻지 않고, 옛날 농사 짓는 걸 묻는데 옛날 것을 가르쳐 줘야지.

예예, 맞습니다, 옛날 것.

˭ 옛날 요렇게 쪽 (골을) 켠 데에, 거기에다 감자를 놓고. 옛날에 머 있어? 재나 놓고선 그냥 묻어 버리지.

예.

˭ 지금은 아주

˗ 인제 감자를. 이렇게 고랑을 짓잖아. 옛날엔 요기다 요 속에다 났어, 감자. 요 속에다, 요런 데다 여기에다 이렇게 놓고선 흙으로 메웠지. 흙으로 이렇게

˭ 이렇게 나가면 그 망 씌워서 그 아래에다 나가면서 아주 골이 타진 것이 있으면 거기에다 감자 놓고 그냥 묻기만 해도 참 쉬웠지. 그렇게 했는데, 지금은 뭐 밭두둑을 하고, 아주 잘해, 그러니깐, 감자도 그때보다 좋아.

˗ 지금은 비닐을 모두 씌우잖아.

예.

¯ 비니리 씨우구 해기때메 옌:나레는 우습찌 뭐. 농사 지멍는[62] 이러케 해노쿠 여거다 감자노쿠서 재나 후우루 뿌리구서 기냥 흐그루 더퍼 노쿠 이래써.

예. 그럼 이제 고러케 할 때 제가 쫌 자세항검만 여쭤볼께요, 그르이까 바틀 해서 고를 소가 이러케

¯ 음, 음.

지나가면서 고를 케자나요?

¯ 그럼.

골 요러케 켈 때

¯ 음.

소를 이제 몰고 이래 가라 그러자나요?

¯ 음.

이러케 소를 가라고 할 때 먼저 소를 아푸로 가라 소를 가라고 할 때 이게 이르미 이짜나요?

¯ 음.

소를 아푸로 가라 할 때, 어떤

¯ 뒤루 가라, 아푸로 가라, 이러!

아푸로 가라고 하면 머라고 함니까?

= 뒤루 가라, 소린 안해, 뒤루 가라능 거는.

¯ 하하하.

= 뒤루가능거는 사라미

그러초, '뒤루 가라' 갈리는 업쓰니까. 그니까, '똑빠로 가라' 할 때는 머라고 함니까?

= 그런 소린 해지도 안해.

¯ 그럼.

예.

⎯ 비닐들 씌우고 하기 때문에 옛날에는 우습지, 뭐. 농사 지어 먹는, 이렇게 해 놓고 여기다 감자 놓고서 재나 훌훌 뿌리고서 그냥 흙으로 덮어 놓고 이렇게 했어.

예. 그럼 이제 그렇게 할 때 제가 좀 자세한 것만 여쭤볼게요, 그러니까 밭을 해서 고랑을 소가 이렇게

⎯ 음, 음.

지나가면서 고랑을 켜잖아요?

⎯ 그럼.

고랑 요렇게 켤 때

⎯ 음.

소를 이제 몰고 이렇게 '가라' 그러잖아요?

⎯ 음.

이렇게 소를 가라고 할 때 먼저 소를 앞으로 가라 소를 가라고 할 때 이게 이름이 있잖아요?

⎯ 음.

소를 앞으로 가라 할 때, 어떤

⎯ '뒤로 가라.', '앞으로 가라.', '이러!'

앞으로 가라고 하면 뭐라고 합니까?

＝ '뒤로 가라.' 소린 안 해, 뒤로 가라는 것은.

⎯ 하하하.

＝ 뒤로 가는 것은 사람이.

그렇죠, '뒤로 가라' 갈 리는 없으니까. 그러니까, '똑바로 가라' 할 때는 뭐라고 합니까?

＝ 그런 소린 하지도 안 해.

⎯ 그럼.

ᐤ 말뀌 아러 든는 소는.

예.

ᐤ 가량[63], 똑빠루 가는데 뒤:우루 가라느니 머.

� 어허허.

ᐤ 갸:는 사라멀 ** ****?

� 그게 그 인제 저 쪽빠리[64] 가래먼 인제 **** **.

요거 쪼끔만 예예.

� 으~ 그래.

하이구 예.

� **해지?

예예.

� 머 뒤우루 가라, 아푸루 가라 이소리는 아내는데.

금 마냐게 **때 아푸로 가라. 그러때, 이

� 회초리가 이써.

ᐤ 이러, 이러.

아푸로 가라 그럴 때는

� 이러, 이러. 그래구 회초리루 이러캐지.

예. 그럼 '오른쪼그로 가라' 그럴 때는 아이, '오른쪼그로 가라' 그럴 때

ᐤ 고빼~이가[65] 이끼때메

예.

ᐤ 쪼꿈 이러케 ****

� 고빼~이는 ** **루 부짭짜너.

예예.

� 바까는 사라미. 그래, 이 바른소누로[66] 회초리가 이씨머 잘모까먼 톡 때리구

그때는 인제 오른쪼그로 가란 얘기는 안하고.

˭ 말귀 알아듣는 소는.

예.

˭ 가령, 똑바로 가는데 뒤로 가라느니, 뭐.

˗ 어허허.

˭ (밭) 가는 사람을 ** ****?

˗ 그게 그 인제 저 똑바로 가라면 인제 **** **.

(마이크를) 조금만 (더 가까이), 예예.

˗ 응, 그래.

하이구 예.

˗ **하지?

예예.

˗ 뭐 '뒤로 가라, 앞으로 가라' 이 소리는 안 하는데.

그럼 만약에 **때 '앞으로 가라.' 그럴 때, 이.

˗ 회초리가 있어.

˭ '이러, 이러.'

'앞으로 가라' 그럴 때는.

˗ '이러, 이러.' 그러고 회초리로 이렇게 하지.

예. 그럼 '오른쪽으로 가라' 그럴 때는 아니, '오른쪽으로 가라' 그럴 때.

˭ 고삐가 있기 때문에.

예.

˭ 조금 이렇게 ****.

˗ 고삐는 ** **루 붙잡잖아.

예예.

˗ 밭 가는 사람이. 그래, 이 오른손으로 회초리가 있으면 잘못가면 톡 때리고.

그때는 인제 '오른쪽으로 가라'는 얘기는 안 하고.

￣ 안 해지. 그래구.

왼쪼그로 가라도 그냥 고삐나 이렁걸로 가주고 톡톡 때리면 요러케 가고.

= 사람버다 마:럴 잘 드러써.

예.

￣ 잘드찌.

= 아주 골: 타고 쪽쪽 잘 댕기는데 머.

아.

= 사람버다 머.

골타고 인제 고를 케고 그러믄 게, 그 소는 고를 타면서 이러케.

￣ 그럼, 그럼.

가게 되능거조.

= 지:가 해능거 다: 아러가주 사람버다 잘 해.

￣ 잘 해, 아주 잘핸다구.

인제 골타고 가, 이러케 가면서, 고를 이러케 케자나요?

￣ 음, 음.

케고, 쭉 이래 케고 나서 둔덕까틍거뜰도 생기고 이러면 인제 거기다가 인제 감자 아까해떤.

= 고랑에다 노쿠 둔더그루 메워야지, 이러케.

아아, 둔덕으로 요러케.

= 그 아까 고물개 가주고 이렁이렁⁶⁷⁾ 도러댕기면서.

￣ 고물개 가주 이러 이러케 이래 끌:머서 가자너, 이러케.

예예예.

￣ 이게 이짝 두게꺼 이러케 해구 또 이짝 두게 이러케.

예예예.

￣ 그래, 그래면서.

⌐ 안 하지. 그리고.
 '왼쪽으로 가라' 도 그냥 고삐나 이런 것으로 가지고 톡톡 때리면 요렇게
가고.
= 사람보다 말을 잘 들었어.
예.
⌐ 잘 듣지.
= 아주 고랑을 타고 쪽쪽 잘 다니는데 뭐
아.
= 사람보다 뭐.
 고랑 타고 인제 고랑을 켜고 그러면 그 소는 고랑을 타면서 이렇게
⌐ 그럼, 그럼.
 가게 되는 거죠.
= 자기가 하는 것 다 알아서 사람보다 잘 해.
⌐ 잘 해, 아주 잘 한다고.
 인제 '고랑 타고 가.', 이렇게 가면서, 고랑을 이렇게 켜잖아요?
⌐ 음, 음.
 켜고, 쭉 이렇게 켜고 나서 두둑 같은 것들도 생기고 이러면 인제 거기다가
인제 감자 아까 했던.
= 고랑에다 놓고 밭두둑으로 메워야지, 이렇게.
 아아, 밭두둑으로 요렇게
= 그 아까 고무래를 가지고 이렇게이렇게 돌아다니면서.
⌐ 고무래 가지고 이렇게 이렇게 끌면서 가잖아, 이렇게.
 예예예.
⌐ 이게 이쪽 두둑의 것을 이렇게 하고 또 이쪽 두둑에 이렇게.
 예예예.
⌐ 그래 그러면서.

아, 고물개로 이러케 하면서 이러케 해서 인제 씨를

˝ 버리를 갈:구두 그 고물개로 무더야 해구.

아.

˝ 소루 이러케 쪼루루 따개구[68] 고그다 해구선 고물개루 무더.

음.

˝ 아이 옌:날 농사는 이러케 뒤숭숭해:써. 시방은 해지두 아내구 기게루
해구 그래느까는.

근데 머 요주메는 다 기게로 하니깐, 옌나레 어떠케 핸는지를 모르니까 그렁
거뜨를 어르신들 생각하셔떵거뜨를 요러케 얘길 해주시면 되는데 어, 그러케
해서 인제 씨를 뿌리자나요? 씨를 뿌리고 나서 그다메 인제 어떠케 하는, 씨를
뿌리게 요러케 메우.

⁻ 무찌.

무꼬.

⁻ 무찌.

요러케 무꼬 나서

˝ 무꼬 나면 스:라래 베, 버리가 요러케 올러오는데 인제 슬: 쇠고

무꼬 나서 머 하는니른 업씀니까?

⁻ 읍:찌, 어디.

˝ 거리미나 줄라머 주지 오줌 주구

아, 거름.

˝ 꼭때기루다

아, 거르물 이러케 주고, 인제 그다메 이게 싸기 올러 오고

⁻ 으~, 올러오구.

˝ 아마 요게 갈:고 한 녀를 됨[69] 요망쿰 올러와.

가을? 언제쯤 되면?

˝ 갈:게. 추석때 가:는데 그게 고때 갈른, 베해기 저네 파::라케 올러

아, 고무래로 이렇게 하면서 이렇게 해서 인제 씨를

˝ 보리를 갈고도 그 고무래로 묻어야 하고.

아.

˝ 소로 이렇게 쪼루루 (밭을) 가르고 거기에다 하고선 고무래로 묻어.

음.

˝ 아이 옛날 농사는 이렇게 뒤숭숭했어. 지금은 하지도 안 하고 기계로 하고 그러니깐.

그런데 뭐 요즘에는 다 기계로 하니깐, 옛날에 어떻게 했는지를 모르니까 그런 것들을 어르신들 생각하셨던 것들을 요렇게 얘길 해 주시면 되는데.어, 그렇게 해서 인제 씨를 뿌리잖아요? 씨를 뿌리고 나서 그 다음에 인제 어떻게 하는, 씨를 뿌리게 요렇게 메우고

˝ 묻지.

묻고.

˝ 묻지.

요렇게 묻고 나서

˝ 묻고 나면 설 아래 벼, 보리가 요렇게 올라오는데 인제 설 쇠고

묻고 나서 뭐 하는 일을 없습니까?

˝ 없지, 어디.

˝ 거름이나 주려면 주지 오줌 주고

아, 거름.

˝ 꼭대기로다

아, 거름을 이렇게 주고, 인제 그 다음에 이게 싹이 올라 오고

˝ 응, 올라오고.

˝ 아마 요게 갈고 한 열흘 되면 요만큼 올라와.

가을? 언제쯤 되면?

˝ 가을에. 추석때 가는데 그게 그때 갈면, 벼 하기 전에 파랗게 올라

오먼 겨울게 고게 나리 가먼 아주 꽤 커. 그라, 욍게[70] 오먼 오줌 바더다 주구 머. 비로나 이써?

　감재, 감자 가틍거

" 감잔 인제 보메 노쿠 버리는 갈:게 노쿠.

　아, 예, 갈게 노코.

" 항꺼버네 아내구

　네.

" 버리넌 갈:, 내년 농사럴 올 파뤌따리 해니까는

　음.

" 고건 이탬마네 추수럴 멍능게야, 버리는.

　예예.

" 감자, 인제 감자는 한 갈:구 한 오시빌 사시빌 이씨먼 수화걸 거두능 거구

　네네, 감자는.

" 음, 감자는 이월따레 노:머는 유월따레 캐니깐

　예.

" 아마, 그게 잘해야 한 사십 오십 오심날 되까, 사심날 되까? 이러케 되먼 감잔 수화걸 거두구 버리는 그게 이태

ˉ 사멀따레 그 싱구자너?

" 으?

ˉ 감자, 사멀따레? 사멀따레 시머.

" 아니야, 그거뚜 한식때 저네 시머.

　그러면 아까 예저네 보리 농사 버리 농사 지으셔쓸때, 보리의 종뉴가 마니 이짜나요?

" 머 융모버리니,[71] 머: 느리버리[72]니

　누리, 누?

오면 겨울에 그게 날이 가면 아주 꽤 커. 그래, 옮겨 오면 오줌 받아다가
주고 뭐. 비료나 있어?

　감자 감자 같은 것

　▪ 감자는 인제 봄에 놓고 보리는 가을에 놓고.

　아, 예, 가을에 놓고.

　▪ 한꺼번에 안 하고

　네.

　▪ 보리는 가을, 내년 농사를 올 팔월달에 하니깐

　음.

　▪ 고건 이태만에 추수를 먹는 것이야, 보리는.

　예예.

　▪ 감자, 인제 감자는 한, 갈고 나서 한 50일, 40일 있으면 수확을 거두는
것이고

　네네, 감자는.

　▪ 음, 감자는 이월달에 놓으면 6월 달에 캐니깐

　예.

　▪ 아마, 그게 잘해야 한 사십 오십 오십날 될까, 사십날 될까? 이렇게
되면 감자는 수확을 거두고 보리는 그게 이태

　▪ 삼월달에 그 심잖아?

　▪ 응?

　▪ 감자, 삼월달에? 삼월달에 심어.

　▪ 아니야, 그것도 한식 때 전에 심어.

　그러면 아까 예전에 보리 농사 보리 농사 지으셨을 때, 보리의 종류가 많이
있잖아요?

　▪ 뭐 육모보리니, 뭐 느리보리니

　누리, 누?

＝ 느릳, 느린느리뿌터따구 느릳뻐리라 그러데.

느리뻐리요.

＝ 그게 바베 조태.

아.

＝ 음, 느린느리행게.

그다메

＝ 매:미버리[73].

매미버리요?

＝ 매:미버리싸리라능건 새파라케 버리싸리.

음, 그게 머 매미처럼 생곈

＝ 아니, 버리 이리미 그러치. 융모버리래능건 버리싸리 노::라쿠

네.

＝ 매:미버리라능건 버리싸리 파르파르::태구 늘버리래능건 버리싸리
하::야쿠.

느리버리?

＝ 늘버리 느른느를[74]뿌터때. 그래능게 버리싸리 하::야[75].

아, 하야코.

＝ 그래두 밤마슨 더 조:쿠.

음.

＝ 융모버리는 노::라쿠 버리싸리.

융모, 융모버리는 노

＝ 매:미버리는 까만하게, 이게 꼭 까므까믇, 허영거뚜 인는데 까믄까무
태드라구, 옥씨기 차돌배기처럼[76].

그다메 그건말고 혹씨 머 또

＝ 봄뻐리래능거뚜 이꾸.

아, 봄뽀리, 아 보메도, 보메 나는

▪ 느린, 느릿느릿붙었다고 느릿보리라 그러데.

느릿보리요.

▪ 그게 밥에 좋대.

아.

▪ 음, 느릿느릿한 것이.

그 다음에

▪ 매미보리.

매미보리요?

▪ 매미보리쌀이라는 것은 새파랗게 보리쌀이

음, 그게 뭐 매미처럼 생겼지.

▪ 아니, 보리 이름이 그렇지. 육모보리라는 것은 보리쌀이 노랗고

네.

▪ 매미보리라는 것은 보리쌀이 파릇파릇하고 느리보리라는 것은 하얗고.

느리보리?

▪ 늘보리 느룻느룻 붙었대. 그러는 것이 보리쌀이 하얘.

아, 하얗고.

▪ 그래도 밥맛은 더 좋고.

음.

▪ 육모보리는 노랗고 보리쌀이.

육모, 육모보리는 노(랗고)

▪ 매미보리는 까맣게, 이게 꼭 까뭇까뭇, 허연 것도 있는데 까뭇까뭇하더라고. 옥수수 차돌박이처럼

그 다음에 그것 말고 혹시 뭐 또

▪ 봄보리라는 것도 있고.

아, 봄보리, 아 봄에도, 봄에 나는

= 보메 갸:능거.

그걸 봄?

＝ 봄보리

봄보리요?

＝ 고건: 버리싸리 짜롬::해구, 버리쌀두 코도코도캐구[77] 그래.

⁻ 마뚜 업써, 그건.

음.

그냥, 그냥 버리라 하능거는 가으레 하능거고

＝ 으~.

봄뽀리

＝ 봄뻐린 보메 해능거.

⁻ 보메 해, 그건.

아, 봄뽀리는 보메, 봄뽀리는 무조껀 보메 하능거고 그냥 보리는 가을?

⁻ 가을게.

가을게 하능거.

＝ 봄버리는 보메.

예.

＝ 해:토 되믄 가러가주고 그게 항꺼버네 머그니

예.

＝ 우리두 해봔:네, 봄버리.

근데 여기는 버리 말고 밀도

＝ 미런 버리하구 또까치

아, 근데 미레는 어떤 종뉴가 이씀니까?

＝ 미런 밀배께 몰르는데[78].

⁻ 웁떤데, 밀배께 업써.

＝ 아니야, 그거뚜 메까지 되긴 되는데.

˭ 봄에 가는 것.

그걸 봄?

˭ 봄보리

봄보리요?

˭ 고건 보리쌀이 자름하고, 보리쌀도 코독코독하고 그래.

˗ 맛도 없어, 그건.

음.

그냥, 그냥 보리라 하는 것은 가을에 하는 것이고

˭ 응.

봄보리

˭ 봄보리는 봄에 하는 것.

˗ 봄에 해, 그건.

아, 봄보리는 봄에, 봄보리는 무조건 봄에 하는 것이고 그냥 보리는 가을?

˗ 가을에.

가을에 하는 것.

˭ 봄보리는 봄에.

예.

˭ 해토(解土) 되면 갈아서 그게 한꺼번에 먹으니

예.

˭ 우리도 해봤네, 봄보리.

그런데 여기는 보리 말고 밀도

˭ 밀은 보리하고 똑같이

아, 그런데 밀에는 어떤 종류가 있습니까?

˭ 밀은 밀밖에 모르는데.

˗ 없던데, 밀밖에 없어.

˭ 아니야, 그것도 몇 가지 되긴 되는데.

ˉ 몰르겐는데.

어떻게 이씁니까, 밀?

˭ 인제 그러치머. 우린 항가지만 해구두 마러쓰니까 머.

ˉ 흐흠.

아, 밀 하나, 예.

˭ 미런 머 종뉘[79]가 그래 안 마너. 버리는 머 융모버리니, 매:미버리니, 늘버리니 그러는데 해뻔 사라믄 아주 그 늘버티가 쪼끔 들 나두 바비 글케[80] 하:양게 조:태. 버리싸리 하야쿠. 융모버린 버리싸리 노르수룸:해구, 매:미버린 버리싸리 파르수룸:해구.

어, 그러면 보리나 미른 가치 심자나요?

˭ 음, 가치.

그게 인제 주로 가으레 가치

˭ 음, 갈:게.

갈:게 이러케 파종, 그거 씨를 이러케 뿌리능거.

˭ 그럼, 씨럴 인제 우떤[81] 사라먼 머 똥무레다 해 껀저가주 재에다 버무레가주 뿌리는 사람두 이꾸

네.

˭ 야중엔 해기 시르니깐 기냥 재뿌리구, 버리씨만 대깍[82] 뿌리구 그래는데 고러케 몸뚱아리[83] 거름 칠해능게 조태는데

ˉ 조치.

˭ 잘 된데.

ˉ 조치.

˭ 해기 시르니깐 야중엔 맨버리 가주가 뿌리드라구.

그면 인제 보리바치나 밀받 이렁거슬 갈때 가능거는 어떵걸로 간다고 그러는지?

˭ 그거, 극:쩨~이[84].

˭ 모르겠는데.

어떤 것이 있습니까, 밀?

˭ 인제 그렇지 뭐. 우린 한가지만 하고도 말았으니까 뭐.

˭ 흐흠.

아, 밀 하나, 예.

˭ 밀은 뭐 종류가 그렇게 안 많아. 보리는 뭐 육모보리니 매미보리니 늘보리니 그러는데. 해 본 사람은 아주 그 늘보리가 조금 덜 나도 밥이 그렇게 하얀 것이 좋대. 보리쌀이 하얗고. 육모보리는 보리쌀이 노르스름 하고, 매미보리는 보리쌀이 푸르스름하고.

어, 그러면 보리나 밀은 같이 심잖아요?

˭ 음, 같이.

그게 인제 주로, 주로 가을에 같이

˭ 음, 가을에.

가을에 이렇게 파종, 그것 씨를 이렇게 뿌리는 것.

˭ 그럼, 씨를 인제 어떤 사람은 뭐 똥물에다 해 건져가지고 재에다 버무려서 뿌리는 사람도 있고

네.

˭ 나중엔 하기 싫으니깐 그냥 재 뿌리고, 보리씨만 재각 뿌리고 그러는 데 몸뚱이 거름 칠하는 것이 좋다는데.

˭ 좋지.

˭ 잘 된데.

˭ 좋지.

˭ 하기 싫으니깐 나중엔 맨보리 가지고 가서 뿌리더라구.

그러면 인제 보리밭이나 밀밭 이런 것을 갈 때 가는 것은 어떤 것으로 간다 고 그러는지?

˭ 그것, 극젱이.

⌐ 극쩨~이, 극쩨~이 거기 이떠군 왜, 극쩨~이.

아 예, 아까 거 이떤 극쩨이.

⌐ 으~, 으~.

= 소가주 핸대능거

네네, 극쩨이.

= 버섭[85]달링거, 그게 그걸로 가주고.

네네, 그걸로 쭉 갈구요.

= 그럼, 그럼.

인제 또까치 이러케

= 그럼.

소를 아페 이러케 해가주고 인제 극쩨이로 이러케

⌐ 버리나 소, 저 머, 미리나 소하구 또까치 해, 그건.

예.

⌐ 그건 또까치 갸:능거니까.

그러면 이 겨울처레 특뻐란 행사가틍거 이씀니까, 버리가틍거 인제 나중에다 이 무슨 발끼라등가 이렁거뜰 하능거?

= 저아페는 겨울게 밥:뜽가?[86], 설 쇠고 정워레 밥:뜽가? 거기 버리럴 밤:능걸 우리덜 모두 나서 봔:는데 여그 사라믄 밥:찐 안해든데? 그렇게 우린 발버보진 안해써.

그럼, 그런 행사가틍거는 안하시고요?

= 행사두 읍:꾸, 밥찌두 안해. 버리 마이 해는데서 밤:능가봐.

아.

= 그게 인제 땅이 어러따 노구면 이러케 들뜨면 그게 주꾸, 아마 이래니깐.

머가 주그?

= 버, 버리가

⁻ 극쟁이, 극쟁이 거기(그림책) 있더군 왜, 극쟁이.

아 예, 아까 거기 있던 극쟁이.

⁻ 응, 응.

" 소 가지고 한다는 것

네네, 극쟁이.

" 보습 달린 것, 그게 그걸로 가지고.

네네, 그걸로 쭉 갈고요.

" 그럼, 그럼.

인제 똑같이 이렇게

" 그럼.

소를 앞에 이렇게 해서 인제 극쟁이로 이렇게

⁻ 보리나 소, 저 머, 밀이나 소하고 똑같이 해, 그건.

예.

⁻ 그건 똑같이 가는 것이니까.

그러면 이 겨울철에 특별한 행사같은 것 있습니까, 보리 같은 것 인제 나중에 다 이 무슨 밟기라든가 이런 것들 하는 것?

" 저 앞에는 겨울에 밟던가?, 설 쇠고 정월에 밟던가? 거기 보리를 밟는 것을 우리들 모두 나서서 밟는데 여기 사람은 밟지는 안 하던데? 우린 밟어보진 안 했어.

그럼, 그런 행사 같은 것은 안 하시고요?

" 행사도 없고, 밟지도 안 해. 보리 많이 하는 데서 밟는가봐.

아.

" 그게 인제 땅이 얼었다 녹으면 이렇게 들뜨면 그게 죽고, 아마 이러니깐.

무엇이 주그?

" 보, 보리가

- 이러케 주거.

= 어러가주고 땡이[87) 부풀머는 그게 암마[88) 중는 수가 인능가봐.

아, 그래요?

= 그래이까 고 어러 어러서 노굴만 핼쩨 밥:뜨라구, 고걸 자꾸. 발버줌 딴딴해가주구 잘 된데. 버리밥[89) 밤:는다 그라든데 저 아페는.

아, 근데 여기는

= 여기능앙그래.

그래, 그런 마른 안쓰고요.

= 음, 머 해지두 안해니깐 머 도:제[90).

그면 인제 보리나 밀가틍거를 이제 어, 그거를 수화글 하자나요? 이제 거둬드리자나요? 거 그게 이제 다 자라며는

= 그럼.

그럼 어떤시그로 버리 가틍거는

= 아이, 그냥 나스루 노다지[91) 벼: 가주구. 그냥 등어리루 저 가주구.

= 그때야 머 이써? 시방은 해지두 안해는데

= 그때는 다 그러게 아주 참 농사꾸니 일 마:니 해찌 머. 요러케 버리따 널, 거 무꺼가주고

버리따늘 요러케

= 그럼 요러케 무꺼가주구 아주 태산처럼 해 지구, 저다 지구다 노쿠선 기운 자랑해느라구 거 아까 도리깨 그걸루다 막:: 지뚜둘기지.

- 그러차느먼 새낄 꽈:가주구 이러케 마러가주군 들칠게지.[92)

들, 칠?

- 오. 거 머 돌:메~이 가틍걸 이러:케 해노쿠선 거기다 탁: 때리자너, 잘 떠러지라구. 그래구 인제 지펄 또 도리깨루 막 후려치구, 그래서 해써.

= 그러캐두 해는데두 이꾸, 여러시 해능건 그냥 쭉 까러노쿠 여러지[93) 아주 도리깨질 여나무니[94) 드립따 두두레 넹기던데. 마~이 하는 사람.

 이렇게 죽어.

 얼어서 땅이 부풀면 그게 아마 죽는 수가 있는가 봐.

아, 그래요?

 그러니까 그 얼어 얼어서 녹을 만할 때 밟더라고, 그걸 자꾸 밟아 주면 단단해서 잘 된데. 보리밭 밟는다 그러던데 저 앞에는.

아, 그런데 여기는

 여기는 안 그래.

그래, 그런 말은 안 쓰고요.

 음, 뭐 하지도 안 하니깐 뭐 도저히.

그러면 인제 보리나 밀 같은 것을 이제 어, 그것을 수확을 하잖아요? 이제 거둬들이잖아요? 그 그게 이제 다 자라면

 그럼.

그럼 어떤 식으로 보리 같은 것은

 아니, 그냥 낫으로 언제나 베어서. 그냥 등으로 져서. 그때야 뭐 있어? 지금은 하지도 안 하는데.

 그때는 다 그렇게 아주 참 농사꾼이 일 많이 했지 뭐. 요렇게 보릿단을 거 묶어서

보릿단을 요렇게

 그럼 요렇게 묶어서 아주 태산처럼 해 지고, 져다, 져다 놓고선 기운 자랑하느라고 거 아까 도리깨 그걸로다 막 짓두들기지.

 그렇지 않으면 새끼를 꽈서 이렇게 말아 가지곤 들어치는 것이지.

들, 칠?

 응. 거 머 돌멩이 같은 것을 이렇게 해 놓고선 거기다 탁 때리잖아, 잘 떨어지라고. 그리고 인제 짚을 또 도리깨로 막 후려치고, 그렇게 해서 했어.

 그렇게도 하는 데도 있고, 여럿이 하는 것은 그냥 쭉 깔아놓고 여럿이 아주 도리깨질 여남은 사람 들입다 두두려 넘기던데. 많이 하는 사람.

나스로 이제 베자나요?

˭ 나스루 벼:서

베가주고 한 어느정도 두께

˭ 요마쿰

금 요거를 한

˭ 요건만 빼게 안 돼, 다니 자러.

아, 요걸 다니라고 함니까?

˗ 음.

˭ 한단.

한단, 한단보다 어 그럼 한단씩 요러케

˭ 한단씩 자름해게 해:서 무꺼. 그래야 잘떠러지자너.

무꺼서 이거 항고세 이러케

˭ 으~, 치싸:노치. 싼는 사라미 아주 조:와야지, 지부로[95].

예, 싸 나야조.

˭ 그럼.

˭ 지베다 마당에다 뚜두레야지, 예.

싸노알따가 인제 그걸 가따가

˭ 그걸 가따가 인제 떨:때 다 졸머리[96] 세워, 저 이러케 이러케 이러케

놔. 이러케 싸노쿠 고게서 하나 떨:구 또 하나 해:서 떨:구 이래지.

거, 도리깨로 이러케

˭ 으~. 도리깨로 떨:거나 채지게다[97] 떨거나 이래지.

채찌?

˭ 어~. 돌메~이럴 해노쿠서 거기다 해능게 채지리여.

아, 채질요!

˭ 으~.

아, 그러케 채지를 이러케 하능거조.

낫으로 이제 베잖아요?

˭ 낫으로 베서

베서 한 어느 정도 두께

˭ 요만큼

그럼 요것을 한

ˉ 요것만 정도밖에 안 돼, 단이 잘아.

아, 요것을 단이라고 합니까?

ˉ 음.

˭ 한 단.

한 단, 한 단보다 어 그럼 한 단씩 요렇게

ˉ 한 단씩 자름하게 해서 묶어. 그래야 잘 떨어지잖아.

묶어서 이것 한 곳에 이렇게

ˉ 응, 치쌓아 놓지. 쌓는 사람이 아주 좋아야지 짚으로.

예, 쌓아 놔야죠.

ˉ 그럼.

˭ 집에다 마당에다 두드려야지, 예.

쌓아 놓았다가 인제 그걸 갖다가

ˉ 그걸 갖다가 인제 떨 때 다 줄줄이 쭉 세워, 저 이렇게 이렇게 이렇게

놔. 이렇게 싸 놓고 거기에서 하나 떨고 또 하나 해서 떨고 이렇게 하지.

거, 도리깨로 이렇게

ˉ 응. 도리깨로 떨거나 채찍에다 떨거나 이러지.

채찍?

ˉ 응. 돌멩이를 해 놓고서 거기다 하는 것이 채질이야.

아, 채질요.

ˉ 응.

아, 그렇게 채질을 이렇게 하는 거죠.

‐ 으~.

채질해서 보리 알, 알

‐ 알 떠러지라구.

아를 떠러.

＝ 인제 그게 수예미 이씨~이깐 인제 부수너라구 또 뚜둘기는

예. 그러면 이러케 채지를 이러케 해가주고 다 알맹이를 다

‐ 떠러지지.

떠러지며는 인제 그거를

‐ 그거 인제 또 지페 또 무더짜너. 들: 떨리자너? 그래면 그걸 또 이러

케 해 뉘케[98]노쿠선 도리깨로다 뚜디려.

아, 도리깨로 나머지 다 뚜두리고, 그럼 알맹이드리 인제 다 모이자나요?

‐ 그럼.

그, 모이면 그걸 어떠케 함니까?

‐ 그걸 그래면 인제 또 꺼시레미[99]가 이뜨라면 또 도리깨로 또 후리처

가주 걸 바세가주, 아낭네드리 까부리지[100], 채루.

아, 그러며는 먼저 도리깨로 인제 그 알갱

‐ 어~.

알갱이드를 다시 알갱이만 가지고 다시 인제 도리깨로 가주고

‐ 그럼, 그럼, 그 까시 떠러지라구.

거 까시, 그 꺼시래이[101]

＝ 그럼.

까시, 그, 그걸

＝ 그걸 두디리먼 버리까레기 죄 부서저가주구[102] 빤빤해구 똥구라케

예, 그러케 인제 부서지고

‐ 으~.

마니, 이게 까시, 아까 까시

- 응.

채질해서 보리 알, 알

￣ 알 떨어지라고.

알을 떨어.

＝ 인제 그게 수염이 있으니깐 인제 부수느라고 또 두들기는

예. 그러면 이렇게 채질을 이렇게 해서 다 알맹이를 다

￣ 떨어지지.

떨어지면 인제 그거를

￣ 그것 인제 또 짚에 또 묻었잖아. 덜 떨리잖아? 그러면 그걸 또 이렇게 해 눕혀 놓고선 도리깨로다 두드려.

아, 도리깨로 나머지 다 두드리고, 그럼 알맹이들이 인제 다 모이잖아요?

￣ 그럼.

그, 모이면 그걸 어떻게 합니까?

￣ 그걸 그러면 인제 또 까끄라기가 있더라면 또 도리깨로 또 후려쳐서 그걸 바숴서, 아낙네들이 까불지, 채로.

아, 그러면 먼저 도리깨로 인제 그 알갱이

- 응.

알갱이들을 다시 알갱이만 가지고 다시 인제 도리깨로 가지고

￣ 그럼, 그럼, 그 가시 떨어지라고.

거 가시, 그 가시랭이

＝ 그럼.

가시, 그, 그걸

＝ 그걸 두드리면 보리까끄라기 죄다 부숴져 가지고 빤빤하고 동그랗게

예, 그렇게 인제 부숴지고

- 응.

많이, 이게 가시, 아까 가시

━ 버리까:래이, 버리까래기.

┬ 버리까래기, 버리까래기.

아, 버리까래기요? 고렁거뜨를 바수

┬ 우~, 바수지어지지

예, 바시어 가주고 인제

┬ 치:루 또 까불러[103].

예, 치로 인제

┬ 우~.

그걸 멀 한다고 하나요?

━ 까불러, 치루 까불러.

┬ 아, 까불러.

━ 치루 이 **.

아, 예, 아까 치로 이러케 까불러서 인제 고 그야말로 인제 알갱이만 이러케

┬ 으~, 알개~이만 이제 또 부인네드리 가마~이다 담:찌. 어~, 그래가주
이쪼 또 야중에 말려 그걸. 음, 말려.

저기 나가보면 이러케 말리고 이러케 하자나요? 어, 그 판, 어떤 파네 보통
말림니까?

┬ 멍서기써, 멍석.

━ 멍석.

옌나레는 멍석까튼데다가

┬ 어~, 멍석, 멍서게다 말리지.

아, 이제 얼마 정도 말림니까? 그거를?

━ 밀통버린 한 사흘 말레야[104] 될꺼여.

┬ 사흘 말려야 하구 그걸 멍서게다 이러케 항가마씩 페노쿠 말려. 그래
먼 고 고물개루다 자꾸 두저거레애지[105].

아, 뒤적, 고물, 고밀개로

˭ 보리까끄라기, 보리까끄라기.

ˉ 보리까끄라기, 보리까끄라기.

아, 보리까끄라기요? 그런 것들을 바수어

ˉ 응, 바수어지지.

예, 바수어서 인제

ˉ 키로 또 까불어.

예, 키로 인제

ˉ 응.

그걸 뭘 한다고 하나요?

˭ 까불어, 키로 까불어.

ˉ 아, 까불어

˭ 키로 이 **.

아, 예, 아까 키로 이렇게 까불어서 인제 그 그야말로 인제 알갱이만 이렇게

ˉ 응, 알갱이만 이제 또 부인네들이 가마니에다 담지. 응, 그래서 이쪽
에 또 나중에 말려 그걸. 음, 말려.

저기 나가보면 이렇게 말리고 이렇게 하잖아요?

어, 그 판, 어떤 판에 보통 말립니까?

ˉ 멍석 있어, 멍석.

˭ 멍석.

옛날에는 멍석 같은 데다가

ˉ 응, 멍석, 멍석에다 말리지.

아, 이제 얼마 정도 말립니까? 그거를?

˭ 밀 통보리는 한 사흘 말려야 될 거야.

ˉ 사흘 말려야 하고 그걸 멍석에다 이렇게 한 가마니씩 펴놓고 말려.
그러면 고 고무래로 자꾸 뒤적거려야지.

아, 뒤적, 고무, 고무래로

- 어.

그 그건 마니 쓰네요. 그건 쓸 때가 참 마니

= 그럼 고물갠 마:~이 써써.

- 고물갠 마이 써써.

= 반니러케 해는데두 고물개 씨구, ** 그러케해는데두 버리 말리는데 베 말리는데 다 그거가주고 댕기며 쓰구.

그 고물개를 이러케 하면

- 그럼.

해서, 이제 말려가주고

- 으~.

그럼, 여기 아까 그 감자가틍거또 하션는데, 인제 감자 아까 농사 질:때 고거 얘기 하셔짜나요? 감자 말고 옥씨, 아까 옥씨, 옥씨기도

= 감자 시무구, 꼬추.

꼬추는 어떠케 하나요? 꼬추가틍거뜰?

= 꼬추두 감자처럼 거르멀 잔뜩 해, 그러케. 으~, 거르멀 먼저 비로, 머 토비꺼름 마이 너쿠서는 고러케 비누루 쒸워가주구, 거 뚤러가주구¹⁰⁶⁾ 꼬추 요매큼 행거 베가 업쓰이 추수하다가 우리도 시방 해:써, 한 삼백깨.

그러니까 또까치 하는데 거기다가 바틀 다

= 그럼, 가러노쿠서 기게로 시방 거까주¹⁰⁷⁾ 타달래면 아주 기게가 두고 랑씩 쭝::나가능게 이써. 우리 해마두¹⁰⁸⁾ 그 사라미 해:찌.

그래, 고추가틍거는 인제 고러케 해서

= 그럼.

해삗, 몯 삐치게 이러케 비니리 이러케

= 아니, 괜차너.

괜찬나요?

= 등¹⁰⁹⁾에 비니리 풀몬나오구 쉬¹¹⁰⁾ 크라구 비누릴 해지. 꼬춘 해삐철 봐야지,

- 응.

그건 많이 쓰네요. 그건 쓸 때가 참 많이

" 그럼, 고무래는 많이 썼어.

- 고무래는 많이 썼어.

" 밭 이렇게 하는 데도 고무래 쓰고, ** 그렇게 하는 데도 보리 말리는 데 벼 말리는 데 다 그것 가지고 다니며 쓰고

그 고무래를 이렇게 하면

- 그럼.

해서, 이제 말려가지고

- 응.

그럼, 여기 아까 그 감자 같은 것도 하셨는데, 인제 감자 아까 농사 지을 때 그것 얘기 하셨잖아요? 감자 말고 옥수수도

" 감자 심고, 고추.

고추는 어떻게 하나요? 고추 같은 것들?

" 고추도 감자처럼 거름을 잔뜩 해, 그렇게. 응, 거름을 먼저 비료, 뭐 퇴비거름 많이 넣고서는 그렇게 비닐을 씌워가지고, 거기 뚫어가지고 고추 요만큼 한 것, 벼가 없으니 추수하다가 우리도 지금 했어, 한 삼백개.

그러니까 똑같이 하는데 거기다가 밭을 다

" 그럼, 갈아 놓고서 기계로 지금 거기까지 타 달라고 하면 아주 기계가 두 고랑씩 쭉 나가는 것이 있어. 우리 해마다 그 사람이 했지.

그래, 고추 같은 것은 인제 그렇게 해서

" 그럼.

햇빛, 못 비치게 이렇게 비닐 이렇게

" 아니, 괜찮아.

괜찮나요?

" 밭이랑에 비닐 풀 못 나오고 쉽게 크라고 비닐을 하지. 고추는 햇빛을 봐야지,

삐얄가지지¹¹¹⁾. 시방 아주 삐얄가태, 바치 모두.

　비얄?

　＝ 아:니, 꼬추가 이러케 바치 비알가타구. 여어 울매나¹¹²⁾ 꼬추두 참 잘
됀네, 이러케 되언네. 그런데 가 이러:케 디다봐요,¹¹³⁾ 볼만해지 아주.　소
가니 비얄가투루¹¹⁴⁾ 꼬추가 달려찌. 어째 기퍼 거텐 엄:능거 거터두 소글
드레다 보면 아주 그러케 이렇게 달려 이따구.

　머, 옥씨기는

　＝ 옥씨긴 기냥, 그냥

　그냥 뿌리면 되능가요?

　＝ 아:니 시머야지.

　⁻ 싱궈얘지, 호매~이루.

　호매이로 이래

　⁻ 호매~이루. 이러케.

　＝ 두알씩.

　⁻ 두알씩 느쿠¹¹⁵⁾ 시머.　새럴 이망큼씩 두구.　널께¹¹⁶⁾ 두구. 어~. 어~,
두알씩.

　두알씩 이러케 시무먼, 싱꼬 나서 그거 이제 무꼬.

　＝ 올러와야 거름해구, 매:구.

　아, 올러와야

　＝ 그럼.

　⁻ 거르멀 해지. 옥쑤순 기냥 시머, 거름 안 내구.

　옥쑤수는 키우기가 쫌 쉽껜네요.

　⁻ 음, 쉬워.

　＝ 아유, 쉽찌두 안해 걷뚜¹¹⁷⁾, 해본 ****.

　근데 여기는 인제 과일가틍건 어떵거 주로 또 함니까?

　⁻ 여긴.

빨개지지. 지금 아주 빨개, 밭이 모두.

비알?

▪ 아니, 고추가 이렇게 밭이 빨갛다구. 여기 얼마나 고추도 참 잘 됐네,
이렇게 되었네. 그런데 가서 이렇게 들여다봐요, 볼 만하지 아주. 속 안이
빨갛도록 고추가 달렸지. 어째 깊어서 겉엔 없는 것 같아도 속을 들여다
보면 아주 그렇게 이런 것이 달려 있다고.

뭐, 옥수수는

▪ 옥수수는 그냥, 그냥

그냥 뿌리면 되는가요?

▪ 아니 심어야지.

￢ 심어야지, 호미로.

호미로 이렇게

￢ 호미로. 이렇게

▪ 두 알씩

￢ 두 알씩 넣고 심어. 사이를 이만큼씩 두고. 넓게 두고. 응. 응, 두 알
씩

두 알씩 이렇게 심으면, 심고 나서 그것 이제 묻고.

▪ 올라와야 거름하고, 매고.

아, 올라와야

▪ 그럼.

￢ 거름을 하지. 옥수수는 그냥 심어, 거름 안 내고.

옥수수는 키우기가 좀 쉽겠네요.

￢ 음, 쉬워.

▪ 아유, 쉽지도 안 해 그것도, 해본 ****.

그런데 여기는 인제 과일 같은 것은 어떤 것 주로 또 합니까?

￢ 여기는.

= 우리넌 과이런 아주 솜:방[118]이지 해보질 아느니까, 저기.

⁻ 복쑹아가 망:쿠, 배가 마:너.

= 복쑹아두 그러케 소니 마니 가, 아주. 소:더건 머 배쌔망쿰[119] 해구.
아무거또 안하능걸 아까 손 머라고 함니까? 솜꽝

= 아주 솜방이여, 몰:러?

⁻ 하하.

그건 또 무슨 마리예요?

⁻ 아이, 몰르능거 **.

= 몰르능건 아주 솜:방이야.

⁻ 몰른다는 소리여. 그건 아주 머 아무거뚜 모른대는 소리여. 으~, 솜
방, 으~.

근데 여기 보니까 복쑹아 가틍거 마니 나든데

= 야:주 마니 해요.

⁻ 복쑹아는 마:너.

그 복쑹아 가틍거뚜 농사를 지짜나요?

⁻ 그럼.

그건 어떠케 진나요? 복쑹아 가틍 경우예, 인저?

= 글쎄, 그거는 우리가 해보진 아넌는데 우리, 우리 문터게서 해능거
보니깐, 아::주 그거뚜 서랄버텀[120] 포포게[121] 거름가따 주구, 비:로[122]가따
주구, 토비꺼름 주구. 저까지 띠: 내구 아주 윙겨우내두 안 노러, 그래
고. 보메만 아너지. 입싸구 파르파르돌러 오던 꼰내리낼쩨 꼳따구 또:,
또 복생이[123] 그래두 조롱조롱 달리먼 복상두 또 따구 또 쒸우구, 아주
소니 수백뻔 가. 아, 이거 해본 사람 아주 대가리[124] 떨렁떨렁 흔드러.
아주.

= 야, 힘드러요 그게.

⁻ 심들구 말구지, 머.

▪ 우리는 과일을 재배하는데 서투르지. 해 보지를 않으니까, 저기.

▫ 복숭아가 많고, 배가 많아.

▪ 복숭아도 그렇게 손이 많이 가, 아주. 소득은 뭐 뱁새만큼 하고. 아무것도 안 하는 걸 아까 손뭐라고 합니까? 솜방

▫ 아주 솜방이야, 몰라?

▫ 하하.

그건 또 무슨 말이에요?

▫ 아이, 모르는 것 **.

▪ 모르는 것은 아주 솜방이야.

▫ 모른다는 소리야. 그건 아주 뭐 아무것도 모른다는 소리여. 응, 솜방, 응.

그런데 여기 보니까 복숭아 같은 것 많이 나던데

▪ 아주 많이 해요.

▫ 복숭아는 많아.

그 복숭아 같은 것도 농사를 짓잖아요?

▫ 그럼.

그건 어떻게 짓나요? 복숭아 같은 경우에, 인제?

▪ 글쎄, 그거는 우리가 해 보지는 않았는데 우리, 우리 문턱에서 하는 것 보니깐 아주 그것도 설 아래부터 포기포기에 거름 갖다 주고, 비료 갖다 주고, 퇴비 거름 주고 접가지 떼 내고 아주 온 겨우내도 안 놀아, 그러고 봄에만 안 하지. 잎사귀 파릇파릇 올라오면 꽃이 내릴 때(꽃이 필 때), 꽃 따고 또, 또 복숭아가 그래도 조롱조롱 달리면 복숭아도 또 따고, 또 씌우고, 아주 손이 수백 번 가. 아 ,이거 해 본 사람 아주 머리 떨렁떨렁 흔들어. 아주.

▪ 예, 힘들어요 그게.

▫ 힘들고 말고지, 뭐.

예, 여기는 사니 저 저쪼기 치악싸니조?

⁻ 으~.

근데 보면 사니고 머, 바치, 노니 이쓰니까

⁻ 으~.

여기 풀가틍게 마니 나자나요?

⁻ 마:~이 나지.

푸리나 아니면, 드레 사네 나는 풀가틍거 마는데

⁻ 으~.

거 푸리 어떵거, 어떵거, 멍능거또 이쓸테고.

⁼ 멍는 풀 만치.

어떵게

⁼ 멍년 푸룬 나무리구.

⁻ 나물취[125].

⁻ 으~, 둥굴레.

또?

⁻ 아이, 마:너, 나물이름두. 원추리. 원추리 또 뭥:가?

⁼ 곤드레.[126]

⁻ 곤드레.

⁼ 참나물, 뭐.

여기도 곤드레 마니 해서 멍나요?

⁼ 아유, 가보지도 모태구, 귀경[127]두 모태써. 말만 드러찌, 테레비예서.

⁻ 곤드레 하구.

⁼ 아, 참나물, 모시때, 머: 괴비[128] 머 고사리 엄:청나게 주고 팔구 머. 몰러 그러치. 참 사네두 만:네.

⁻ 아유, 사네두 멍능거 마:너.

⁼ 참두루베, 머루예, 다래예 머.

예, 여기는 산이 저 저쪽이 치악산이죠?

- 응.

그런데 보면 산이고 뭐, 밭이 논이 있으니까

- 응.

여기 풀 같은 것이 많이 나잖아요?

- 많이 나지.

풀이나 아니면 들에 산에 나는 풀 같은 것 많은데

- 응.

거 풀이 어떤 것, 어떤 것, 먹는 것도 있을테고.

- 먹는 풀 많지.

어떤 것이

= 먹는 풀은 나물이고.

- 참나물.

- 응, 둥굴레.

또?

- 아이, 많아, 나물이름도. 원추리. 원추리 또 뭔가?

= 곤드레.

- 곤드레.

= 참나물, 뭐.

여기도 곤드레 많이 해서 먹나요?

= 아유, 가보지도 못하고, 구경도 못했어. 말만 들었지, 텔레비전에서.

- 곤드레 하고.

= 아, 참나물, 모싯대, 뭐 고비 뭐 고사리 엄청나게 주고 팔고 뭐. 몰라

그렇지. 참 산에도 많네.

- 아유, 산에도 먹는 것 많아.

= 참두릅에, 머루에, 다래에, 뭐.

- 만:치.

머루, 다래.

= 뭐: 버서뚜 군데군데 난대지.

= 아유.

- 사네 머글꺼 마:너.

= 더덕뚜 캐:지, 도라지두 캐지 머.

- 머루 다래 이찌.

= 사네 모:까 인젠.

- 머루두 이찌 다래두 이찌.

= 나무가 승해가주구, 사네 몰뜨러간다구.

⁻ 많지.

머루, 다래.

⁼ 뭐 버섯도 군데군데 난대지.

⁼ 아유.

⁻ 산에 먹을 것 많아.

⁼ 더덕도 캐지, 도라지도 캐지 뭐.

⁻ 머루 다래 있지.

⁼ 산에 못 가 인젠.

⁻ 머루도 있지 다래도 있지.

⁼ 나무가 무성해서, 산에 못 들어간다구.

그다메 인제 하능거는 멈니까?

˗ 방애:다[129] 또 찌치.

보통 여기서는 어떤 방애에다가?

˗ 디딜빵아가 이써. 거:두 방아 이떼.

아, 예예. 그럼 여긴 주로 디딜빵아로

˗ 어~, 그래구 그러차느머

= 우리 해머글쩬: 디딜빵아예 마:~이 쩨[130] 머꾸.

˗ 매재미가[131] 이써. 또 소루 찐능거.

매듬, 매드미요?

˗ 매드미.

매드?

= 돌:메이, 이러케 소가 끌구 가능거.

˗ 소가 끌구 가자너, 왜.

= 연:자방아

아, 예, 연자방아요?

˗ 연:자방아.

그게 매드미라고 함니까?

˗ 으~, 매재미라구 그래지.

매재미요?

˗ 음, 매재미.

그 다음에 인제 하는 것은 뭡니까?

⁻ 방아에다 또 찧지.

보통 여기서는 어떤 방아에다가?

⁻ 디딜방아가 있어. 거기도(조사용 그림책에도) 방아가 있데.

아, 예예. 그럼 여긴 주로 디딜방아로

⁻ 응, 그러고 그렇지 않으면

＝ 우리 해 먹을 적엔 디딜방아에 많이 찧어 먹고.

⁻ 연자방아가 있어 또 소로 찧는 것.

매듬, 매듬이요?

⁻ 매드미.

매드?

＝ 돌멩이, 이렇게 소가 끌고 가는 것.

⁻ 소가 끌고 가잖아, 왜.

＝ 연자방아.

아, 예, 연자방아요?

⁻ 연자방아.

그게 매드미라고 합니까?

⁻ 응, 매재미라고 그러지.

매재미요?

⁻ 음, 매재미.

＝ 에이, 연자방아라 구래야 쉽게 아러드러.

아니요, 아니.

＾ 아니.

그마른 제가 첨 드러서

＾ 옌날 마런 또 매재미라 그래지.

＝ 아이, 그거뚜 사:투리예여. 매재미라구.

예, 그럼말쓰를 해주세요.

＝ 매, 매재미라구두 해구 연:자방아라구두 해구 이래.

아 매재미라고 한다구요.

＾ 옌날 마런 그게 매재미여.

아, 아. 그런 마리 이꾼뇨.

＾ 음, 매재미.

아, 허, 그럼 인제 매재미 하니까 무슨 마린지 제가 몰라가주고

＾ 몰:르지 머.

＝ 그게 이르미 두 가지가 돼.

고릉거 생강나능거 이쓰면 다 말씀해 주십씨오.

＝ 매재미라구두 해구 연:자방아라구두 해.

＾ 연자방아라 그래구 매재미라구 마:~이 그래써, 옌나렌, 옌나렌.

그런 매재미 가틍걸로 인제 가능거, 이제 빤능거조?

＾ 어~, 거기다 찌어먹찌.

예, 그 인제 빠가주고

＾ 치루 또 까불르지, 알개~이를.

치로 이제 또 까불고

＾ 어, 그래가주구 또

＝ 누구럴 쥐가주구, 소는 도라가구 사람만 뒤루댕기미[132] 씨러너쿠[133].

＾ 그래구 인제 그걸 또 까불러서 바::짱 말려서 두구 먹짜너.

= 에이, 연자방아라 그래야 쉽게 알아 들어.

아니요, 아니.

¯ 아니.

그 말은 제가 처음 들어서

¯ 옛날 말은 또 매재미라고 그러지.

= 아이, 그것도 사투리예요. 매재미라고.

예, 그런 말씀을 해 주세요.

= 매재미라고도 하고 연자방아라고도 하고 이래.

아, 매재미라고 한다고요.

¯ 옛날 말은 그게 매재미야.

아, 아. 그런 말이 있군요.

¯ 음, 매재미.

아, 허, 그럼 인제 매재미라고 하니까 무슨 말인지 제가 몰라서

¯ 모르지 뭐.

= 그게 이름이 두 가지가 돼.

그런 것 생각나는 것 있으면 다 말씀해 주십시오.

= 매재미라고도 하고 연자방아라고도 해.

¯ 연자방아라 그러고 매재미라고 많이 그랬어, 옛날엔, 옛날엔.

그런 매재미 같은 것으로 인제 가는 것, 이제 빻는 거죠?

¯ 응, 거기다 찧어 먹지.

예, 그 인제 빻아서

¯ 키로 또 까불지, 알갱이를.

키로 이제 또 까불고

¯ 어, 그래서 또

= 누구를 줘 가지고, 소는 돌아가고 사람만 뒤로 다니며 쓸어 넣고.

¯ 그러고 인제 그걸 또 까불어서 바짝 말려서 두고 먹잖아.

근데 인제 고 까불 이러케 까불다 보며는 이게 이제 처메 함번 까부는데, 까
불고 나면 이게 거칭거를 머라고 함니까?

ᆖ 아이찌꾸.

ᆷ 아이찌꾸, 두벌찌꾸 세벌 쩨:야 머거.

근데 거기에 인제 나오능게 머가, 이 껍떼기를 머라고 함니까, 껍떼기를?

ᆖ 제,[134] 제, 버리께.

ᆷ 제, 버리께.

ᆖ 버리께.

아, 버리께라 한다고요?

ᆷ 으~, 버리께.

그면 어 버리께보다 처메 인제 아이빠쓸 때 그 나오는 그게

ᆖ 그게 버리께.

ᆷ 버리 아이께.

버리께, 버리께고. 그다음 두벌째 나오능거는 멉니까? 쪼끔더 보드랍짜나
요? 그러며는 그 껍찌가.

ᆷ 인제 세:벌 또 쩨 가주구 그걸루 개떡뚜 해먹꾸 이래. 세:벌 쩨 가주구.

ᆖ 버리 개떡 해먹꾸 이래능거.

ᆷ 보면서 인제 싸래기가 나오능거 이짜너. 싸래기 나오능거 이제 까불
러가주 치 가주구는 거 버리께에다 서꺼서 개:떡걸 해머꾸 이래써.

금, 첨 아이 쩌쓸때는 버리께고.

ᆷ 음.

두번째 나오는 그 제는 멉니까?

ᆷ 두:벌께라 그르지.

ᆖ 그러케 나옹 거 시른[135] 제라 그래든데 시른 제.

ᆷ 두:벌께.

ᆖ 두벌께는 빼::짱마른 인제 시르면[136] 삐죽삐주캔 그 뿌레기두 빠:지구,

그런데 인제 그 까불 이렇게 까불다 보면 이게 이제 처음에 한 번 까부는데, 까불고 나면 이게 거친 것을 뭐라고 합니까?

ᵕ 아이찧고.

ᵔ 아이찧고, 두 벌 찧고, 세 벌 찧어야 먹어.

그런데 거기에 인제 나오는 것이 뭐가, 이 껍데기를 뭐라고 합니까, 껍데기를?

ᵕ 겨, 겨, 보릿겨.

ᵔ 겨, 보릿겨.

ᵕ 보릿겨.

아, 보릿겨라 한다고요?

ᵔ 응, 보릿겨.

그러면 어 보릿겨보다 처음에 인제 아이 빻았을 때 그 나오는 그게

ᵕ 그게 보릿겨.

ᵔ 보리 아잇겨.

보릿겨, 보릿겨고. 그 다음 두 벌째 나오는 것은 뭡니까? 조금 더 보드랍잖아요? 그러면 그 껍질이.

ᵔ 인제 세 벌 또 찧어서 그걸로 개떡도 해 먹고 이래. 세 벌 찧어서.

ᵕ 보리 개떡 해 먹고 이렇게 하는 것.

ᵔ 보면서 인제 싸라기가 나오는 것 있잖아. 싸라기 나오는 것 이제 까불어서, 키 가지고는 보릿겨에다 섞어서 개떡을 해 먹고 이렇게 했어.

그럼, 처음 아이 찧었을 때는 보릿겨고.

ᵔ 음.

두 번째 그 겨는 뭡니까?

ᵔ 두 벌 겨라 그러지.

ᵕ 그렇게 나온 것은 쓿은 겨라고 그러던데 쓿은 겨.

ᵔ 두 벌 겨.

ᵕ 두 벌 겨는 바짝 마른 인제 쓿으면 삐죽삐죽한 그 뿌리도 빠지고,

또 껍떼기 함번 버스먼 인제 무럴 버: 주믄 고마 뽀야케 돼:서 그른데.

⎺ 그래, 인제 그게 ****

등겡가 그럼마른 안씀니까?

゠ 등게년[137] 쌀께가 등게고 버리께는 그냥 버리께구.

⎺ 등게년 쌀께가 등게.

゠ 쌀씨른 제가 등게.

그다메 인제 왕

⎺ 왕게는 쫌

゠ 베, 왕게.

⎺ 베, 왕게.

아, 베예서 인제 고렁게

゠ 베:예서 나능게 왕게, 등게.

그러케 해서 인제 찌여서

⎺ 음.

이제 이제 해멍능거 나중에 해멍능거

゠ 여기 애덜두[138] 몰:러, 하나두.

⎺ 몰:르지.

゠ 등게가 먼:지, 왱:게가 먼:지 몰러, 여기 애덜두.

゠ 버리 갸:능거뚜 모:빤는데 머.

゠ 밤맘 머그니까는. 암만 농초네 사러도.

⎺ 우린 옌:나레 할머니간 그러 알:지 몰라.

그러게요. 저두 머 자른 모르니까 이제

⎺ 그럼.

어르신들께서 얘길 해주시 아, 그렁가보다 이러케 하는데 금 그러케 하다봄 예전 예저네는 머 밀가틍거나 이러케 막 사, 사람드리 서리하고 막 그래써짜나요?

또 껍데기 한번 벗으면 인제 물을 부어 주면 그만 뽀얗게 되어서 그런데.

⁻ 그래, 인제 그게 ****

등겨인가 그런 말은 안 씁니까?

⁼ 등겨는 쌀겨가 등겨고 보릿겨는 그냥 보릿겨고.

⁻ 등겨는 쌀겨가 등겨.

⁼ 쌀 쓿은 겨가 등겨.

그 다음에 인제 왕

⁻ 왕겨는 좀

⁼ 벼, 왕겨.

⁻ 벼 왕겨.

아, 벼에서 인제 그런 것이

⁼ 벼에서 나는 것이 왕겨, 등겨.

그렇게 해서 인제 찧어서

⁻ 음.

이제 이제 해 먹는 것 나중에 해 먹는 것

⁼ 여기 애들도 몰라, 하나도.

⁻ 모르지.

⁼ 등겨가 뭔지, 왕겨가 뭔지 몰라, 여기 애들도.

≡ 보리 가는 것도 못 봤는데 뭐.

⁼ 밥만 먹으니깐. 아무리 농촌에 살아도.

⁻ 우린 옛날의 할머니니까 그렇게 알지 (여기 애들은) 몰라.

그러게요. 저도 뭐 잘은 모르니까 이제

⁻ 그럼.

어르신들께서 얘길 해 주시니까 아, 그런가보다 이렇게 하는데. 그럼 그렇게 하다보면 예전 예전에는 뭐 밀 같은 것이나 이렇게 막 사람들이 서리하고 막 그랬었잖아요?

  = 흐음.
  ⁻ 흐음음.
  혹씨 머 그렁거 하지 아느셔써요? 다 이러케 어릴 때 장난치느라고 막
  ⁻ 우리넌 뭐 기지배드리 그런 소리를 해? 도:태지. 남자더리나 해:지.
  남자드리 주로 마니 해요?
  ⁻ 그럼 마:~이 해:찌.
  그러다 자피며는?
  ⁻ 어, 혼나지.
  = 에이, 그렁거는 머긍거 *** *** 머:.
  ⁻ 엔:나렌 그러케 그래진 아너써. 이 시고레서는 앙그래써. 그러구 또
도예지에서 마이 이랭가 보데.
  근데 인제.
  = 도예지 할래이¹³⁹⁾ 이써? 초:네나 이찌.
  지비 이짜나요? 집, 짐 마니 나오자나요?
  ⁻ 어~.
  짐나오며는
  ⁻ 베찝.
  인제 베찝또 이꼬, 버리찝.
  ⁻ 버리께는
  버리찝또 이쓸테고.
  ⁻ 어~, 버리께는 마:~이 때:써.
  때능게 머예요?
  ⁻ 불땔:다구. 걸 마:이 때구.
  그다메 또 만들쑤 인능거는 멀 마이, 집, 지푸로 만들쑤 인능거요?
  ⁻ 지푸루두
  = 다:노리¹⁴⁰⁾ 해러 가느라구, 베찝 저 도래~이¹⁴¹⁾

＝ 흐음.

￢ 흐음음.

혹시 뭐 그런 것 하지 않으셨어요? 다 이렇게 어릴 때 장난치느라고 막

￢ 우리는 뭐 계집애들이 그런 소리를 해? 못하지. 남자들이나 하지.

남자들이 주로 많이 해요?

￢ 그럼 많이 했지.

그러다 잡히면?

￢ 어, 혼나지.

＝ 에이, 그런 것은 먹은 것 *** *** 뭐.

￢ 옛날엔 그렇게 그러진 않았어. 이 시골에서는 안 그랬어. 그러고 또 도회지 살면 많이 이렇게 했는가 보데.

그런데 인제.

＝ 도회지에선 하려야 있어? 촌에나 있지.

짚이 있잖아요? 짚, 짚 많이 나오잖아요?

￢ 응.

짚 나오면

￢ 볏짚.

인제 볏짚도 있고, 보리짚.

￢ 보릿겨는

보리짚도 있을 테고.

￢ 응, 보릿겨는 많이 (불에) 땠어.

때는 것이 뭐에요?

￢ 불 땐다고. 그걸 많이 때고.

그 다음에 또 만들 수 있는 것은 뭘 많이, 짚, 짚으로 만들 수 있는거요?

￢ 짚으로도

＝ 다노리 하러 가느라고, 볏짚 저 도롱이

˗ 으~, 도래~이.

＝ 밀찌푸루 도래~이 해:서

비올 때

˗ 비올쩌게, 비올쩌게.

＝ 비올쩌게 옌:날로이넌 진짜 옌:날로이넌 도래:~ 씨구 저기 그 저 새까
싱가[142] 머 그렁거 썬는데 새까시나 이써? 일할 때는 거뚜 모:씨구.

＝ 모:썬나?

˗ 모:써써.

＝ 메:꼬자 씨구 도래이 씨머 괜차내유.[143]

˗ 그럼.

＝ 아, 옌:날싸람 메꼬자두 중여네 나와씨꺼여.

그 지푸로 또 만들쑤 인능게 만차나요? 아까 도뢰이도 이꼬.

＝ 거 도뢰이.

그다메, 머 불때는데도 쓰기도 하고, 또 이게 그걸

＝ 방석, 저거 김치똥문는데 이러케 항아리 문는 똥구라케 방:석뚜 해구
둥구마리두[144] 해구, 머 매:판두 해구 머.

매판도

＝ 으~, 매빵서기부터 똥그랑 거.

아, 매빵석 이러케 하기도 하고

˗ 매빵석뚜 해구 멍석뚜 맹그러써[145], 베찌푸루눈.

아, 멍서그로도 만들고 그다메 이게 또 이게

＝ 멍성 머 별꺼 다해찌

모자가틍거또 만들고 그래썬나요?

˗ 투아리[146], 허허

＝ 물리구 댕기는 뚜아리 애깅가 모:르겐는데

˗ 허허. 뚜아리는 읍:떼, 참.

﹡ 응, 도롱이.

＝ 밀짚으로 도롱이 해서

비 올 때

﹡ 비 올 적에, 비 올 적에.

＝ 비 올 적에 옛날 노인은 진짜 옛날 노인은 도롱이 쓰고. 저기 그 저 삿갓인가 뭐 그런 것 썼는데 삿갓이나 있어? 일할 때는 그것도 못 쓰고.

＝ 못 썼나?

﹡ 못 썼어.

＝ 메꼬자 쓰고 도롱이 쓰면 괜찮아요.

﹡ 그럼.

＝ 아, 옛날사람 멧고자도 중년에 나왔을거야.

그 짚으로 또 만들 수 있는 것이 많잖아요? 아까 도롱이도 있고.

＝ 거 도롱이.

그 다음에, 뭐 불 때는 데도 쓰기도 하고, 또 이게 그걸

＝ 방석, 저기 김칫독 묻는데 이렇게 항아리 묻는 동그랗게 방석도 하고 멱둥구미도 하고, 뭐 매판도 하고 뭐.

매판도

응, 맷방석부터 동그란 것.

아, 맷방석 이렇게 하기도하고

﹡ 맷방석도 하고 멍석도 만들었어, 볏짚으로는.

아, 멍석으로도 만들고. 그 다음에 이게 또 이게

＝ 멍석 뭐 별것 다 했지.

모자 같은 것도 만들고 그랬었나요?

﹡ 똬리, 허허

＝ 물 이고 다니는 똬리 얘기인가 모르겠는데

﹡ 허허. 똬리는 (조사용 그림책에) 없데, 참.

그럼 아까 그 매빵석까틍거나 아까 도랭이 직쩜만드셔써요?

‑ 아이, 그럼 맨들지, 지비서덜. 마저.

＝ 우리 영감두 맨드러 이꾸 댕기다 주건는데, 우리

＝ 여자야 그까지 어딜 갈라구 그걸 해.

그래 *** 만드는 방버불 혹씨 아심니까?

‑ 아이, 모:르지 머. 어떠케 맨드는지.

＝ 에이, 방버분 머. 그까징 여느꺼. 보니까는 이러케 줄렁줄렁[147] 여:꾸 또 소녀로 또하나 너쿠 여:꾸 우예넌 이러케 여:꺼가주구 꺼:끄면서는 이러케 해든데, 빤빤하래구. 의도넌 이떼, 가마~이 보니까. 인제 그 미테서버터먼[148] 점점 널러저, 미텐 쪼꾸마케[149]해구 이러케 여:꺼 차차차 올러가다 여기러 가서는 여 모가지[150] 엄:는데넌 이게 척 꺼:꺼서 마무릴 해. 그래이까 여기 꺼꺼 이리 가구 요긴 빤:빤해구. 그래 이꾸 댕기드라구.

‑ 난 그거 맹기등거 모:**써.

＝ 왜, 이버써요.

그걸로 또 멀 만드냐면 색 색. 새끼.

＝ 새끼.

‑ 아, 새끼 새끼 꾸지[151].

＝ 아, 새끼.

＝ 새끼 꽈:서 ****.

거 새끼 마니 하셔쪼?

‑ 아이, 마니

＝ 아이, 가마니치구 벨* 다해찌.

‑ 그걸루 **.

그걸로 꾸는, 어떠케 꾸나요?

＝ 아, 이러케 또 그걸 하면 돼, 아무두.

‑ 아, 새끼꼬능거야 야무지게 꼬지 머. 이러케.

그럼 아까 그 맷방석 같은 것이나 아까 도롱이 직접 만드셨어요?

˜ 아이, 그럼 만들지, 집에서들. 맞아.

＝ 우리 영감도 만들어 입고 다니다 죽었는데, 우리

여자야 그까짓 어딜 가려고 그걸 해.

그래 *** 만드는 방법을 혹시 아십니까?

˜ 아니, 모르지 뭐. 어떻게 만드는지.

＝ 에이, 방법은 뭐. 그까짓 것. 보니깐 이렇게 주렁주렁 엮고, 또 손으

로 또 하나 엮고, 위에는 이렇게 엮어서 이렇게 꺾으면서 이렇게 하던데,

빤빤하라고. 의도는 있데, 가만히 보니까. 인제 그 밑에서부터는 점점 넓

어져, 밑엔 조그맣게 하고 이렇게 엮어 차차차 올라가다가 여기를 가서는

여기 모가지 없는데는 이게 척 꺾어서 마무리를 해. 그러니까 여기 꺾어

이리 가고 요긴 빤빤하고. 그렇게 입고 다니더라고.

˜ 난 그것 만드는 것을 못 봤어.

＝ 왜, (실제로) 입었어요.

그걸로 또 뭘 만드냐면 색 색 새끼.

＝ 새끼.

˜ 아, 새끼를 꼬지.

＝ 아, 새끼.

＝ 새끼 꽈서 ****.

거 새끼 많이 하셨죠?

˜ 아니, 많이

＝ 아니, 가마니를 치고 별짓 다 했지.

˜ 그걸로 **.

그걸로 꼬는, 어떻게 꼬나요?

＝ 아, 이렇게 또 그걸 하면 돼, 아무나.

˜ 아, 새끼 꼬는 거야 야무지게 꼬지 뭐. 이렇게.

오, 그게 오른쪼구로 하기도 하고

▪ 아무쪼게두.

오른쪽

▪ 난: 왼쪼구루 핸데, 딴사람버다 달르데.

고릉거를 머 왼새끼 꼰다 이런마른

▪ 어~, 왼:새끼꼰다 그르지. 이 이러케 허먼 왼:새끼, 이러케 꼬먼 바른

▪ 바르게 꼬:먼 바루 꼰:다

▪ 나는 왼새끼 해. 바른소누루 해면 이르케 해는데.

그래, 어르시는 왼새끼?

▪ 나는 왼새끼여, 허허.

왼새끼고

▪ 난 바루 꽈:.

보통은. 어허허허하.

▪ 난 바루 꼬:지.

어, 그래요?

▪ 글쎄, 난 왼새끼여. 그저네 가마[152] 치느라구 새끼 좀 꼬래면 마짱[153]

왼:새끼루 꽈:놔.

아, 고거를

▪ 이러케 해애지 되지, 이러켄 안 돼:.

▪ 아유, 왜정 때 아이구, 새끼 가마니 치능거 아주 지::겨워 가지구 그

새끼드를 마이 꾸머는 여:가 다: 뻐꺼저.

▪ 아:주 지푸루 맨드능거 마:너요. 시방은 그러케 엄:는데. 초:네 어디

가머는 경노당에 가머는 아주 거

▪ 벨걸 다 맨드러 가주구

▪ 주루맥뚜 맨들구

▪ 집쎄기두[154] 해자너.

오, 그게 오른쪽으로 하기도 하고

= 아무쪽에도.

오른쪽

= 난 왼쪽으로 하는데, 다른 사람과는 다르데.

그런 것을 뭐 왼새끼 꼰다 이런 말은

ˉ 응, 왼새끼 꼰다 그러지. 이렇게 하면 왼새끼, 이렇게 꼬면 바른

= 바르게 꼬면 바로 꼰다

= 나는 왼새끼 해. 오른손으로 하면 이렇게 하는데.

그래, 어르신은 왼새끼?

= 나는 왼새끼야, 허허.

왼새끼고

ˉ 난 바로 꽈.

보통은. 어하하하하.

ˉ 난 바로 꼬지.

어, 그래요?

= 글쎄, 난 왼새끼야. 그전에 가마니 치느라고 새끼 좀 꼬라고 하면 전
부 왼새끼로 꽈 놓아.

아, 그걸

= 이렇게 해야지 되지, 이렇겐 안 돼.

= 아유, 왜정 때 아이구, 새끼 가마니 치는 것 아주 지겨워서, 그 새끼
들을 많이 꾸면 여기가 다 벗겨져.

= 아주 짚으로 만드는 것 많아요. 지금은 그렇게 없는데. 촌에 어디 가
면 경로당에 가면 아주 거

= 별걸 다 만들어서

= 주루막도 만들고

ˉ 짚신도 하잖아.

= 신두 맨들구, 뒹구마리두 맨들구, 매판두 맨들구, 머.

- 그러태는데.

= 그렁거 해가주구 모두 사가구 그래.

= 돈: 번대.

- 어:서[155] 그래지?

= 아이 경:노당 절무니들 중절무니들 모연는데 그렁거 해가주구

- 음.

= **** *** 조:루두[156] 맨들구 벨거다 맨드러. 어:서 대나무 으:더다

그럼 아까 그 농사 이러케 지어는데, 인제 농사 지꼬나서 가으레 이제 걷꼬, 겨우레는 인제 겨울사리 이러케 하자나요?

- 음.

= 겨우레는 인제 또 안노는 사라믄 겨울 수이벌 해지. 그저네는 가마이두 치구 머:.

근데 보며는 인제 탈곡해서, 탈곡

= 엔:나레는 시뱅이나[157] 탈고걸 해지, 엔나레는 쌀 한짐만 해두 어깨에다 둘머때리구.[158] 으쌰으쌰해구, 자멀 식꾸가 다 몬짜구 법써걸 친대니깐.

근데 인제 옛날 탈곡할때하고 오늘 요주메 탈곡할때랑 쫌 다릉게 이씀니까?

= 아이 다른, 시방은 기게루 저기 노네서 다 베루 가주 오는데 뭘:. 아이 엔:나렌 거다 이러게 까러놔:따 거더서, 저다 지비다[159] 놔:따 인제 새보게[160] 거뚜 나겹뜰면 안되는지, 새보게 사라믈 으:더가주구 집찜마당 깨워 밤:차멀 인제 처딸[161] 우를때서버텀[162] 법써글 해구 머꾸 지꺼리다가 술잔떵머꾸 나가 또 들머때리다, 쪼꿈 드러와 또 술머꾸 또 그래구.

- 아, 엔:나렌 멍능거라군

= 아, 일할땐 멍능건 아주 그저넌 술때메 뭐.

- 그럼. 또 수럴 머거야 얼간해[163] 이럴 더 잘해자너.

" 신도 만들고, 멱둥구미도 만들고, 매판도 만들고, 뭐.

- 그렇다고 하는데.

" 그런 것 해서 모두 사가고 그래.

" 돈 번대.

- 어디서 그러지?

" 아이 경로당 젊은이들 중젊은이들 모였는데 그런 것 해서

- 음.

" **** *** 조리도 만들고 별걸 다 만들어. 어디서 대나무를 얻어다

그럼 아까 그 농사 이렇게 지었는데, 인제 농사 짓고나서 가을에 이제 걷고, 겨울에는 인제 겨울살이 이렇게 하잖아요?

- 음.

" 겨울에는 인제 또 안 노는 사람은 겨울 수입을 하지. 전에는 가마니도 치고 뭐.

그런데 보면 인제 탈곡해서, 탈곡

" 옛날에는 지금이나 탈곡을 하지, 옛날에는 쌀 한 짐만 해도 어깨에다 둘러때리고. 으샤으샤 하고, 잠을 식구가 다 못 자고 법썩을 친다니깐.

그런데 인제 옛날 탈곡할 때하고 오늘 요즘에 탈곡할 때랑 좀 다른 것이 있습니까?

" 아이 다른, 지금은 기계로 저기 논에서 다 벼로 가지고 오는데 뭘. 아이 옛날엔 거기다 이렇게 깔아 놨다가 걷어서, 져다가 집에다 났다가 인제 새벽에 그것도 낙엽 들면 안 되는지 새벽에 사람을 얻어서 집집마다 깨워 밤참을 인제 첫닭 울 때서부터 법석을 하고 먹고 지껄이다가 술 잔뜩 먹고 나가 또 둘러때리다가, 조금 들어와 또 술 먹고 또 그러고.

- 아, 옛날엔 먹는 것이라고는

" 아, 일할 땐 먹는 것은 아주 그 전에는 술 때문에 뭐.

- 그럼. 술을 먹어야 얼근해서 일을 더 잘 하잖아.

≡ 그거참 수럴 머거야 따꾸운주두¹⁶⁴⁾ 몰르구.

‑ 그럼.

아, 아까 그 방아 찐는 여러가지 도구가 방아 중에서 디딜, 찐능거 중에서 디딜빵아도 이꼬.

‑ 디딜빵아 이꾸.

≡ 연:자방아.

‑ 연:자방아 이꾸.

연자방아를 아까 그

‑ 매:재미.

매재미, 매재미라고 해써꾸, 그다메 또 이게 무리 이르케

≡ 물방아.

물방아 예, 이써꾸.

≡ 아마 시방두 가먼 정서느베는¹⁶⁵⁾ 물레방아 이씨꺼여¹⁶⁶⁾.

예, 여기는 그 물방아가 업씀니까?

≡ 여기는 업:써. 저미테 정서느베 물레방아

‑ 여기는 무리 읍:짜너.

≡ 거 시고레두 드러가구 시방.

≡ 지끔두 보면 테레비에 나와요.

≡ 아우라지¹⁶⁷⁾ 그게 머 자:꾸.

아까 그 벼나 베나 보리나 밀가틍거 찌꼬 나면 남는 껍찌를 그걸 아까

‑ 왕게. 왕게, 딍게 이래.

왕게, 딍

‑ 처뻔 께능 왕게. 으~, 두번째 나오능게 딍게. 으~, 그러치.

≡ 딍겐 아주 고:와, 보드레::하구.

‑ 곱:찌, 그건.

≡ 욍게넌 껍떼기만 홀라 깡게구.

▪ 그것 참 술을 먹어야 따가운 줄도 모르고.

￣ 그럼.

아, 아까 그 방아 찧는 여러 가지 도구가 뭐 방아 중에서 디딜, 찧는 것 중에서 디딜방아도 있고.

￣ 디딜방아 있고.

▪ 연자방아.

￣ 연자방아 있고.

연자방아를 아까 그

￣ 매재미.

매재미, 매재미라고 했었고, 다음에 또 이게 물이 이렇게

▪ 물방아.

물방아 예, 있었고.

▪ 아마 지금도 가면 정선읍에는 물레방아 있을거야.

예, 여기는 그 물방아가 없습니까?

▪ 여기는 없어. 밑에 정선읍에 물레방아

￣ 여기는 물이 없잖아.

▪ 거기 시골에도 들어가고 지금.

▪ 지금도 보면 텔레비전에 나와요.

▪ 아우라지 그게 뭐 자꾸.

아까 그 벼나 벼나 보리나 밀 같은 것 찧고 나면 남는 껍질을 그걸 아까

￣ 왕겨. 왕겨, 등겨 이래.

왕겨, 등

￣ 첫번겨는 왕겨. 응, 두 번째 나오는 것이 등겨. 응, 그렇지. 등겨는 아주 고와, 보드레하고.

￣ 곱지, 그건

▪ 왕겨는 껍데기만 홀랑 깐 것이고.

- 으~.

그다메 인제 버리 가틍겨우예는, 버리

- 버리께. 음, 버리께.

인제 베를 나중에 인제 그게 싸리 다 되며는

- 으~.

그거 보관하는데가 이짜나요?

- 보관해는데?

= 아이, 멍는지비 우빵[168]에라두 가따 보관허거찌, 머.

- 그럼.

어디예 그 집, 어디예 노코 보관하나요? 어디예?

- 그저 방에. 그저넨 뒤지[169]라구 이써써. 쌀 두는 뒤지. 거그다 느:노쿠
그러차느머 항아리에다 퍼 노쿠 이래지 머. 으~, 두지예.

= 죄: 가춰 사는 사람 마리지. 시방은

그럼 두지는?

- 낭구루 짱거여.

나무로.

= 소나무 짤릉거[170].

낭구로 짜요?

- 으~.

= 거기 아까 이떤데.

- 어~, 거그[171]다 느쿠. 또 움:는 사라먼

= 아주 송판두 조웅걸루다 짜구.

- 항아리예다 너: 노쿠 머꾸. 그러차느머 가마이 디레다[172] 노쿠 머꾸 이
래지. 아, 옌:날 사람덜 참 머 불쌍해지.

= 불쌍해구 말구.

- 참, 옌:나렌 참 모두 불쌍해.

ˉ 응.

그 다음에 인제 보리 같은 경우에는, 보리

ˉ 보릿겨. 음, 보릿겨.

인제 벼를 나중에 인제 그게 쌀이 다 되면

ˉ 응.

그것 보관하는 데가 있잖아요?

ˉ 보관하는 데?

＝ 아이, 먹는 집이 웃방에라도 갖다 보관하겠지, 뭐.

ˉ 그럼.

어디에 그 집, 어디에 놓고 보관하나요? 어디에?

ˉ 그저 방에. 그전엔 이 뒤주라고 있었어. 쌀 두는 뒤주. 거기다 넣어 놓고 그러잖으면 항아리에다 퍼 놓고 이러지 뭐. 응, 뒤주에.

＝ 죄다 갖춰 사는 사람 말이지. 지금은

그럼 뒤주는?

ˉ 나무로 짠 것이야.

나무로.

＝ 소나무 자른 것.

나무로 짜요?

ˉ 응.

＝ 거기(조사용 그림책에) 아까 있던데.

ˉ 응, 거기다 넣고 또 없는 사람은

＝ 아주 송판도 좋은 것으로다 짜고.

ˉ 항아리에다 넣어 놓고 먹고. 그렇지 않으면 가마니 들여다 놓고 먹고 이러지. 아, 옛날 사람들 참 뭐 불쌍하지.

＝ 불쌍하고 말고.

ˉ 참, 옛날엔 참 모두 불쌍해.

아까는 지푸로 머 정말 옌나렌 집빠께 업쓰이 지푸로 하능게 워낭 마나가주고.

˭ 그럼, 아이, 요새 시방

¯ 참, 거

˭ 지픈 겨울게두 가마이 칠래두 지펄 드레야 해구, 시널 사머 시늘래두 지플 매, 방깨나 어지르더니 참.

¯ 흐흐흠.

˭ 흐흐.

˭ 허이구, 집퉁매길가따 새낄 멀: 해두, 시방은 나이롱주리 좀 마:나. 그때는 새낄 요만치멀 씰래두 지펄 가따 노쿠 꽈:야 해니. 아이 참, 시방 그래 우리가 혼자 사러.

˭ 그럼.

˭ 아들레 안사러두 라이롱 주리 이씨니

¯ 그럼.

˭ 새끼로 씨구 뭐:, 물방애서[173] 나오구 머:, 궁삭씨러웅게[174] 하나두 음:네, 옌:나레는.

¯ 하나두 읍:찌.

˭ 옌:나렌 물려다 머꾸.

¯ 옌:나렌 물똥우루[175] 여다 먹짜너.

˭ 새끼 요만추물[176] 씰래두 꽈:야 해.

¯ 그럼 꽈:야지.

겨우레 인제 아, 이게 땔까무로 사용하는, 아까

˭ 낭구.[177]

¯ 낭구, 낭구두 머 장저기나[178] 돼? 저:기서 큰사네 가 저, 그녀느꺼 머여주군 낭글[179] 이래 짤러다 때구 그래찌.

근데 주군 낭구 중에서

¯ 삭따리[180]라 그래, 그걸 삭따리.

아까는 짚으로 뭐 정말 옛날엔 짚밖에 없으니 짚으로 하는 것이 워낙 많아서.

＝ 그럼, 아이, 요새 지금

¯ 참, 거

＝ 짚은 겨울에도 가마니 치려고 해도 짚을 들여야 하고, 신을 삼아 신
으려고 해도 짚을 매고, 방깨나 어지르더니 참.

¯ <u>흐흐흠</u>.

＝ <u>흐흐</u>.

＝ 허이구, 짚퉁매기를 가져다 새끼를 뭘 해도, 지금은 나일론 줄이 좀
많아. 그때는 새끼를 요만큼을 쓰려고 해도 짚을 갖다 놓고 꽈야 하니.
아이 참, 지금 그래서 우리가 혼자 살아.

＝ 그럼.

＝ 아들네(와 함께) 안 살아도 나일론 줄이 있으니

¯ 그럼.

＝ 새끼로 쓰고 뭐, 물방아에서 나오고 뭐. 궁색스러운 게 하나도 없네,
옛날에는.

¯ 하나도 없지.

＝ 옛날엔 물 여다 먹고.

¯ 옛날엔 물동이로 (물) 여다 먹잖아.

＝ 새끼 요만큼을 쓰려고 해도 꽈야 해.

¯ 그럼 꽈야지.

겨울에 인제 아, 이게 땔감으로 사용하는 아까

＝ 나무.

¯ 나무, 나무도 뭐 장작이나 돼? 저기서 큰산에 가서 저, 그년의 것 뭐
야 죽은 나무를 이렇게 잘라다 때고 그랬지.

그런데 죽은 나무 중에서

¯ 삭정이라 그래, 그걸 삭정이.

아, 그 주근 나무

⁻ 어~.

그 나무 뿔

⁻ 뿌리가 아니구 산: 낭구에서두[181] 주군 낭구 가지가 이써. 그걸 인제 나스루 이르게 때개서[182] 해:면 거, 삭따리라 구래지.

⁻ 어~, 삭따리.

⁼ 그래서 아까 그 낟끄트매기[183] 지:다라케[184] 해농:게, 그거 따는 낭궁가봐[185] 자버댕겨서. 이런 낭근 요로케 저까지 하나 주궁게 엄는데, 저 큰사네 가면 소나무는 주궁게 쌔:써,[186] 아주, 소나무는.

주근 가지 가틍거뜰

⁼ 가지

고걸 삭따리라고

⁼ 그럼, 고걸 삭따리라고

⁻ 그걸 삭따리라구 해.

⁼ 똑:똑 따가주구 지구 오지.

고거 말고 또 이짜나요, 고거 말고 또 업씀니까, 땔까무로 사용할만한?

⁼ 하이구, 다: 땔깨미지 뭐:. 아까시나무두[187] 지금은 다 때:구 머:

⁻ 다: 땔:까미지.

⁼ 낭기[188] 구이하머는[189] **나무두 비여다[190] 때:구 무어.

인제 그 나무보며는 딱 옌나레는 나무 딱짜르고 나서 남는 그걸 머라고 함니까?

⁼ 낭구 그루테기.

아, 낭그 그루테기.

⁻ 으~, 낭그 그루테기.

그렁거뜰도 쫌 마니 이르케 하지 아난나요?

⁼ 고자바리[191]라 그래써.

아, 그 죽은 나무
˗ 응.
그 나무 뿌리
˗ 뿌리가 아니고 산 나무에서도 죽은 나무 가지가 있어. 그걸 인제 낫으로 이렇게 짜개서 하면 거, 삭정이라 그러지.
˗ 응, 삭정이.
˭ 그래서 아까 그 낫 끄트머리 길다랗게 해 놓은 것이, 그것 따는 나무인가봐 잡아당겨서. 이런 나무는 요렇게 곁가지 하나 죽은 것이 없는데, 저 큰산에 가면 소나무는 죽은 것이 많이 있어, 아주, 소나무는.
죽은 가지 같은 것들
˭ 가지
그걸 삭정이라고
˭ 그럼, 그걸 삭정이라고
˗ 그걸 삭정이라고 해.
˭ 똑똑 따서 지고 오지
그것 말고 또 있잖아요, 그것 말고 또 없습니까, 땔감으로 사용할 만한?
˭ 하이고, 다 땔감이지 뭐. 아카시아 나무도 지금은 다 때고 뭐.
˗ 다 땔감이지.
˭ 나무가 귀하면 **나무도 베다 때고 뭐.
인제 그 나무 보면 딱 옛날엔 나무 딱 자르고 나서 남는 그걸 뭐라고 합니까?
˭ 나무 그루터기.
아, 나무 그루터기.
˗ 응, 나무 그루터기.
그런 것들도 좀 많이 이렇게 하지 않았나요?
˭ 고자바리라 그랬어.

- 고자배기[192], 고자배기.

= 그걸 고자바리라 그랜나?

- 으~, 고자바리라구래, 고자바리, 으~, 고자바리.

= 흐이구, 오래되이 그게 이러게 사거.

- 사거서리[193] 뚝뚝떠러저. 그래먼 고걸 고자바리라구래.

= 그게 소깨이두[194] 돼?

- 소깨이두 되구.

소깨이는 멈니까?

= 광:술.

- 광:술, 광:술.

= 이러게 쿵거 빈데 그게 잘 들드라구.

광수른 멈니까?

- 광:수른

= 옌: 사라먼 광:수뿌를 여페 요래 문짜게다 요로:케 둘러노쿠, 저짝뚜[195]
환해구, 이쪽뚜 환해구, 이제 한 방에다 이러키

- 장적까퉁걸 살를 늘:래믄 그 광:수레다 이러케 성냥으루 부럴 케게 되
먼 고게 아주 화르르 타. 그래먼 장저기 소게다 느:먼

그걸 광수리라 함니까?

- 으~, 광:술, 광:술.

= 인제 광:술두 피로어꾸 나는 뭐 나이타가 인는데 머.

- 나이타보더 후라시[196]가 이짜너.

- 후라시가 이써서.

그머 옌나레는 지그믄 요러케 머 형광등이 이러케 이짜나요?

- 그럼.

근데 옌나렌 업써짜나요?

= 아이, 어:꾸 말구지.

˗ 고자배기, 고자배기.

˭ 그걸 고자바리라고 그랬나?

˗ 응, 고자바리라고 그래, 고자바리, 응, 고자바리.

˭ 흐이구, 오래되니 그게 이렇게 삭아.

˗ 삭아서 뚝뚝 떨어져. 그러면 그걸 고자바리라고 그래.

˭ 그게 관솔도 돼?

˗ 관솔도 되고.

'소깨이'는 뭡니까?

˭ 관솔.

˗ 관솔, 관솔.

˭ 이렇게 큰 것을 벤 데에는 그게 잘 들더라고.

관솔은 뭡니까?

˗ 관솔은

˭ 옛날 사람은 관솔불을 옆에 요렇게 문짝에다 요렇게 둘러 놓고, 저쪽도 환하고, 이쪽도 환하고, 이제 한 방에다 이렇게

˗ 장작 같은 것을 살려 넣으려면 그 관솔에다 이렇게 성냥으로 불을 켜게 되면 고것이 아주 화르르 타. 그러면 장작 (불) 속에다 넣으면

그걸 관솔이라 합니까?

˗ 으~, 관솔 관솔.

˭ 인제 관솔도 필요없고, 나는 뭐 라이터가 있는데 뭐.

˗ 라이타보다 손전등이 있잖아.

˗ 손전등이 있어서.

그러면 옛날에는 지금은 요렇게 뭐 형광등이 이렇게 있잖아요?

˗ 그럼.

그런데 옛날엔 없었잖아요?

˭ 아이, 없고 말고지.

그래 어떵거슬 주로 마니 하고 그러셔써요?

＝ 아이 글쎄, 광:수뿔.

¯ 광:수뿔하구. 으~, 등잔. 으~, 등잔가따 세기 지름 저 쪼:꿈 너가주구 케구 이래찌 뭐:.

＝ 세기지름두 구이해가주구[197], 인제

¯ 그럼.

＝ 그저네는

¯ 들기름

＝ 들지러멀 다 케구 이래써.

¯ 들기름두

＝ 심, 심지를

¯ 심, 심지럴 세:발루 세발심지럴 해노쿠눈 요 지르마네다 요러케 느노쿠 부럴 케구구래써.

그리구 요, 요, 요러케 생긴 그 불리짠씀니까? 거?

¯ 그건 몰:라.

＝ 등:잔 얘기 아니여, 등:잔.

그게 등잔.

＝ 저:기, 요건만::한 사기 등잔 쪼꾸망거, 우리

＝ 호야[198]게찌. 호야, 남:포.

＝ 유리해구 유리해구 요로:케

¯ 그건 남포.

＝ 남:포.

¯ 그건 남포.

호야는 또 멈니까?

¯ 호야는

＝ 호야는 쒸우능게 호야지.

그래 어떤 것을 주로 많이 하고 그러셨어요?

˭ 아이 글쎄, 관솔 불.

˗ 관솔불하고. 응, 등잔. 응, 등잔 갖다 석유 기름 저 조금 넣어서 켜고 이랬지 뭐.

˭ 석유 기름도 귀해서, 인제

˗ 그럼.

˭ 그 전에는

˗ 들기름

˭ 들기름을 다 켜고 이랬어.

˗ 들기름도

˭ 심, 심지를

˗ 심, 심지를 세 발로 세 발 심지를 해 놓고는 요 기름 안에다 요렇게 넣어 놓고 불을 켜고 그랬어.

그리고 요, 요렇게 생긴 그 불 있잖습니까? 거?

˗ 그건 몰라.

˭ 등잔 얘기 아니야, 등잔.

그게 등잔.

˭ 저기, 요것 만한 사기 등잔 조그만 것, 우리

˗ 호야겠지. 호야, 남포.

˭ 유리하고, 유리하고 요렇게

˗ 그건 남포.

˭ 남포.

˗ 그건 남포.

호야는 또 뭡니까?

˗ 호야는

˭ 호야는 씌우는 것이 호야지.

아, 그게 호야고, 고거 자체를?

⁻ 으~, 그럼.

⁼ 남포.

남포라고

⁻ 남포.

그르고 아까 얘기하션는데

⁼ 유:리로 거 쒸우는 호야.

그다메 지그믄 엄는데 옌나레 벼게 요로케 쭉 올라가면서 이게 불켜고 이러
케 하는데 이써짜나요? 아까, 콕

⁼ 코콜얘기헌다.

⁻ 코콜.[199]

⁼ 글쎄, 거기다 부럴 해면 저쪽뚜 환해구 이쪽뚜 환해구.

⁼ 코쿠리라 그래여.

⁻ 코쿠리라 그래지.

⁼ 옌:날 저:기 두메 가보먼 다 그래구 사러때는데 머.

그다메 고 저르뿔가틍거뚜 이씀니까?

⁼ 뭐?

저르뿔

⁼ 저:러번 삼해능거지 삼베, 삼때 귀해서 어디 핀대?

그믄 인제 인능게 아까 등잔 그 다메 남포 그다메

⁻ 호롱뿔.

⁼ 남포에 쒸우능거 호야, 코콜뿔.

정기 가틍거 머 인제 나중에 여기 드러오게 되면

⁼ 정:기 거틍거 울마나 ***어.

⁻ 증:기[200] 나온지 머 울마되나? 증:기 나온지 울마 안되자나.

아, 그게 호야고, 그것 자체를?

ⁱ 응, 그럼.

ⁱ 남포.

남포라고

ⁱ 남포.

그리고 아까 얘기 하셨는데

ⁱ 유리로 거 씌우는 (것은) 호야.

그 다음에 지금은 없는데 옛날에 벽에 요렇게 쭉 올라가면서 이게 불 켜고
이렇게 하는 데 있었잖아요? 아까, 콕

ⁱ 고콜 얘기한다.

ⁱ 고콜.

ⁱ 글쎄, 거기다 불을 켜며 저쪽도 환하고 이쪽도 환하고.

ⁱ 고콜이라고 그래요.

ⁱ 고콜이라 그러지.

ⁱ 옛날 저기 두메 가보면 다 그렇게 하고 살았다는데 뭐.

그 다음에 겨릅불 같은 것도 있습니까?

ⁱ 뭐?

겨릅불

ⁱ 겨릅은 삼 하는 것이지 삼베, 삼대가 귀해서 어디 피운대?

그러면 인제 있는 것이 등잔 그 다음에 남포, 그 다음에

ⁱ 호롱불.

ⁱ 남포에 씌우는 것 호야, 고콜불.

전기 같은 것 뭐 인제 나중에 여기 들어오게 되면

ⁱ 전기 같은 것이 얼마나 ***어.

ⁱ 전기 나온 지 뭐 얼마 됐나? 전기 나온 지 얼마 안 되잖아.

옌나레는 소가 정말 귀해짜나요? 귀하고, 정말 스를 가지고서 마니 사람모타는 걷도 소를 가지고 이러케 하고 핸는데

= 소가 귀행게 아니라 소거기넌 시방처럼 암머거찌만, 소가 초:네서 농사할찌게는 다: 하나썩 키워찌, 일:꾼 할라구. 아이, 우리 소 하나가따 **아바이가 그저 쥐길료걸[201] 하이까 디끼실태.

‾ 왜?

= 아이, 뛰여간다구 ***면서, 자버머거뻐릴라구. 때레주게뻐릴라구.

‾ 허허허.

≡ *** 실랑은 하하 그 소 가따 부리구 아이구 참 **뚜 저:기 저 **라구.

‾ 어~.

= 아이! 우리, 즈아버이나[202] 부리먼 잘 가는궤 나만 그러케 앙간대.

‾ 왜그르지?

= ** ***** 마:란든는대. 하두 요글 해이까 디끼시러 쥐:넌[203].

‾ 허허 그렁께.

= 남 솔가따 쥉일 요걸 해니깐, 든는데서, 거 비타라뻔[204] 깔:면서.

소는 주로 어디에서 길 길러씀니까?

= 아이! 그저네는

‾ 오양깐두[205] 따루 이써, 소 길르는[206] 오양깐.

= 아녀, 아주 옌:날 사람, 두메사라먼 오양까널 따루 안지꾸 부어케다 부체 진: 사라미 만:턴데.[207]

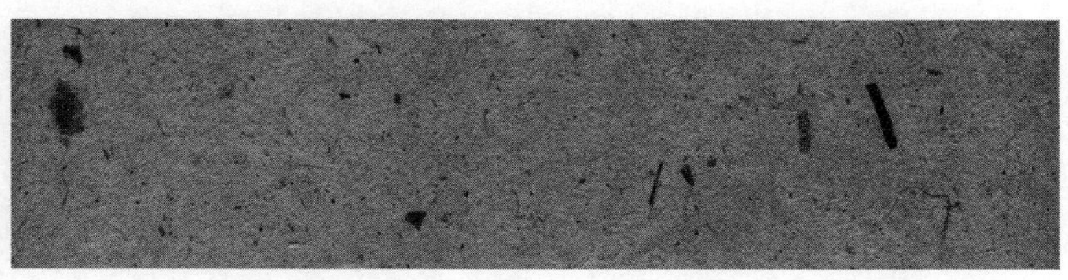

옛날에는 소가 정말 귀했잖아요? 귀하고, 정말 소를 가지고서 많이 사람 못 하는 것도 소를 가지고 이렇게 하고 했는데

☰ 소가 귀한 것이 아니라 소고기는 지금처럼 안 먹었지만, 소는 촌에서 농사할 적에는 다 하나씩 키웠지, 일꾼 하려고. 아이, 우리 소 하나 갖다 **아버지가 그저 죽일 욕을 하니까 듣기싫대.

⊟ 왜?

☰ 아이, 뛰어간다고. ***면서, 잡아먹어 버려고. 때려죽여 버리려고.

⊟ 허허허.

≡ *** 신랑은 하하 그 소 가져다가 부리고 아이구 참 **도 저기 저 **라고.

⊟ 응.

≡ 아이! 우리, 남편이나 부리면 잘 가는데 나만 그렇게 안 간대.

⊟ 왜 그러지?

≡ ** ***** 말 안 듣는대. 하도 욕을 하니까 듣기싫어 주인은.

⊟ 허허 그러니깐.

≡ 남 소를 갖다가 종일 욕을 하니깐, 듣는 데서, 거 비탈밭 갈면서.

소는 주로 어디에서 길렀습니까?

≡ 아니! 그전에는

⊟ 외양간도 따로 있어, 소 기르는 외양간.

≡ 아니야, 아주 옛날 사람, 두메사람은 외양간을 따로 안 짓고 부엌에다 붙여 지은 사람이 많던데.

⁻ 뭘:, 왜그래?

＝ 고기 사람덜 그런데 테레비 나오든데

⁻ 어~.

＝ 시방두 그런집 이떤데? 좀 편하대, 그러케 해니깐.

아, 그러며는 여기서는 오양까니 따루 이써는데

⁻ 으~, 따루여.

＝ 따루.

⁻ 따루 지어써.

삼처게²⁰⁸⁾ 가니까요. 거기는 부엌.

＝ 으~, 다 부어케다 해.

바로 뒤에 이게 소 이게 이뜨라구요. 그래서 아까 말씀하신대로 편하게 이러케 하능거 가뜨라구요.

＝ 아이, 어끄저께두 테레비에 나오는데 보니깐 이떤데. 퍼다 주던데, 그러케.

⁻ 낭그렁거 여태 모:빠써.

그럼 소

＝ 아이 ** 나오는데 ***

오양까네 보며는 소 이러케 머기는 요러케

＝ 귀:융²⁰⁹⁾.

⁻ 귀:융.

＝ 귀:융.

⁻ 그걸 귀:영이라 그래.

＝ 우리지비 접때 머 귀:융 사러 와따 그래 가보라 그래떠니 하하. 너무 깨저때나 우째때나.

⁻ 으~.

귀융은 뭐로 만듬니까?

ˉ 뭘, 왜 그래?

＝ 거기 사람들 그런데 텔레비전에 나오던데.

ˉ 응.

＝ 지금도 그런 집 있던데? 좀 편하대, 그렇게 하니깐.

아, 그러면 여기서는 외양간이 따로 있었는데

ˉ 으, 따로야.

＝ 따로.

ˉ 따로 지었어.

삼척에 가니까요. 거기는 부엌.

＝ 응, 다 부엌에다 해.

바로 뒤에 이게 소, 이게 있더라고요. 그래서 아까 말씀하신대로 편하게 이렇게 하는 것 같더라고요.

＝ 아이, 엊그저께도 텔레비전에 나오는데 보니까 있던데. 퍼다 주던데, 그렇게.

ˉ 난 그런 것 여태 못 봤어.

그럼 소

＝ 아이 ** 나오는데 ***

외양간에 보면 소 이렇게 먹이는 요렇게

＝ 구유

ˉ 구유.

＝ 구유

ˉ 그걸 구유라고 그래.

＝ 우리집에 접때 뭐 구유 사러 왔다 그래 가보라고 그랬더니 하하. 너무 깨졌다나 어쨌다나.

ˉ 응.

구유는 뭐로 만듭니까?

‾ 낭구지.

＝ 소낭구.

‾ 소낭구루 맨드기두[210] 하구.

＝ 아이, 삼시보녀니 됐:는데 깨지지 어떠케 그게 앙깨저?

‾ 그러게.

≡ 우린 세며누루[211] 아주 해: 놔가주구

새?

≡ 세면, 세면 그걸루 해:서 아주 그러케 대서 **가 돼찌 머, 조:킨 조와

유.[212]

‾ 그건 머이 사가도 모태겐네, 무거워서.

＝ 갸:주 갈쑤만 이씸[213] 갸:주가라 그래찌 머.

‾ 하하하하.

≡ 낭구귀융 인는냐그래 이:따구 파르라[214] 구래. 에이, 모:파러. 또 다 깨

저따 그래꺼등. 어디 보재, 가보니까 에이 다 깨전네 이래구. 아이 그럼

머 소냉긴데[215] 절루[216] 좀이나 다 깨저? 아주 촨 뺀:해버리기는[217] 하더니,

거:다 상가다 돼:써.

소가틍거는 보며는 오양까네 인는 거, 오양까네는 머 어떵거 이씀니까?

아까 귀융도 이꼬

‾ 왜?

그다메 그걸 머기는 거

‾ 지풀 메게[218] 지푸루, 쓰:러서. 쓰:러 쓰:러서 끄려 메기지.

그걸 머라고 함니까? 끄려서 머기는 그거를 소 머를 준다고?

＝ 여무리라 그래, 여그서는.

‾ 여물.

＝ 여물 끄레메기능 거.

‾ 여물 끄레메긴다 그래지. 소주건 여무리여.

˰ 나무지.

˭ 소나무.

˰ 소나무로 만들기도 하고.

˭ 아이, 삼십오년이 됐는데 깨지지 어떻게 그게 안 깨져?

˰ 그러게.

˭ 우린 시멘트로 아주 해 놔서.

새?

˭ 시멘트, 시멘트 그걸로 해서 아주 그렇게 대어서 **가 됐지 뭐, 좋긴 좋아요.

˰ 그건 뭐 사가지도 못했겠네, 무거워서.

˭ 가지고 갈 수만 있으면 가지고 가라 그랬지 뭐.

˰ 하하하하.

˭ '나무 구유' 있느냐 그래서 '있다'고 팔라고 그래. 에이, 못 팔아. 또, 다 깨졌다 그랬거든. 어디 보재, 가보니까 에이 다 깨졌네 이러고. 아이 그럼 뭐 소나무인데 저절로 좀이나 다 깨져? 아주 참 반반해 보이기는 하더니, 거기다 상가에다 뒀어.

소 같은 것은 보면 외양간에 있는 거, 외양간에는 뭐 어떤 것이 있습니까? 아까 구유도 있고

˰ 왜?

그 다음에 그걸 먹이는 것

˰ 짚을 먹여 짚으로, 썰어서. 썰어 썰어서 끓여 먹이지.

그걸 뭐라고 합니까? 끓여서 먹이는 그걸 소 뭐를 준다고?

˭ 여물이라고 그래, 여기서는.

˰ 여물

˭ 여물 끓여 먹이는 것.

˰ 여물 끓여먹인다 그러지. 소죽은 여물이야.

= 뭐:, 저 농사 마이 진는 사라먼 ****, 깍:찌, 메길꺼 만:치.

깍찌기가 멈니까?

- 콩깍때기[219], 콩깍찌. 거기 잘 메기는 사라먼 머 콩두 서꺼 쒀: 메기구 이래.

= 내가 응감[220] 죽꾸서 네:바리럴[221] 새낄 내켜써, 소럴 내켜써[222].

- 어, 으~.

= 송아지 네 바릴, 내가 혼자.

어유, 힘드셔껜네요?

= 심들지만[223] 그래두 어떠케 애덜 하구.

그럼 소를 머길 때, 어 돈 마는 집은 소를 직점 머게는데 소를 남에 소를 메기기도 해쪼, 예저네는?

= 그럼 나메 소를 메기기두 해구 참, 소 마:는 사라먼 남 줘:찌, 소 남 줘:찌. 소깝쭈구, 인제 거 병자그루 이십싸개월 메기먼 송아지 함바리씩 주기루 해구.

아, 그럼 보통 이십싸개월 메기며는 송아지 함마리 주게따, 그러면서 이제 소를 가지고 와서 키우능거구요.

= 우리두 그러케두 해:보구.

그런 소를, 그런 송아지를 머라구 함니까?

= 그건 머라 그래? 병작쏘라 그래?

- 병작쏘라 그래. 병작쏘라 그래, 병작. 우~. 병작쏘라구.

= 아주 머: 이십싸개워리이까 이십싸개월 메기니까는 우리가 **네 소를 함마리 가따 메기기두 해구, 남 줄쩌게는 싸서 받, 바더 가지두 모태서.

- 으~.

= 벙갑[224]쎄서두 미쩌써. 그래두 그게 움:넌 사라미 그래가주구 마:니 사 러찌.

= 뭐, 저 농사 많이 짓는 사람은 ****, 깍지, 먹일 것이 많지.

깍지가 뭡니까?

⁻ 콩깍지, 콩깍지. 거기 잘 먹이는 사람은 뭐 콩도 섞어 (죽을) 쒀 먹이고 이래.

= 내가 영감 죽고서 네 마리를 새끼를 내게 했어, 소를 내게 했어.

⁻ 어, 응.

= 송아지 네 마리를, 내가 혼자.

어유, 힘드셨겠네요?

= 힘들지만 그래도 어떻게 애들 하고.

그럼 소를 먹일 때, 어 돈 많은 집은 소를 직접 먹이는데 소를 남의 소를 먹이기도 했죠, 예전에는?

= 그럼 남의 소를 먹이기도 하고 참, 소 많은 사람은 남 줬지, 소를 남 줬지. 소값 주고, 인제 거 병작으로 24개월 먹이면 송아지 한 마리씩 주기로 하고.

아, 그럼 보통 24개월 먹이면 송아지 한 마리 주겠다, 그러면서 이제 소를 가지고 와서 키우는 것이고요.

= 우리도 그렇게도 해 보고.

그런 소를, 그런 송아지를 뭐라고 합니까?

= 그건 뭐라 그래? 병작소라 그래?

⁻ 병작소라 그래. 병작소라 그래, 병작. 응, 병작소라고.

= 아주 뭐 24개월이니까 24개월 먹이니까는 우리가 **네 소를 한 마리 갖다 먹이기도 하고, (우리가 하고 나서) 남 줄 적에는 싸서 (돈을) 받아 가지도 못 했어.

⁻ 응.

= 본값에서도 밑졌어. 그래도 그게 없는 사람이 그래 가지고 많이 살았지.

이 소는 또 이러케 사라미 잘 길드려야 되는데 길 잘 안드를 때 소를 말 잘드께 하기 위해서 어떠케 함니까? 어릴때 인제 소를?

ᆨ 소두 순:해게 길러야 마럴 잘 드러.

순하게 기르기 위해서 소를 머 어떠케 함니까?

ᆫ 무어, 저 빈: 끅쩨~이럴 다러노쿠 일 시길쩌게는 그걸 끌려 댕긴대, 이러케. 몰:구, 거부:태게[225) 이러케 툭퉁몰:면서. 또 사래미 끌구, 아이, 날:더러 *끄르라*[226) 그래, *끄:러* 보니깐 날 처다보더이 앙:가, 여:자래구.

ᆨ 허허.

ᆫ 업:씬네게요 소두.

ᆫ 아주 읍:씬예기구 그래구 우리 시아버지가 *끄르이간* 거뿌태게 따러 댕겨. 거부꺼붇. 아이, 조:태. 그런데 소가 읍:쓰니, 이거는 그냥 *끄르라는 데*[227) 앙가구 딱 써쓰니 머 **다.

ᆨ 허허. 시아버지가 나와서 *끄니까* 잘가, 쭐:쭐.

소를 마니 몰자나요? 예저네 소를 마니

ᆫ 아이, 일할쩌게나 몰:지 여느때야 뭐.

예, 소를 몰: 때, 아까 이러.

ᆫ 그럼.

이러하면 아푸로 쭉 가고 그 다메.

ᆫ 워워, 이래먼 스구[228).

그다메 또 땅거는 업씀니까, 고런, 소한테?

ᆫ 이거 뭐 갸:는 사라먼 이리 도러서라 이래구, 거 알:길래[229) 그러케 소릴 해능가 하지.

머라고 한다고요?

ᆫ 도러시라구[230), 도러시라구 구래구.

ᆨ 인제 다: *끄치* 나짜너. 그래면 도러시먼 이게 도러시먼 또 고:를 차 저오지. 그러이까 도러스래지.

이 소는 또 이렇게 사람이 잘 길들여야 되는데 길이 잘 들지 않을 때 소를 말 잘 듣게 하기 위해서 어떻게 합니까? 어릴 때 인제 소를?

￣ 소도 순하게 길러야 말을 잘 들어.

순하게 기르기 위해서 소를 뭐 어떻게 합니까?

＝ 뭐, 저 빈(쓰지 않는) 극젱이를 달아 놓고 일 시킬 적에는 그걸 끌게 해 다닌대, 이렇게. 몰고, 가뿐하게 이렇게 툭툭 몰면서. 또 사람이 끌고, 아이, 나더러 끌라고 그래서 끌어 보니깐 날 쳐다보더니 안 가, 여자라고.

￣ 허허.

＝ 업신여겨요, 소도.

＝ 아주 업신여기고 그러고 우리 시아버지가 *끄니깐* 가뿐하게 따라 다녀, 가뿐가뿐. 아이, 좋대. 그런데 소가 없으니, 이것은 그냥 끌려는데 안 가고 딱 섰으니 머 **다.

￣ 허허. 시아버지가 나와서 *끄니까* 잘 가, 쭐쭐.

소를 많이 몰잖아요? 예전에 소를 많이

＝ 아이, 일할 적에나 몰지 여느 때야 뭐.

예, 소를 몰 때, 아까 '이러'.

＝ 그럼.

'이러' 하면 앞으로 쭉 가고 그 다음에

＝ '워워', 이러면 서고.

그 다음에 또 다른 것은 없습니까, 그런, 소한테?

＝ 이것 뭐 가는 사람은 '이리 돌아서라' 이러고, 거 알기에 그렇게 소리를 하는가 하지.

뭐라고 한다고요?

＝ 돌아서라고, 돌아서라고 그러고.

￣ 인제 다 끝이 났잖아. 그러면 돌아서면 이게 돌아서면 또 고랑을 찾아오지. 그러니까 돌아서라고 하지.

˭ 아주 그 일 잘해는 소는 뭐 좀 척 잘:해?

˭ 어디여 이래구, 어디여는 멀: 가주구 어디래지?

˭ 어드르루 가라 그래게찌, 어디어디어디어디해능거지.

어떠케 한다고, 어?

˭ 작때기루.

˭ 어디여 어디여 어디여 이래니깐 가던데?

˭ 툭툭 때리먼서 어디여 어디여 그래드라구.

그러면 어떠케 하능검니까?

˭ 가라구래야 가지?

˭ 가라구래능가봐 아마 가라구.

˭ 워워워워 이래믄 서꾸.

아까 이러 하능거또 가라능거 아닌가요?

˭ 이러해능건 내아푸루 오능가봐, 아마.

˭ 으~, 그래능가봐, 참.

˭ 이러, 이래머

˭ 이러해능건 내아푸루 오능가봐.

˭ 어디여 어디여 이래머 가구, 워워 이래머 서꾸.

어떠케 마를 자라라 든네요.

˭ 자라라 드러, 소넌.

˭ 잘, 말잘든는, 다 아러든는데

소 중에서, 소도 구벼를 하자나요, 남자도 이꼬, 여자도 이꼬.

˭ 그럼.

˭ 암소, 암소.

˭ 암소, 순눔²³¹⁾ 그래지. 암누문²³²⁾ 암누미라 그래구.

그다메 자긍거는 새끼는?

˭ 송아지.

▪ 아주 그 일 잘 하는 소는 뭐 좀 척 잘 해?

⁻ '어디여', 이러고, '어디여'는 뭘 가지고 어디라지?

▪ '어디로 가라'고 그러겠지, '어디어디어디어디' 하는 것이지.

어떻게 한다고, 어?

⁻ 작대기로.

▪ '어디여 어디여 어디여' 이러니깐 가던데?

⁻ 툭툭 때리면서 '어디여 어디여' 그러더라고.

그러면 어떻게 하는 겁니까?

▪ 가라고 그래야 가지?

⁻ 가라고 그러는가 봐 아마 가라고.

▪ '워워워워' 이러면 섰고.

아까 '이러' 하는 것도 가라는 것 아닌가요?

▪ '이러' 하는 것은 내 앞으로 오는가 봐, 아마.

⁻ 응, 그러는 것인가 봐, 참.

▪ '이러', 이러면

⁻ '이러' 하는 것은 내 앞으로 오는가봐.

▪ '어디여 어디여' 이러면 가고, '워워' 이러면 섰고.

어떻게 말을 잘 알아 듣네요.

⁻ 잘 알아 들어, 소는.

▪ 잘, 말 잘 듣는, 다 알아듣는데

소 중에서, 소도 구별을 하잖아요, 남자도 있고, 여자도 있고.

⁻ 그럼.

▪ 암소, 암소.

⁻ 암소, 수놈 그러지. 암놈은 암놈이라 그러고.

그 다음에 작은 것은 새끼는?

⁻ 송아지

소 중에서 뭐 얼루걸룩 항거도 이꼬.

⁻ 얼룩쏘.

＝ 저쏘는 얼룩쏘.

＝ 우리네 소두 껌정소두 이써따구.

껌정소도 이꾸요.

⁻ 으~, 껌정소 이꾸, 누렁소가 만:치.

＝ 대:개 누러치, 뭐. 그런데 더러 껌넌소가 이써.

소뿔도 보며는 마니 다르자나요?

⁻ 어~, 마:~이 달러.

소 뿌리 어떧?

⁻ 요러케 고둥게 잘룽거지, 고둥 거

고다쓸때 그다음 그뿌를 머라고 함니까, 고든?

⁻ 몰:라 낭 그건.

뿔 이르믄 업씀니까?

＝ 우걱뿌리²³³⁾ 래는데.

네?

＝ 우걱뿌리.

≡ 아느루 우건는

≡ 즈:찌리 이러케 우구:탱게²³⁴⁾ 잘됭거래, 우걱뿔이. 우걱, 뼈드러징거뚜
이꾸, 비:트러징거뚜 이꾸, 여러가지야 거뚜.

그럼 이러케 뼈드러징거또

＝ 그렁거뚜 이꾸 천지가기라구²³⁵⁾ 또 이러:케 됭거뚜 이꾸 이러튼데. 우
리두 참 소두 잘: 됭건 서루 이러:케 우구:태게 돼, 그 우걱뿌리라그래든
데.

뼈드러징거는 무슨 뿌리라?

＝ 몰:러, 그건 뼈청뿌리게찌,²³⁶⁾ 뭐.

소 중에서 뭐 얼룩얼룩한 것도 있고.

‾ 얼룩소.

＝ 젖소는 얼룩소.

＝ 우리네 소도 검정소도 있었다고.

검정소도 있고요.

‾ 응, 검정소 있고, 누렁소가 많지.

＝ 대개 누렇지, 뭐. 그런데 더러 검은소가 있어.

소뿔도 보면 많이 다르잖아요?

‾ 응, 많이 달라.

소 뿔이 어떻?

‾ 요렇게 곧은 것이 잘 난 것이지, 곧은 것

곧았을 때 그 다음 그 뿔을 뭐라고 합니까, 곧은?

‾ 몰라 난 그건.

뿔 이름은 없습니까?

＝ 우걱뿔이라는데.

네?

＝ 우걱뿔이.

＝ 안으로 욱어 있는

＝ 자기끼리 이렇게 우긋한 것이 잘 된 것이래, 우걱뿔이. 우걱 뻐드러
진 것도 있고, 비틀어진 것도 있고, 여러 가지야 그것도.

그럼 이렇게 뻐드러진 것도

‾ 그런 것도 있고 천지각이라고 또 이렇게 된 것도 있고 이렇던데. 우
리도 참 소도 잘 된 것은 서로 이렇게 우긋하게 돼, 그 우걱뿔이라 그러
던데.

뻐들어진 것은 무슨 뿔이라?

‾ 몰라, 그건 뻗청뿔이겠지, 뭐.

그다메 똑빠로 낭거는 무슨 뿌리라고 함니까?

⁻ 글쎄, 그건 누구 **** 소리 드런는데 그건 모르지.

우걱뿌른 드러보셔꾸.

⁻ 뿔잘랑건 가주구 우걱뿌리라그래구 소럴 메기먼 우걱뿌럴 나쿠 머, 머 개럴 메기머 청쌉싸리[237] 개럴 메긴대는둥.

소가, 소도 나이가 이짜나요?

⁻ 으~, 나이 이써.

그면 나이에 따라서 부르는 이르미 이씀니까? 한사릴때

⁻ 낭그건 모:뜨러봔는데.

⁻ 아이, 그건 뭐 아나?

아이, 머 두사리면 뭐라 구러구.

⁻ 그냥, 아:니 그건 앙그래든데.

⁻ 앙그래떤

근데 소 중에서 새끼 몬난는 소 이짜나요?

⁻ 둘:소, 그건 몬난능건 둘소래.

둘소라구요?

⁻ 어~, 둘소. 새끼 몬난능건 둘소.

옌나레는 인제 소를 사오기도 하자나요?

⁻ 아이, 마:이 사찌.

⁻ 머: 팔구.

사고팔고 하는데 사울 때 아무소나 사오면 안되자나요? 조은소 사와야 되자나요?

⁻ 그럼.

⁻ 아무거나 사오면 안되지. 그러게, 소럴 이래 큰:소럴 가저가 메겨두 저 가저가 파러도 키울만:행거 아주 그 이러거 중송아지래두 조:응거 사니까는 안나머. 아무거뚜 안나머.

그 다음에 똑바로 난 것은 무슨 뿔이라고 합니까?

￣ 글쎄, 그건 누구 **** 소리 들었는데 그건 모르지.

우걱뿔은 들어보셨고.

￣ 뿔 잘 난 것은 그것을 가지고 우걱뿔이라 그러고 소를 먹이면 우걱뿔을 낳고, 뭐 뭐 개를 먹이면 청삽싸리 개를 먹인다는 둥.

소가, 소도 나이가 있잖아요?

￣ 응, 나이 있어.

그러면 나이에 따라서 부르는 이름이 있습니까? 한 살일 때

￣ 난 그건 못 들어 봤는데.

￣ 아이, 그건 뭐(어떻게) 아나?

두 살이면 뭐라 그러고.

￣ 그냥, 아니 그건 안 그러던데.

￣ 안 그랬던

그런데 소 중에서 새끼 못 낳는 소 있잖아요?

￣ 둘소, 그건 못 낳는 것은 둘소래.

둘소라고요?

￣ 응, 둘소. 새끼 못 낳는 것은 둘소.

옛날에는 인제 소를 사오기도 하잖아요?

￣ 아이, 많이 샀지.

￣ 뭐 팔고

사고 팔고 하는데 사올 때 아무 소나 사오면 안 되잖아요? 좋은 소 사와야 되잖아요?

￣ 그럼.

￣ 아무거나 사오면 안 되지. 그러게, 소를 이렇게 큰 소를 가져가서 먹여도 저 가져가 팔아도 키울 만한 것은 아주 그 이렇게 중송아지라도 좋은 것 사니깐 안 남아. 아무 것도 안 남아.

　ᄅ 큰송아지가 쬐꾸망거 하나 끌구 와두 안나머, 그러케 돼. 그런데 그
손 가따 노:먼 아주 고대고대 크:고 야:주 팔기두 조:쿠 잘쌩겨써.

　그르머 조은 소는 어떠케 골라야 되능건가요?

　ᄅ 우린 여자니깐 몰르지마는 먼 머스마 소, 황소고 머, 황송아지처럼 생
겨따고 목또리[238]가 크구 잔대[239]가 질:구[240] 그렁거게찌.

　목또리가 크고, 그다메 잔

　ᄅ 아주 잘: 이러케 등어리두[241] 이러케 고버우[242]돼 이러게 쪽 고더야 핸
다구, 꿉찔 말구. 우리가 봐:두 달러. 하마 조:운 소넌.

　ᄀ 그래구 이:뿌자너.

　ᄅ 아주 이:뻐.

　ᄀ 으~, 이:뻐, 소가.

　ᄅ 우리가 그렁걸 하나 사가질 모탠네. 궁산서 메기든 소래는데. 인제
송아지 코두 안뚤러써, 송아진데 우리 자:근 아더리 와보더니 그래, 아이
크내가 와보더니 이소는 왜 이러케 배가 뚱뚱해?

　ᄀ 어~.

　ᄅ 어, 새끼가징거거태, 이래길래 이러::케 저러케 사완는데 무신 새끼야.
허허 궁산서 이제 메기덩거래는데 이래떠니, 좃:때길 가주구 에이 저뚜 뿌
런는데 그래길래 저절 이러케 가주구 눌르이까[243] 저지 죽쭝나와.

　ᄀ 세:상에!

　ᄅ 아이, 그저사[244] 아러써. 송아지가 송아질 가전능게.

　ᄀ 아이고.

　ᄅ 그래 이거 어디썬야니까 궁산서 메견는데, 아마 내:나떵가바요.

　ᄀ 오~.

　ᄅ 뛰에도러댕기다가[245] 가징가봐, 새끼 가저딴 소리두 안해. 새낄 가지
먼 갑썰 더 반는데.

　ᄀ 그러게.

▪ 큰송아지가 조그만 것 하나 끌고 와도 안 남아, 그렇게 돼. 그런데 그 소는 가져다 놓으면 아주 곧 크고, 아주 팔기도 좋고 잘 생겼어.

그러면 좋은 소는 어떻게 골라야 되는 것인가요?

▪ 우린 여자니깐 모르지만 뭐 머슴아 소 황소고 뭐, 황송아지처럼 생겼다고 목덜미가 크고 잔등이 길고 그런 것이겠지.

목덜미가 크고 그 다음에 잔

▪ 아주 잘 이렇게 등도 이렇게 곱아야 돼 이렇게 쭉 곧아야 한다고, 굽지를 말고. 우리가 봐도 달라. 이미 좋은 소는.

‾ 그러고 예쁘잖아.

▪ 아주 예뻐.

‾ 응, 예뻐, 소가.

▪ 우리가 그런 것을 하나 사가지지를 못 했네. 궁산에서 먹이던 소라는데. 인제 송아지 코도 안 뚫렸어, 송아지인데 우리 작은 아들이 와 보더니 그래, 아니 큰애가 와보더니 이 소는 왜 이렇게 배가 뚱뚱해?

‾ 응.

▪ 어, 새끼 가진 것 같아, 이러기에 이렇게 저렇게 사 왔는데 무슨 새끼야. 허허 궁산에서 먹이던 것이라는데 이랬더니, 작대길 가지고 에이 젖도 불었는데 그러기에 젖을 이렇게 가지고 누르니까 젖이 죽죽 나와.

‾ 세상에!

▪ 아이, 그제야 알았어. 송아지가 송아지를 가진 것을.

‾ 아이고.

▪ 그래 이거 어디 있었느냐니까 궁산서 먹였는데, 아마 내 났던가 봐요.

‾ 응.

▪ 뛰어 돌아다니다가 가졌는가 봐, 새끼 가졌단 소리도 안 해. 새끼를 가지면 값을 더 받는데.

‾ 그러게.

= 하두 즈:거[246] 그래는지, 그집뚜 앙가르켜주구래서, 글쎄. 아더리 와서 새끼가전너? 왜이래? 이래더니

‑ 으~.

= 으으, 절뚜 뚱뚱해 이래더니 지게작때길 가주구 이러:케 눌르이까 저지 찌르르 나오데. 게약한지 사흘마네 나아, 새끼럴. 아이, 송아지가 송아질 나아 우수워[247].

‑ 그러게, 으~.

= 그후 열따를 트니까 인제 쫌 커찌. 커써두 다릉거버다는 좀 즈:건는데 나턴데.

옌나레 머슴사리도 마니 이러케 해짜나요, 거 옌나레는

‑ 으~, 머섬사리 마~이덜 해:찌 머.

= 어히구, 마~이 해구 말:구지.

거 머슴사리할 때는 어떤 어떤 어떵거시 이씀니까? 조꺼니 이짜나요?

‑ 낭:그건 몰:라.

= 두워보지두 안해구 해:보지두 안해니깐, 머. 베, 그때 베 메까마 줘씨까[248], 다서까마 주구 네:가마두 주구

‑ 네:가마 주구.

일련 일하고

= 정워레 가가주구 시:월따레꺼지.

그런 일꾼늘 머라고 함니까?

‑ 머섬.

= 머서미라구두해구 일:꾸니라구 그래구.

‑ 음, 일:꾸니라구 해구 머섬쏘리 마~이 해써.

= **네가 일:꾸늘 뒤:서 아라찌 머. 시방에다 대:먼 얼마 받찌두 모:태써.

요즈메는 전부 이를 할 때 농가능거나 밤매고 이럴 때, 지그믄 인제 사라믈 사서 마니 하는데

ᵁ 하도 적어 그러는지, 그 집도 안 가르쳐 주고 그래서, 글쎄. 아들이 와서 '새끼 가졌나?' '왜 이래?' 이러더니

ᵀ 응.

ᵁ 으으, 젖도 뚱뚱해 이러더니 지게작대기를 가지고 이렇게 누르니까 젖이 찌르르 나오데. 계약한지 사흘만에 낳아, 새끼를. 아이, 송아지가 송아지를 나아 우스워.

ᵀ 그러게, 응.

ᵁ 그 후 열 달을 트니까 인제 좀 컸지. 컸어도 다른 것보다는 좀 적었는데 낳던데.

옛날에 머슴살이도 많이 이렇게 했잖아요, 거 옛날에는.

ᵀ 응, 머슴살이 많이들 했지 머.

ᵁ 어히구, 많이 하고 말고지.

거 머슴살이 할 때는 어떤 어떤 어떤 것이 있습니까? 조건이 있잖아요?

ᵀ 난 그건 몰라.

ᵁ (머슴을) 둬 보지도 안 하고 (머슴으로) 해 보지도 안 하니깐, 뭐. 벼, 그때 벼 몇 가마 줬을까? 다섯 가마 주고, 네 가마도 주고.

ᵀ 네 가마 주고.

일년 일하고

ᵁ 정월에 가서 시월달에까지.

그런 일꾼을 뭐라고 합니까?

ᵀ 머슴.

ᵁ 머슴이라고도 하고 일꾼이라고 그러고.

ᵀ 음, 일꾼이라고 하고 머슴소리 많이 했어.

ᵁ **네가 일꾼을 둬서 알았지 뭐. 지금에다 대면 얼마 받지도 못 했어.

요즘에는 전부 일을 할 때 논 같은 것이나 밭 매고 이럴 때, 지금은 인제 사람을 사서 많이 하는데

⁻ 그럼.

옌나레는 이러케 도라가면서

⁻ 그럼.

＝ 아이구, 기게가 해:서 시방은 사지두 안해. 노네 대해선 싱궈만 노치 아무 관심두 안해.

옌나레는 주로 이제 도라가면서 이러케 해쬬?

⁻ 으~으~.

고걸 머라고 함니까?

＝ 두레.

⁻ 펌, 품, 뭐야?

＝ 푸마시, 두레.

⁻ 푸마시지, 푸마시.

＝ 푸마시라구두 해구 두레라구두 하구.

＝ 어울러핸다구두 하구 거뚜 세:가지네. 어울러해지, 두레지, 푸마시지. 그게 사투리여.

그러면 어, 푸마시를 하며는

＝ 그 지페[249] 하루 해주구 저 지페 하루 해주구, 저 지페 하루 해주구. 다섭뻔 나무일 다쎌 해애지 내 일 하루 해지. 그게 다 거 혼재[250] 해기 시르니깐 인제 도러댕기구 그래.

⁻ 그게 나을꺼여, 일해는 사라먼.

＝ 에이, 나:찌두 안해데 그래.

⁻ 그르까?

＝ 일잘해는 사람 혼재 해능게 더 마~이 핸대.

인제 사라믈 이러케 사능거를 머라고 함니까? 사라믈 이러케 사서 이를 시키자나요, 예저네도?

그럴 때

˘ 그럼.

옛날에는 이렇게 돌아가면서

˘ 그럼.

＝ 아이구, 기계가 해서 지금은 사지도 안 해. 논에 대해서 심어만 놓지
아무 관심도 안 해.

옛날에는 주로 이제 돌아가면서 이렇게 했죠?

˘ 응응.

그걸 뭐라고 합니까?

＝ 두레.

˘ 펍, 품, 뭐야?

＝ 품앗이, 두레.

˘ 품앗이지, 품앗이.

＝ 품앗이라고도 하고 두레라고도 하고.

＝ 어울러한다고도 하고 그것도 세 가지네. 어울러하지. 두레지, 품앗이
지. 그게 사투리야.

그러면 품앗이를 하면

＝ 그 집에 하루 해 주고 저 집에 하루 해 주고, 저 집에 하루 해 주고.
다섯 번 남의 일 닷새를 해야지 내 일 하루 하지. 그게 다 거 혼자 하기
싫으니깐 인제 돌아다니고 그래.

˘ 그게 나을 거야, 일 하는 사람은.

＝ 에이, 낫지도 안하데 그래.

˘ 그럴까?

＝ 일 잘하는 사람 혼자 하는 것이 더 많이 한대.

인제 사람을 이렇게 사는 것을 뭐라고 합니까? 사람을 이렇게 사서 일을 시
키잖아요, 예전에도?

그럴 때

＝ 품산다구, 품사 핸다그래지.

품사는 그 사라믈 머라고 하는, 이르미 업씀니까?

￢ 이룸 읍찌[251], 그건 이룸 우꾸

＝ 팔려 온 사라먼 품팔러 가따 그래구.

머, 노비라는 말 안씀니까, 놉?

￢ 아이, 노비는 옌:나레 종:얼 노비래.

노비 말고 놉, 이럼마른 안쓰고요?

￢ 몰:라.

그러며는 그런 사람드를 사서 인제 이를 시킬 때 머글꺼도 마니 조야 되자나요? 주로 주능게 간 그이까 식싸도 주고, 머 밥또 주고 그다메 수

＝ 술두 주구 다 줴얘지.

￢ 다 줴얘지. 잘 메기지, 그 사람네럴.

어떵걸, 어떵거 메김니까, 주로 메기능게?

￢ 지끔 가트먼.

＝ 옌:나레는 버리탁빼기, 흐~흐~.

￢ 버리수런 버리탁빼기라 그래.

＝ 난 밀국씰 해:주구 머. 벤벤찬:치, 시방에다 대:면 뭐. 잘해주능게 그르케 줄꺼여.

보통 바벌 머글 때, 아침

￢ 아치문 인제 즈: 지베서 머꾸 와. 그래믄 인제 여기 오머는 제누리[252] 머꾸, 즘:심[253]머꾸, 제누리.

제누리는

￢ 참:, 차:멀 가주구 제누리라그래.

아이, 제누리는 언제쯤 먹씀니까?

＝ 열:씨.

￢ 열:씨예 머거.

˭ 품산다고, 품산다고 그러지.

품사는 그 사람을 뭐라고 하는, 이름이 있습니까?

˗ 이름 없지, 그건 이름 없고

˭ 팔려 온 사람은 품팔러 갔다 그러고.

뭐, 놉이라는 말 안 씁니까?

˗ 아니, 노비는 옛날에 종을 노비라고 해.

노비 말고 놉 이런 말은 안 쓰고요?

˗ 몰라.

그러면 그런 사람들을 사서 인제 일을 시킬 때 먹을 것도 많이 줘야 되잖아요? 주로 주는 것이 그러니까 식사도 있고, 뭐 밥도 주고 그 다음에 수

˭ 술도 주고 다 줘야지.

˗ 다 줘야지. 잘 먹이지, 그 사람네를.

어떤 것을, 어떤 것을 먹입니까? 주로 먹이는 것이?

˗ 지금 같으면.

˭ 옛날에는 보리탁배기, 흐흐.

˗ 보리술은 보리탁배기라고 그래.

˭ 난 밀국수를 해 주고 뭐. 변변치 않지, 지금에다 대면 뭐. 잘 해 주는 것이 그렇게 줄 거야.

보통 밥을 먹을 때, 아침

˗ 아침은 인제 자기 집에서 먹고 와. 그러면 인제 여기 오면 곁두리 먹고, 점심 먹고, 곁두리.

곁두리는

˗ 참, 참을 가지고 곁두리라고 그래.

아이, 제누리는 언제쯤 먹습니까?

˭ 열 시.

˗ 열 시에 먹어.

그럼, 머 새벼게 밤머꼬 나오능 거는요? 한 여서씨나 일곱씨

￣ 일굽[254]씨예.

일곱씨예 머꼬, 그다메 제누리 머꼬, 그다메

￣ 즘:심, 즘:심 머꾸 또 제녁쩨누리 또 이써.

고 중가네요?

￣ 으~.

고걸 머라고 함니까?

￦ 네:시예, 제녁 차:미라 그래.

￣ 제녁 차:미라 그래.

그다메 지베 와서

￣ 아니, 인제 그다메 또 제녁참머꾸 또 술함번 메겨, 수럴 함번 메겨.

그렘, 제녕 머꾸 가지.

￦ 제녁뚜[255] 신: 니리나 해야 주지 여느일 행거는 안:줘. 인제 저: 논 쌍:꾸, 소시랑질 해구 이랜는 사라먼 제녀걸 줘:두

￣ 음.

￦ 싱구는 사라문 안 줘. 그러케 마:능걸 다 데길 쑤가 이써애지. 에이, 엄:는데 우숩찌 뭐:. 수:짜만 채워:찌.

￣ 에이, 메기능게 우숩찌 머, 지끄메야 대할치면[256] 우:숩꾸 말:구지.

아, 참 옌나레 참 농사 지으면서 사능게 참 쉽찌 아난네요, 그게 참.

￣ 어이구, 어렵찌요. 일해는 사람두 어렵꾸.

￦ 아이구, 그럼. 농사럴 마이 지짜믄 오:래 농살 지꾸 또 윙겨우레[257] 농사진는 군닐 또 핸대는데 뭐. 거럼도 뭐, 그러케.

어르신, 저기 농초네서, 인제 일하능거 중에서 소머기능거하고 쫌 괄련해가 주고 음, 여기 인제 소를 기를려며는 머 여러가지 다 가춰 놔야 되능게 이짜나요, 멀 먼저 가춰놔야?

그럼, 뭐 새벽에 밥 먹고 나오는 것은요? 한 여섯 시나 일곱 시

‾ 일곱 시에.

일곱 시에 먹고, 그 다음에 곁두리 먹고, 그 다음에

‾ 점심, 점심 먹고 또 저녁곁두리 또 있어.

그 중간에요?

‾ 응.

그걸 뭐라고 합니까?

‾ 네 시에, 저녁 참이라고 그래.

‾ 저녁 참이라고 그래.

그 다음에 집에 와서

‾ 아니, 인제 그 다음에 또 저녁 참 먹고, 또 술 한번 먹여, 술을 한번 먹여.

그럼, 저녁 먹고 가지.

‾ 저녁도 센 일이나 해야 주지 여느 일 한 것은 안 줘. 인제 저 논 삶고, 쇠스랑질 하고 이렇게 한 사람은 저녁을 줘도

‾ 음.

‾ 심는 사람은 안 줘. 그렇게 많은 것을 다 먹일 수가 있어야지. 에이, 업는데는 우습지 뭐. 숫자만 채웠지.

‾ 에이, 먹이는 것이 우습지 뭐, 지금에야 대하려 치면 우습고 말고지.

아, 참 옛날에 참 농사 지으면서 사는 것이 참 쉽지 않았네요, 그게 참.

‾ 어이구 어렵지요. 일 하는 사람도 어렵고.

‾ 아이구, 그럼. 농사를 많이 짓자면 올해 농사를 짓고 또 온 겨울에(겨울내내) 농사 짓는 군일 또 한다는데 뭐. 거름도 (내고) 뭐, 그렇게.

어르신, 저기 농촌에서, 인제 일하는 것 중에 소먹이는 것하고 좀 관련해서 음, 여기 인제 소를 기르려면 뭐 여러 가지 다 갖춰 놔야 되는 것이 있잖아요? 뭘 먼저 갖춰놔야?

▤ 그러치, 가춰놔야지. 우선 마:구²⁵⁸⁾를 곤처야지.²⁵⁹⁾ 소가 이제, 소 지베다 놀:짜리를. 축싸, 지금 말룬 축싸지.

옌날말로는?

▤ 마:구라구래지.

예, 마구를 지꼬, 그다메 또 머 ?

▤ 그래 인제 그 그래구서는 머기야 머, 지그믄 머 집뚜주구 옌:나레는 옌:나레두 집뚜 줘:찌, 주기는. 머 콩깍, 콩깍찌두 주구 머, 그이까 건초두 비구. 이 머, 쪼꿈 더 이따가 이 추석찌내며는 건출 벼²⁶⁰⁾, 건초. 건초가 뭐:냐면 사네가서 그, 머야 푸룰 벼:가주구 그랜지 입추 처:서가 지낸 뒤에는 저기 썩찌를 아나. 말해재머는 스끼가, 기오니 왜, 이러케 저 거시기 나무두 이러케 해며는 무리 알:루²⁶¹⁾ 내려온대구래자너. 이러, 그런, 그런 게:저리 도러오기때미네²⁶²⁾, 그때가서 머, 저, 칙떰불 머 이렁거 막 벼:가주구 건초럴 맨드러서 옌:나렌 그걸 서꺼 메겨찌, 머, ****.

그러면 인제 소가 이케 멍는 요기 머기 그?

▤ 여물통.

그 여물통이라고 함니까?

▤ 그 여물통이라그래지. 여물통이라구해구 머. 쉽께 마를 해먼 소죽통이라구두 해구 머.

옌나레는 남 소 망메기기도 해짜나요? 나메소를?

▤ 그럼, 나메 소를, 옌:나렌 나메소럴 메기능게 어떤 어떠케 메견느냐, 저기 소럴 가지구 마이 농사를 진는 때기때미네, 그때는 ** 소럴 가지구 운:반농우루두 써따구, 운:반농으루. 예를 드러서 여기서 원주시:내까지 싸를 머, 항가말 가주간대등가 머 이래며는, 소 등어리에다, 지르마²⁶³⁾래능거, 왜 말타능거모냥 그걸 해:가주구 거기다 요러케 무꺼가주구서는 시꾸 가자나. 그래서 그런 인제 대:개 농사 마~이 진는 지비는 소럴 응, 아주 그 일 잘::해구, 말잘드꾸 이런 소, 크구 힘 쎄:구, 그렁거루만 소럴 골: 러서

▪ 그렇지, 갖춰놔야지. 우선 마구를 고쳐야지. 소가 이제, 소 집에다 놓을 자리를. 축사, 지금 말로는 축사지.

옛날말로는?

▪ 마구라 그러지.

예, 마구를 짓고, 그 다음에 또 뭐?

▪ 그래 인제 그 그러고서는 먹이야 뭐, 지금은 뭐 짚도 주고 옛날에는 옛날에도 짚도 줬지, 주기는. 뭐 콩깍, 콩깍지도 주고 뭐, 그러니까 건초도 베고. 이 뭐, 조금 더 이따가 이 추석 지나면 건초를 베어, 건초. 건초가 뭐냐하면 산에 가서 그, 뭐야 풀을 베서 그런지 입추(立秋), 처서(處暑)가 지난 뒤에는 저기 썩지를 않아. 말하자면 습기가, 기온이 왜, 이렇게 저 거시기 나무도 이렇게 하면 물이 아래로 내려온다고 그러잖아. 이러, 그런, 그런 계절이 돌아오기 때문에, 그때 가서, 뭐, 저, 칡덩불 뭐 이런 것 막 베어서 건초를 만들어서 옛날엔 그걸 섞어 먹였지, 뭐, ****.

그러면 인제 소가 이렇게 먹는 여기 먹이 그?

▪ 여물통.

그 여물통이라고 합니까?

▪ 그 여물통이라고 그러지. 여물통이라고 하고 뭐. 쉽게 말을 하면 소죽통이라고도 하고, 뭐.

옛날에는 남 소 막 먹이기도 했잖아요? 남의 소를?

▪ 그럼, 남의 소를, 옛날엔 남의 소를 먹이는 것이 어떻게 먹였느냐? 저기 소를 가지고 많이 농사를 짓는 때이기 때문에, 그때는 ** 소를 가지고 운반용으로도 써따고, 운반용으로. 예를 들어서, 여기서 원주시내까지 쌀을 뭐, 한 가마를 가지고 간다든가 뭐 이러면, 소 등에다, 길마라는 것 왜 말타는 것 모양 그걸 해서 거기다 요렇게 묶어가지고서 싣고 가잖아. 그래서 그런 인제 대개 농사 많이 짓는 집은 소를 응, 아주 그 일 잘 하고, 말 잘 듣고 이런 소, 크고 힘 세고, 그런 것으로만 소를 골라서 인제

인제 그렁거루두 해구, 바까리 해는데두 씨구 머.

그면 보통 인제 나메 소를 머기능거

▦ 나메소 메기능게 이, 자기네가 이:를 헬래니까 이제, 그 머야, 삭써루 으:더오능거여. 일런, 일런해구서 싸르 항가마를 준대등가 머 이러케

보통 일려네 한, 해가주구 얼마나 주?

▦ 일려네 항가마, 열:마리지, 대두 단말, 그러케 해:서 그거를 해:서 그 소를 옌:나렌 마이 길르믄 머야. 이 쌀 일런농사 잘 지어따구 마리여. 올 쩌게는 사라미 왜, 친쩍찌비 가는거모냥으루 떠걸 해:서 인제 가주구 이래구 그래구두 오구, 또 저기저 머야 송아지 새끼 나:며는 송아지 새끼 나 으며는 서루 밤반씩 논:넌[264] 사람두 이꾸

아, 그러니까 두마리 나며는

▦ 아니아니, 아니지. 두:마리 나:며는 함마리씩 간넝거와 마창가지지. 그러니까 예를 드러서 송아지를 머, 세:마리, 머야, 소럴 가따 길러가주구 서 머야, 송아지를 두:마릴 나:따 이래먼 함마리씽 논넌 사람두 이꾸, 머, 파러서 논넌 사람두 이꾸, 파러서 도누루 논넌 사람도

반반씩 가지는?

▦ 그럼, 반. 그래기때미네 소 열빠리만 가지머넌 소 열빠리먼 금::방 느러. 재사니 엄::청 마~이 느러.

그머 소룰, 소, 소만 이쓰면 옌나레는

▦ 그럼, 소, 소 이씀 부자라그래자녀, 그지분 부:자라구.

어르신, 며빨, 몇, 어느 정도 키우셔써요?

▦ 나? 나 소 저기 열:빠리까지 길러봐써. 요기다가두 길르구, 여기 그래 내가 지금 장년, 그러께까지만해두 내가 내가 새끼난넝걸루 세:마리, 큰 소루, 세:마리를 길런는데 긴데, 고만 뭐이, 저기 잘모때가주구선 실패럴 해:써. 한 육빽 육빽키로가 넘넌 노메꺼럴 저기 머 잘모때가주구선 주거짜 너. 그래서 그만 자버버려찌 머. 그래는 바라메 내가 소럴 웁째구 지금

그런 것으로도 하고, 밭갈이 하는 데도 쓰고 뭐.

　그러면 보통 인제 남의 소를 먹이는 것

▪ 남의 소 먹이는 것이 이, 자기네가 일을 하려니까 이제, 그 뭐야, 삯으로 얻어오는 것이야. 일년, 일년하고서 쌀을 한 가마를 준다든가 뭐 이렇게

　보통 일년에 한, 해가지고 얼마나 줍니까?

▪ 일년에 한 가마, 열 말이지, 대두(大斗) 닷 말, 그렇게 해서 그것을 해서 그 소를 옛날엔 많이 기르면 뭐야. 이 쌀 일년 농사 잘 지었다고 말이야. 올 적에는 사람이 왜 친척집에 가는 모양으로 떡을 해서 인제 가지고 이러고 그러고도 오고, 또 저기 저 뭐야 송아지 새끼 낳으면 송아지 낳으면 서로 반반씩 나누는 사람도 있고

　아, 그러니까 두 마리 낳으면

▪ 아니아니, 아니지. 두 마리 낳으면 한 마리씩 갖는 것과 마찬가지지. 그러니까 예를 들어서 송아지를 뭐, 세 마리, 뭐야, 소를 갖다 길러서 뭐야, 송아지를 두 마리를 낳았다 이러면 한 마리씩 나누는 사람도 있고, 팔아서 나누는 사람도 있고, 팔아서 돈으로 나누는 사람도

　반반씩 가지는?

▪ 그럼, 반. 그러기 때문에 소 열 마리만 가지면 소 열 마리면 금방 늘어. 재산이 엄청 많이 늘어.

　그러면 소를, 소, 소만 있으면 옛날에는

▪ 그럼, 소, 소 있으면 부자라고 그러잖아, 그 집은 부자라고.

　어르신, 몇 발, 몇, 어느 정도 키우셨어요?

▪ 나? 나 소 저기 열 마리까지 길러봤어. 요기다가도 기르고, 여기 그래 내가 지금 작년, 재작년까지만 해도 내가, 내가 새끼 낳는 것으로 세 마리, 큰 소로, 세 마리를 길렀는데 그런데, 그만 뭐, 저기 잘못되어선 실패를 했어. 한 육백 육백 킬로그램이 넘는 놈의 것을 저기 뭐 잘못되어서 죽었잖아. 그래서 그만 잡아버렸지 뭐. 그러는 바람에 내가 소를 없애고

인제 조거 하나 기르구, 지금 새끼 가저써.

저거 한 며깨월 돼써요?

▪ 이제 한 삼개월 돼가.

조, 저거는 나이는 얼마나 돼요?

▪ 나이? 나이 인제 저게 세사레 드러가지 머.

소를 키울 때 이게 소를 질드리는 방버비 이짜나요? 질, 어떠케 지를 보통 잘 드려야 되나요?

▪ 소, 소두 아주, 아니, 그래 이제 옌:나레두 소가 말뀌럴 얼:마나 잘 아러든너 이거를 알:기 위해서 문까네다가 날:출짜 마리야. 으~, 드:립, 나갈 쩌게는 날출짜를, 날:출 이래구 불르구, 드롤:쩬 드:립 이래구 불러두 소두 아러 든는대 왜, 한:짜를. 드로는 주럴 알:구 나가는 줄만 아러드러. 그래 는데 소, 질드리는 참, 그거 보먼 이 그 바까리 해놓거 보머 어디 어디 어 디 어디 어디야 이래머는 자연저그루 왼:펴느루 도라. 참, 그릉거 보머 말 뀌 자라라드러 소는.

아, 그러며는

▪ 그~이까 소럴 처째저그루 소럴 저거핼래먼 아주 ***** 저 소래능거넌 나 좀 더 머께따구 달라그래능거는 소린 모:태거든. 우리가 모:다러든는 단 마리야, 유간저그루. 아, 저게, 머 푸럴 달:래능거다 이래먼 인제 지벌 지버주구 이래. 그이~까 저게 순::저니 사람과 또까치 생화럴 해야돼.

▪ 시간 되며넌 점심시간 되면 점심주는 시구루, 또 아침때가 되면 아침 주구 그래 여기 웬만핸 사람덜 재산 소가주구 마~이 늘구는²⁶⁵⁾ 사람드런 소가 응, 머야, 거시기 부모럴 그러케 잘 공경을 해며는 효자소리 안 드를 싸라미 업때능거야, 소마쿰.²⁶⁶⁾ 그래 또, 다: 머건너해구 가서 여물통을 보 구 또 머야, 물두 줘야되구 머. 그러케 그래구 자다가 우떤 사람더런 자 다가두 나와서 겨우리머넌, 움지겨야지 움지기질 아느며는 겨울게 소가 이 코꾸녕이 얼:거덩 막, 어르미. 그러니깐 너무 너무 추울쩌게는 대:구

지금 인제 저것 하나 기르고, 지금 새끼 가졌어.

　저것 한 몇 개월 됐어요?

　▪ 이제 한 삼개월 돼 가.

　저, 저것은 나이는 얼마나 돼요?

　▪ 나이? 나이 인제 저게 세 살에 들어가지 뭐.

　소를 키울 때 이게 소를 길들이는 방법이 있잖아요? 길, 어떻게 길을 보통 잘 들여야 되나요?

　▪ 소, 소도 아주, 아니, 그래 이제 옛날에도 '소가 말귀를 얼마나 잘 알아듣나?' 이것을 알기 위해서 문간에다가 날 출자 말이야. 응, 들 입(入), 나갈 적에는 날 출자를, '날 출(出)' 이러고 부르고, 들어올 적에는 '들 입' 이러고 불러도 소도 알아듣는대, 한자를. 들어오는 줄을 알고 나가는 줄만 알아들어. 그러는데 소, 길들이는 참, 그것 보면 이 그 밭갈이 해 놓은 것 보면 '어디 어디 어디 어디 어디야' 이러면 자연적으로 왼편으로 돌아. 참, 그런 것 보면 말귀 잘 알아들어 소는.

　아, 그러면

　▪ 그러니까 소를 첫째로 소를 저것 하려면 아주 ***** 저 소라는 것은나 좀 더 먹겠다고 달라고 그러는 것은 소리는 못 하거든. 우리가 못 알아듣는단 말이야, 육안으로. 아, 저게, 뭐 풀을 달라는 거다 이러면 인제 짚을 집어 주고 이래. 그러니까 저게 순전히 사람과 똑같이 생활을 해야 돼.

　▪ 시간 되면 점심시간 되면 점심 주는 식으로, 또 아침 때가 되면 아침 주고 그래 여기 웬만한 사람들 재산, 소 가지고 많이 늘리는 사람들은 소가 응, 뭐야, 거시기 부모를 그렇게 잘 공경을 하면 효자소리 안 들을 사람이 없다는거야, 소만큼 하면. 그래 또, 다 먹었나 하고 가서 여물통을 보고 또 뭐야, 물도 줘야 되고, 뭐. 그렇게 그러고 자다가 어떤 사람들은 자다가도 나와서 겨울이면, 움직여야지 움직이질 않으면 겨울에 소가 이 콧구멍이 얼거든 막, 얼음이. 그러니깐 너무 너무 추울 적에는 대개

이벌 놀레얘지, 움:지겨야지 추위를 이기기때미네 바메 가서 그 건초 비
어농:거로 꼭 가따 이래 주구, 이러이런 데서 메기능거뚜 바메 나가서 이
러케 조꿈 이게 먹따 냉겨징거[267] 그냥 놔두면 얼:거덩, 겨우레는. 그럼,
그거 이러케 깨:끄시 치우면서 거기다가 건초럴 또 주기두 해구 그러치
머. 그러니깐 야:주 소예는 거진마리 읍써. 꼭 그래구 또 그러케 소럴 잘
괄리럴 해야지 사리 찌지. 그냥 해가주군 사리 찌지두 안해. 소년 사리
쩌야지 갑씨 나가거덩, 살, 사리 느러야. 근데 소럴 승, 사람 승:지리 나뿌
다구 이노무 소, 이거 왜 이러케 승지리[268] 드러워 해구 몽대~이루[269] 두둘
겨 패구 이래며넌 더 사나워저. 그걸 이러게 살::살 대:구 감상얼 해야지,
사람 또까터, 사람하구. 그래믄 저게, 조게 새끼를 가지며넌 꼭 열:딸마네
사람과 또까치 나차너. 저게 새끼 내케:두[270] 마이 봐:찌마넌 참 어느 저레
배웡넌지, 그 어 어미 으~, 다리미테 가서 저꼭찌 빠넝거 보믄 참 히한해
보먼.

▪ 그래 인제 츠:메는 또 그거뚜 자란빠러머걸쩌게는 사라미 거 괄리해
는 사람 마리야. 으~, 주이니 송꾸라걸[271] 이러케 이베다 가따 이러:케 느:
주머는 고 빠넝걸 배워. 고다으메 가따가 에미, 에미 저절 짜가주구 사람
잉공으루, 소누루다가 짜가주구서 주둥이예다가따가 발러준단 마리야.
그래머넌 그 냄:새를 전냄새를 마꾸서 이누미 머야, 그 저통얼 차저가서
머끼시작하능거야. 그 고러케 이러케 저 잔소니 가야돼, 고러케 보살펴줘
야지. 그냥 머 새끼 나:따구해서 무조건. 근데 요주메 우유소[272] 메기능거
넌 그러치 안차너. 우유소넌 머, 새끼 나:며넌 에미저뚜 몯:빠러. 그거넌
대번 쩌게, 저절, 우유 저절 짜서 팔기때미네 그건 또 짜서 잉공저꼭찌에
다 이러게 메기자나, 왜. 우유소하구 여느 이런 비유구나 이 농초네서 옌:
날 하:누하군 달르지, 승질상.

어르신 인제 마냐게 소가, 소새끼를 그 소새끼, 소새끼가 딱 태어나면, 태어
나서 어느 정도 자라며는 그 인제 소를 질드릴라고 뭘 해야됨니까? 소가 어느

입을 놀려야지, 움직여야지 추위를 이기기 때문에 밤에 가서 그 건초 베어 놓은 것을 꼭 갖다 이래 주고, 이러 이런 데서 먹이는 것도 밤에 나가서 이렇게 조금 이게 먹다 남겨진 것 그냥 놔두면 얼거든, 겨울에는. 그럼, 그것 이렇게 깨끗이 치우면서 거기다가 건초를 또 주기도 하고 그렇지 뭐. 그러니까 아주 소에는 거짓말이 없어. 꼭 그러고 또 그렇게 소를 잘 관리를 해야지 살이 찌지. 그냥 해서는 살이 찌지도 안 해. 소는 살이 쪄야지 값이 나가거든, 살, 살이 늘어야. 그런데 소를 성, 사람 성질이 나쁘다고 이놈의 소, 이것 왜 이렇게 성질이 더러워 하고 몽둥이로 두들겨 패고 이러면 더 사나워져. 그걸 이렇게 살살 대고 감상을 해야지, 사람 똑같아, 사람하고. 그러면 저게, 조게 새끼를 가지면 꼭 열 달만에 사람과 똑같이 낳잖아. 저게 새끼 많이 낳게도 해 봤지만 참 어느 결에 배웠는지, 그 어 어미 응, 다리 밑에 가서 젖꼭지 빠는 것을 보면 참 희한해 보면.

▪ 그래 인제 처음에는 또 그것도 잘 안 빨아 먹을 적에는 사람이 거 관리하는 사람 말이야. 응, 주인이 손가락을 이렇게 입에다 갖다 이렇게 넣어주면 그 빠는 것을 배워. 그 다음에 갖다가 어미, 어미 젖을 짜서 사람 인공으로, 손으로다가 짜서 주둥이에다가 갖다가 발라준단 말이야. 그러면 그 냄새를 젖냄새를 맡고서 이 놈이 뭐야, 그 젖통을 찾아가서 먹기 시작하는 거야. 그 그렇게 이렇게 저 잔손이 가야 돼, 그렇게 보살펴 줘야지. 그냥 뭐 새끼 낳았다고해서 무조건. 그런데 요즘에 젖소 먹이는 것은 그렇지 않잖아. 젖소는 뭐, 새끼 낳으면 어미 젖도 못 빨아. 그거는 대번 저기, 젖을, 우유 젖을 짜서 팔기 때문에 그건 또 짜서 인공젖꼭지에다 이렇게 먹이잖아, 왜. 젖소하고 여느 이런 비육우나 이 농촌에서 옛날한 우하고는 다르지, 성질상.

어르신 인제 만약에 소가, 소새끼를 그 소새끼, 소새끼가 딱 태어나면, 태어나서 어느 정도 자라면 그 인제 소를 길들이려고 뭘 해야 됩니까? 소가 어느 정도 인제 말듣께 할라면 멀 코예 이걸 ?

▪ 코뜨레? 그거는, 그건 앙 꿔:두[273] 머 자라러드찌 머. 근데 그 이, 츠:
메 츠:메 인제 바까리해러댕기넌 소가 새끼를 나:따 이거여. 그러믄 그
에미와 또:까치 행동얼 해거등. 댕기면서 그 바까는데 고랑으로 가치 따
러댕기기두 해구 따러댕기다 너무 다리가 아푸며는 그냥 어디 바까세[274]
가만:히 주저안저 이따구. 그래따가 일:해구 올:라구랠쩌게 인제 지부루
도러올:라 그럴쩌게 끌구 나서믄 에미가 불러, '메'[275] 해구, 그 새끼를 불른
다구. 그래믄 경충경충 따러오구 근데 그거, 잘따러댕기능건 그러치만
또 잘 모:따러댕기능건 츠:메 나:가주구서 잘 따러댕기라구 이 청가걸
드르라구 마리야. 멀: 이런 저 뭐 양재기 가틍거럴 이러케 작때기루다
땅땅땅땅 때리며는 땡땡 소리가 나자나. 그래 그게 아 이럴쩌겐 불르넝
거다. 이러케 송아지가 그러케 생가기 드러가는지 하이튼[276] 잘따러댕
긴다구.

▪ 그래 질디릴쩌게 고러케 지럴 디려가주구 근:데 머 우떤 송아지넌 좀
어지갸:니 생후 한 육깨월이나 칠개월되믄 에미와 행동을 또까치 해. 아
주 바까는대루 고:랑얼 쪼처 댕겨, 이러케 게:속. 그래, 그래서 저 가요예
두 이짜너. 송아지송아지 얼룩쏭아지 엄마보구 얼룩쏘 엄마 달면네. 허
허, 그래구 그 얼룩쏘넌 또 얼룩이를 난넝거 보믄 참 히한해다구 거, 황소
넌 그러차는데

항구게도 전통저그로 얼룩쏘가 이써씀니까?

▪ 이찌, 왜 엄:나, 왜? 아, 가틍갑씨머는 검정솔 자아멍는데, 검정소는
***.

그럼, 어르신, 그 소 중에서, 소를 옌날 바까리나 농가리 할 때 소를 이러케
몰자나요? 몰때 소를 가라고 할 때는 무슨 소리를 지름니까? 소를 가라?

▪ 가라 해능거? 머, 고장예 따라 달르지 머. 여기서는 머 '이러' 그래지
머.

정도 인제 말 듣게 하려면 뭘 코에 이걸?

 ▀ 코뚜레?그건, 그건 안 꿰도 뭐 잘 알아듣지 뭐. 그런데 그 이, 처음에 처음에 인제 밭갈이하러 다니는 소가 새끼를 낳다 이거야. 그러면 그 어미와 똑같이 행동을 하거든. 다니면서 그 밭 가는데 고랑으로 같이 따라다니기도 하고 따라다니다 너무 다리가 아프면 그냥 어디 밭 가에 가만히 주저앉아 있다고. 그랬다가 일 하고 오려고 그럴 적에 인제 집으로 돌아오려고 그럴 적에 끌고 나서면 어미가 불러, '메' 하고, 그 새끼를 부른다고. 그러면 경충경충 따라오고 그런데 그것, 잘 따라다니는 것은 그렇지만 또 잘 못 따라다니는 것은 처음에 낳아서 잘 따라다니라고 이 청각(聽覺)을 들으라고 말이야. 뭘 이런 저 뭐 양재기 같은 것을 이렇게 작대기로다 땅땅땅땅 때리면 땡땡 소리가 나잖아. 그래 '그게 아, 이럴 적엔 부르는 것이다.' 이렇게 송아지가 그렇게 생각이 들어가는지 하여튼 잘 따라다닌다고.

 ▀ 그래 길드릴 적에 그렇게 길을 들여서 그런데 뭐 어떤 송아지는 좀 어지간히 생후 한 6개월이나 7개월 되면 어미와 행동을 똑같이 해. 아주 밭 가는대로 고랑을 쫒아 다녀, 이렇게 계속. 그래, 그래서 저 가요에도 있잖아. 송아지 송아지 얼룩송아지 엄마보고 얼룩소 엄마 닮았네. 허허, 그리고 그 얼룩소는 또 얼룩이를 낳는 것 보면 참 희한하다고 거, 황소는 그렇잖은데

한국에도 전통적으로 얼룩소가 있었습니까?

 ▀ 있지, 왜 없나, 왜? 아, 같은 값이면 검정소를 잡아먹는데, 검정소는 ***.

그럼, 어르신, 그 소 중에서, 소를 옛날 밭갈이나 논갈이 할 때 소를 이렇게 몰잖아요? 소를 가라고 할 때는 무슨 소리를 지릅니까? 소를 가라?

 ▀ 가라고 하는 것? 뭐, 고장에 따라 다르지 뭐, 여기서는 뭐 '이러' 그러지 뭐.

아, 가라고 할 때는?

▇ 이러.

그러며는 '멈처 서'라고 하면 머라고 함니까?

▇ 으, 워 이래지. 워, 워.

그다메, 왼쪽, 왼쪼구로 도라가라고 할 때는 머라고 함니까? 왼쪼구로 도라
가라?

▇ 왼쪼구루 도러가라 해구 왼쪼구루 도러가라 도러서거라 이래믄 하
마[277] 왼쪼구루 도러.

오룬쪼구로는?

▇ 오:룬쪼구룬 잘 안돌지. 그건 배울, 근데 말:뀌 자라러든는 소는, 응,
이 그때는 인제 고삐를, 마냐게 늘 왼쪼구루만 도:넌 소넌 오룬쪼구루 돌:
게 핼래믄 오룬쪼구루 고빼~이럴 자버댕게애지, 쪼굼 더. 그래믄 고개가
이러케 도러가니까 아, 일루[278] 돌래능거다 이러케 해구 돌:지.

주로 왼쪼구로 돈다능거조?

▇ 그러치. 그저 왼:쪼구루 도:능거, 그이까 '어뎌어데어데어테' 이러케
가르처. 오룬소널 가지구 이러케 배럴 툭툭툭툭 때리니까 늘 이러케 도
러 서래는 줄만 알:지. 그니까 질드릴 타시여, 송아지. 그래, 두:마리, 여
기 지금 이, 갑천 여 저저, 머야, 여기 여, 저 그래니까는 저 인제 원통
그런데넌 두:마릴 가주 갈:거덩. 두마리, 결국 겨리쏘래능거여. 응, 이러::
케 그런데, 이 꼭때기다 나무때기를 이러케 지::다라케 해가주구, 거기에
다 이러케 끄널 부뚜러매니까 꼼짱모태능거지. 가치 한누미 나이 지그::
탠 소가, 일 자래는 소가 하넌대루 따러가능거여. 그, 그 여페 인넌 소넌.
그래 이 머, 마라쏘[279]니, 머, 뭐:니, 인제 그 그 또 명칭이 또 달르드라구.
그렌데 그 머야, 이러케 고빼이[280]만 달믄 또::까치 두마리가 또:까치.   그
렌데 그거 '제골루 드러서', 이래머넌 요러케 골: 땅해머넌 딱: 걸루. 소
룰 골:룰쩌게 소가 바리 네:개자너. 네:개래두 거러가능건 일짜루 가능걸

아, 가라고 할 때는?

▀ '이러.'

그러면 '멈춰 서'라고 하면 뭐라고 합니까?

▀ 응, '워' 이러지. '워, 워'.

그 다음에 왼쪽, 왼쪽으로 돌아가라고 할 때는 뭐라고 합니까? 왼쪽으로 돌아가라?

▀ '왼쪽으로 돌아가라' 하고 '왼쪽으로 돌아가라, 돌아서거라' 이러면 벌써 왼쪽으로 돌아.

오른쪽으로는?

▀ 오른쪽으로 잘 안 돌지. 그건 배울, 그런데 말귀 잘 알아듣는 소는, 으, 이 그때는 이제 고삐를, 만약에 늘 왼쪽으로만 도는 소는 오른쪽으로 돌게 하려면 오른쪽으로 고삐를 잡아 당겨야지, 조금 더. 그러면 고개가 이렇게 돌아가니까 '아, 이리로 돌라는 것이다.' 이렇게 하고 돌지.

주로 왼쪽으로 돈다는 거죠?

▀ 그렇지. 그저 왼쪽으로 도는 것, 그러니까, '어뎌어데어데어데' 이렇게 가르쳐. 오른손을 가지고 이렇게 배를 툭툭툭툭 때리니까 늘 이렇게 돌아서라는 줄만 알지. 그러니까 길들일 탓이야, 송아지. 그래, 두 마리, 여기 지금 이, 갑천 여 저저, 뭐야, 여기 여, 저 그러니까 저 인제, 원통 그런 데는 두 마리를 가지고 갈거든. 두 마리, 결국 겨릿소라는 것이야. 응, 이렇게 그런데, 이 꼭대기에다가 나무때기를 이렇게 길다랗게 해서, 거기에다 이렇게 끈을 붙들어매니까 꼼짝 못하는 거지. 같이 한 놈이 나이 지긋한 소가, 일 잘하는 소가 하는 대로 따라가는 거야. 그, 그 옆에 있는 소는. 그래 이 뭐, 마라소니, 뭐, 뭐니, 인제 그 그 또 명칭이 또 다르더라고. 그런데 그 뭐야, 이렇게 고삐만 달면 똑같지 두 마리가 똑같지. 그런데 그것 '제 고랑으로 들어서.' 이러면 요렇게 고랑, 땅을 하면(고랑을 켜면) 딱 그리로. 소를 고를 적에 소가 발이 네 개잖아. 네 개라도 걸어가는 것은

루 사, 사야돼.

　그럼 어르신, 그게 인제 조은 소룰 고를때 조운 소를 골라야 되자나요?

　▪ 그럼 조운 소르 골:루는데

　그럴 때 인제 이러케 거러가능게 ?

　▪ 그럼, 일:짜루, 왜그러냐믄 이게, 이 발, 이 뒤:빨짜구가 여기오먼 꼭 제자욱치길[281] 해능거래야돼.

　▪ 제 먼저, 그 자리 난데루 고대루 딱.

　아, 그래. 고 먼저 난 자리 제자욱 딱 하고, 또 아푸로, 그래. 아빨 가며는 뒤 빠른 고 아빨 한 데다가

　▪ 자웅난데루 또 차저가야지, 그르니 그게 조:운 소래. 그리구 발통이 이러케 쿵거, 전체저그루 봐쓸 때, 바리 탄탄해구 이러케 쿵거, 이 저기 그게 안된 소는 마리야, 이러케 멸거케 된 소넌 이:럴 모:태. 왜냐하면 이 게 거러가다가보면 이 발투비[282] 자뻐지거든. 하::두 이거 이, 이런데 바천 흘기지만 산꼬레 웬만핸 바천 말짱 돌:바치자너, 그래니까, 그럼. 하이구 돌:틈바구두 그 '어디어디어디어디여'해며넌 그 돌:틈바구니 요리조리 고: 랑 케논넝거 보면 참 소가 영리해. 아::주 그래구 여기, 나두 마~이 가러 봐찌만, 여기 이 널비럴 삼십쎈치루 핸대며는 삼십쎈 딱 비스삐스태지.

　그럼 어르신 그 아까 똑빠로 거러야되고, 발통도 커야 되고, 또 이씀니까?

　▪ 그래구난 뒤에는 등이 똑 고등거, 그럼, 등이 똑: 고더여 돼. 등이 똑: 고꾸, 고다:메는 어떻게 인냐믄, 뿌런 그, 이러이렁게 천지가기래능게 조: 쿠, 소가 너무 이 이, 저게, 암소넌 이 뿔, 뿌리 이러케 쪼꿈 널, 널부면서 주둥이가 요러게 인데, 모가지가 가느러야지 돼. 응, 암소. 그래구 이 이 러케 땅에 딱: 서쓸때, 바럴 이러케 디:꾸 인넝거 보며는 항상 요 아까슴 둘레가 널붕거, 여기가. 그래구 꼬리가 너무 길:지 아능거. 꼬리 터리 땅 에 칠칠 끌리는 느믄 길:러[283], 느리다구 행동이. 아이구, 소 소 골루기가, 그래서 이 등이, 이 꽁뎅이[284]서버터 요러::케 봐쓸때 아주, 요게 수지기

일 자로 가는 것으로 사, 사야 돼.

　그럼 어르신, 그게 인제 좋은 소를 고를 때 좋은 소를 골라야 되잖아요?

　▪ 그럼, 좋은 소를 고르는데

　그럴 때 인제 이렇게 걸어가는 것이?

　▪ 그럼 일 자로, 왜 그러냐 하면 이게, 이 발, 이 뒷발자국이 여기 오면 꼭 제 자국 치기를 하는 거라야 돼.

　▪ 제 먼저, 그 자리 난 데로 그대로 딱.

　아, 그래. 고 먼저 난 자리 제 자국 딱 하고, 또 앞으로, 그래. 앞발 가면 뒷발은 그 앞발 한 데다가

　▪ 자국 난 데로 또 찾아가야지, 그러니 그게 좋은 소래. 그리고 발통이 이렇게 큰 거, 전체적으로 봤을 때, 발이 탄탄하고, 이렇게 큰 것, 이 저기 그게 안 된 소는 말이야, 이렇게 멀겋게 된 소는 일을 못 해. 왜냐하면 이게 걸어가다 보면 이 발톱이 자빠지거든. 하도 이거 이, 이런데 밭은 흙이지만 산골의 웬만한 밭은 모두 돌 밭이잖아, 그러니까, 그럼. 하이고 돌 틈바구니도 그 '어디어디어디어디여' 하면 그 돌 틈바구니 요리조리 고랑 켜 놓는 것 보면 참 소가 영리해. 아주 그리고 여기, 나도 많이 갈아 봤지만, 여기 이 넓이를 30cm로 한다면 30cm 딱 비슷비슷하지.

　그럼 어르신 그 아까 똑바로 걸어야 되고, 발통도 커야 되고, 또 있습니까?

　▪ 그러고는 뒤에는 등이 똑 곧은 것. 그럼, 등이 똑 곧아야 돼. 등이 똑 곧고, 그 다음에는 어떻게 있냐면, 뿔은 이런 이런 것이 천지각이라는 것이 좋고, 소가 너무 이 이, 저게, 암소는 이 뿔, 뿔이 이렇게 조금 넓, 넓으면서 주둥이가 요렇게 있는데, 모가지가 가늘어야지 돼. 응, 암소. 그리고 이 이렇게 땅에 딱 섰을 때, 발을 이렇게 딛고 있는 것 보면 항상 요 앞가슴 둘레가 넓은 거, 여기가. 그리고 꼬리가 너무 길지 않은 것. 꼬리 털이 땅에 질질 끌리는 놈은 게을러, 느리다고 행동이. 아이고, 소 소 고르기가, 그래서 이 등이, 이 꼬리서부터 요렇게 봤을 때 아주, 요게 수직이

돼야돼, 수직. 이게 이게 저기 축싸예 따러서두 그러치마넌 어려서 지르
잘몯뜨르면 배가 이러케 커지믄 이게 착: 꼬부러진다구 이래, 등.

　▪ 그래기 때미네 소 츠:메 사양괄리럴 잘해애돼, 츠:메. 잘모태면 사람
들 왜, 으자예 잘몯해믄 뻬:가 도러가드시, 그 소두 그래.

　그다메 아페 얼굴, 소 이거는 안 보, 아페꺼?

　▪ 그럼, 그래구 터라구[285]가 까머면 까머턴지, 노라면 노라턴지 한 새기
래애지, 저게 예럴 드러서 에, 하:누루 봐:쓸때, 너무 잴겅거[286], 터리 뺄거
수룸핸는 그렁거넌, 그거 다 튀:기여. 원 원순종언 누러치. 근데 그런 소
넌 이, 우, 우시장에 마리야, 또 난:지 십팔개월 마니믄 임:시니 되넌 소래
애돼. 그게 안 되믄, 말해자믄 정상저구루 그 발쩡이 오지 안넌 소, 그렁
거뜰뚜 그거뚜 나뿐소지. 그렌데, 그래서 우시장에 가서 소가 한 이삼백
빠리 나두, 그 전체 중에서 마메 드능거, 딱 고렁게 아주, 또 키두 얼마정
도 컹:거, 응, 몸무게두 울마 나가넝거, 요렁거, 그 개월쑤에 으해서 그거
럴 전체 게:사널 해:서 살래며넌, 한두마리 이쓰나마나해. 업:써요.

　쉽찌 앙켄는데요?

　▪ 그럼, 그럼. 또 그래야, 그래야 무게가 마~이 나가. 야중에 기, 길:르
먼. 아이, 저, 저기, 평창서넌 한사람 머 머, 청키롱가 울:마가 나가따구러
드라구. 큰:소 그러케 길러때.

　청키로면 일토니네요?

　▪ 그럼, 일톤, 그러케 길러때. 그렁건 여느 소 대면 멜 고기루 게:사늘
해봐, 엄청나지. 한 일키로예 팔처붜씽만 따저두 그게 그래. 그래서 소가
잘생겨야 살두 잘찌구, 새끼두 잘나쿠.

　어르신 그, 소 중에서 으~, 아까 소 이따고 핸는데, 머, 소 중에서 소 새까레
따라서 소예 이르미 다르자나요? 그이까 누렁거또이꼬, 고런소를 무슨소라고
함니까?

　▪ 아이, 누런, 누렁거? 그냥, 머, 누런소라그래지머.

돼야 돼, 수직. 이게 이게 저기 축사에 따라서도 그렇지만 어려서 길을 잘못 들이면 배가 이렇게 커지면 이게 착 꼬부라진다고 이래, 등.

▮ 그러기 때문에 소 처음에 사양관리(飼養管理)를 잘해야 돼, 처음에. 잘못하면 사람들 왜, 의자에 잘못하면 뼈가 돌아가듯이, 그 소도 그래.

그 다음에 앞에 얼굴, 소 이것은 안 보, 앞에 것?

▮ 그럼, 그러고 털이 까마면 까맣던지, 노라면 노랗던지 한 색이라야지, 저기 예를 들어서 에, 한우로 봤을 때, 너무 빨간 것, 털이 빨가스름한 그 런 것은, 그것 다 튀기여. 원순종은 누렇지. 그런데 그런 소는 이, 우, 우시장에 말이야, 또 낳은 지 십팔개월 만이면 임신이 되는 소라야 돼. 그게 안 되면, 말하자면 정상적으로 그 발정이 오지 않는 소, 그런 것들도 그것도 나쁜 소지. 그런데, 그래서 우시장에 가서 소가 한 이삼백 마리 나도, 그 전체 중에서 마음에 드는 것, 딱 그런 것이 아주, 또 키도 얼마 정도 큰 것, 몸무게도 얼마 나가는 것, 요런 것, 그 개월 수에 의해서 그 것을 전체 계산을 해서 사려면, 한두 마리 있으나마나 해. 없어요.

쉽지 않겠는데요?

▮ 그럼, 그럼. 또 그래야, 그래야 무게가 많이 나가. 나중에 기, 기르면. 아이, 저, 저기, 평창서는 한 사람 뭐 뭐, 천 킬로인가 얼마가 나갔다고 그러더라고. 큰 소 그렇게 길렀대.

천 킬로면 일 톤이네요?

▮ 그럼, 일 톤, 그렇게 길렀대. 그런 것은 여느 소를 비교하면 몇 고기로 계산을 해 봐. 엄청나지, 한 일 킬로에 팔천원씩만 따져도 그게 그래 그래서 소가 잘 생겨야 살도 잘 찌고, 새끼도 잘 낳고.

어르신 그, 소 중에서 음, 아까 소 있다고 했는데, 뭐, 소 중에서 소 색깔에 따라서 소의 이름이 다르잖아요? 그러니까 누런 것도 있고, 그런 소를 무슨 소라고 합니까?

▮ 아니, 누런, 누런 것? 그냥, 뭐, '누런소'라 그러지 뭐.

그다메 고기가 인제 비까리, 노러키도 하고

▪ 꺼무수룸해기두해구 인제 그, 그건 칙쏘라구 그래.

칙쏘라고요, 그리고 아까 머, 마 마라, 마라 그건 무슨?

▪ 그거, 그건 저, 두마리루 바까능걸 얘기해.

아, 고고를 무슨 소라고 한다고요?

▪ 그, 저기, 머야, 저리, 겨리쏘, 겨리쏘라구래거든.

그다메 소드리, 소 중에서, 아까 얘기해떵거, 소 중에서 뿌리 또 종유가 여러 가지자나요? 그이까 조기 소는, 소는 뿌리 요로케 딱

▪ 그건 전:향가기래. 전향쪼구루 요로케 되어따구. 또 이러케 이러케 생깅건 우구, 우걱뿔, 우걱뿔, 응, 우구러저따구 해:서. 이러 이러케 이러케 됭건 천지가기래능거여. 하눌과 땅알 가르친다구[287] 그래 그래구 이 이, 저기 저, 머야, 이 이 요로케 요로케 똑빠루됭거, 이건 비너뿌리라그래지.

왜 비너뿌리라고?

▪ 이, 비너처럼 이러케, 옌:나레 할머니덜 머리 이러케 이러케

그다메 이게 바꾸로 요로케 됭거도?

▪ 바끌 그거 머 머. 거시기 머야, 대:개 이러케 물쏘처럼 이러케 됭거뚜 이:꾸 머, 여러가지지 머. 근데 그 이, 때에 따라 이름 지찌 머 그거야.

그 소는, 소가 인제 나이를 머그면 한 며쌀까지 먹씀니까?

▪ 수무살.

수무살 멍는데, 보통 나이에 따라 소예 이르미 이쪼, 한살 머근 소는 머라고 함니까, 그거?

▪ 음, 한 살 머긍게 아니라, 저기, 어린 송아지 다:메넌 인제 중쏭아지라구래는데, 중쏭아지 다메:넌 인제 소가 저기, 세:사리 되며넌 이가 빠저. 전먹떤 이가 하나, 그래먼 그게 선보지기래능거야. 선보징거다 이거지 그 이가 빠징걸. 선보지기래능게 고, 고때까지 소가 젤: 성장얼 해능

그 다음에 거기가 인제 빛깔이, 노랗기도 하고

▪ 거무스름하기도 하고 인제 그, 그건 칡소라고 그래.

칡소라고요, 그리고 아까 뭐, 마 마라, 마라 그건 무슨?

▪ 그것, 그건 저, 두 마리로 밭 가는 걸 얘기해.

아, 그것을 무슨 소라고 한다고요?

▪ 그, 저기, 뭐야, 저리, 겨릿소, 겨릿소라 그러거든.

그 다음에 소들이, 소 중에서, 아까 얘기했던 거, 소 중에서 뿔이 또 종류가 여러 가지잖아요? 그러니까 저기 소는, 소는 뿔이 요렇게 딱

▪ 그건 전향각(前向角)이래. 전향(前向)쪽으로 요렇게 되었다고. 또 이렇게 이렇게 생긴 것은 우걱, 우걱뿔, 우걱뿔, 응, 우그러졌다고 해서. 이러 이렇게 이렇게 된 것은 천지각이라는 것이야. 하늘과 땅을 가리킨다고 그래. 그러고, 이 이, 저기 저, 뭐야, 이 이 요렇게 요렇게 똑바로 된 것, 이것은 비녀뿔이라 그러지.

왜 비녀뿔이라고?

▪ 이, 비녀처럼 이렇게, 옛날에 할머니들 머리 이렇게 이렇게

그 다음에 이게 밖으로 요렇게 된 것도?

▪ 밖으로 그것 뭐 뭐. 거시기 뭐야, 대개 이렇게 물소처럼 이렇게 된 것도 있고 뭐, 여러 가지지 뭐. 그런데 그 이, 때에 따라 이름 짓지 뭐 그거야.

그 소는, 소가 인제 나이를 먹으면 한 몇 살까지 먹습니까?

▪ 스무살.

스무살 먹는데, 보통 나이에 따라 소의 이름이 있죠, 한 살 먹은 소는 뭐라고 합니까, 그것?

▪ 음, 한 살 먹은 것이 아니라, 저기, 어린 송아지 다음에는 인제 중송아지라고 그러는데, 종송아지 다음에는 인제 소가 저기, 세 살이 되면 이가 빠져. 젖 먹던 이가 하나, 그러면 그게 선보지기라는 거야. 선보진 것이다 그 이가 빠진 걸. 선보지기라는 것이 그때까지 소가 제일 성장을 하

거여.

　고, 메쌀째라고 하는?

■ 세:살, 인제 그 다:메넌 크넝거뚜 이 키떼기긴[288] 들크더래두 모미 이,
무겁, 이러케 커지덩가 이러치. 체중이, 무게가 마~이 나가지. 치가 더 큰
대등가, 질, 지레기가 지러지넝거넌 업:써, 소가. 근데 수무사럴 머거따구
해:서, 소가 이러케 콩게 아니라구. 그때넌 막, 뻭따구[289] 소게서 우두둑우
두둑 소리가 나구. 근데 소럴 그러케 안메겨.　요주메넌 요주멘 자버멍넌
소두 딱 새끼 두:배만 나믄 그다메는 갑씨 아주 확, 뚝 떠러저.

　어르신 인제 마냐게 소가 첨 나면 송아지고, 고고보다 쪼꿈 더 큰소는 멉니
까?

■ 중쏭아지.

　그다음 중쏭아지보다 쪼꿈 더 크면요?

■ 그, 그다으메는, 그다:메넌 그 저기 머야? 보지기라구래지 머. 이, 이
빠진.

　그담, 보지기 다으메는 무슨 소라고 함니까? 보통?

■ 고다:메 고다메 그게, 에, 아주, 소가 늘, 에, 농사일해넝걸루 보덩가,
크넝걸루 보덩가, 하야튼[290] 네:살 다서쌀이면 아주 그렌데, 그다멘 다 늑
따리라구래. 늘근소럴, 다 늘근 소라구.

　그리고 옌나레는 그, 사라믈 이러케 사서 이러케 머 항, 하기도 하고 이러케
해짜나요? 사람 이러케 사서 이러케 이를 시키기드 하고 그래짜나요? 그리고
머, 새경 주기도 하고 그렁걸 무슨, 머 산다고 그럼니까?

■ 그건 머섬 산:다구래. 그, 이, 예럴 드러서 머 쌀 열:까마럴 준대덩가,
머 이, 일구까마~일 준대덩가 이런시구루그 요 중여네 그러케 나와찌. 아
주 옌나레는 쌀, 다서까마~이만 주머넌 아주 최고지.　잘해.

　멘년 그게 기, 기가니 이씀니까, 머섬사리하는 기가니?

■ 머섬사리래능게 와서, 그해, 그지비 농사 다 제줘야지[291].　시:월 그뭄

는 것이야.

　그, 몇 살째라고 하는?

　▪ 세 살, 인제 그 다음에는 크는 것도 키는 덜 크더라도 몸이 무겁, 이러케 커지든가 이렇지. 체중이, 무게가 많이 나가지. 키가 더 큰다든가, 길, 길이가 길어지는 것은 없어, 소가. 그런데 스무살을 먹었다고 해서, 소가 이렇게 큰 것이 아니라고. 그때는 막, 뼈다귀 속에서 우두둑우두둑 소리가 나고. 그런데 소를 그렇게 안 먹여. 요즘에는 요즘엔 잡아먹는 소도 딱 새끼 두 배만 낳으면 그 다음에는 값이 아주 확, 뚝 떨어져.

　어르신 인제 만약에 소가 처음 나면 송아지고, 그것보다 조금 더 큰 소는 뭡니까?

　▪ 중송아지.

　그 다음 중송아지보다 조금 더 크면요?

　▪ 그, 그 다음에는, 그 다음에는 그 저기 뭐야? '보지기'라고 그러지 뭐. 이, 이빠진

　그 다음, '보지기' 다음에는 무슨 소라고 합니까? 보통?

　▪ 그 다음에 그다음에 그게, 에, 아주, 소가 늘, 에, 농사일 하는 것으로 보든가, 크는 것으로 보든가, 하여튼 네 살 다섯 살이면 아주 그런데, 그 다음엔 다 늙다리라고 그래. 늙은 소를, 다 늙은 소라고.

　그리고 옛날에는 그, 사람을 이렇게 사서 이렇게 뭐 한, 하기도 하고 이렇게 했잖아요? 사람 이렇게 사서 이렇게 일을 시키기도 하고 그랬잖아요? 그리고 뭐, 새경 주기도 하고 그런 것을 무슨, 뭐 산다고 그럽니까?

　▪ 그건 '머슴산다'고 그래. 그, 이, 예를 들어서 뭐 쌀 열 가마를 준다든가, 뭐 이, 일곱 가마니를 준다든가 이런 식으로 그 요 중년에 그렇게 나왔지. 아주 옛날에는 쌀, 다섯 가마니만 주면 아주 최고지. 잘 해.

　몇 년 그게 기, 기간이 있습니까, 머슴살이하는 기간이?

　▪ 머슴살이라는 것이 와서, 그 해, 그 집의 농사 다 지어 줘야지. 시월

날까지.

　언제부터 언제까지요?

　▣ 응, 정월따레 드러오머넌 정월시보이레 드러오먼 마리야. 시:월 마릴
랄 가서 나가자너.

　아, 나갈 때는 이제 멀 줌니까?

　▣ 대:까럴 주지, 그 쌀 다서까마~이먼 다서까마.

　보통 며까마, 어느 정도 줌니까?

　▣ 보통 인제, 여기, 여기서넌 그저 일구여덜[292]까마. 근데 그건 아주 이:
를 진짜 푸로루 잘해넌 사라미여. 그럼, 소두 잘 몰:쭐 알:구.

　보통은 한 ?

　▣ 다서까마.

　그럼, 그런 사람드리 와서 주로 어떤니를 하조?

　▣ 아, 일: 머, 자기가 아러서 하자내[293]. 머, 주잉과 또까치 해지 머. 주인
따러댕기머 해는데, 뭐.

　밤 머, 다 또, 다 머겨주고, 재워주고

　▣ 그럼, 재워주구, 오태주구, 신발 사주구 머, 다:해지, 머. 그래 머, 예
를 드러서 담배 피우넌 사람, 담:배 해 주구, 술 사주구, 이, 그래서 옌:나
레두 머서멀 지비 둬:쓸 때 바깥 양바넌 하:: 일:빨리 안핸다구 야:다닐 치
구구래자너. 그래며넌 아네 인는 할머~이가[294] 살::살 거 일꾸널 달개기 위
해서 이거 하:, 아저씨두 안디리는데, 마껄리가 가용주 마리여, 마신넌 수
리니까, 머그라구. 그래, 가주 와 이리. 머그라구. 으~, 그래구 그러케 응:
그니 도와줘때자너. 그래해애지, 그 일꾸니 그지비서 살:면서 쥐이니 잘
해줘야지 되지. 그래기만 해먼 싱경지럴 망내:구 이래머넌 싱경지를 내:
며는 그 지비가 나:뿐 지비라구 소:무니 난단마리여. 금 내녀네 일:꾸널
두질 모:태. 언제던지 그 조:언 아랑얼 써서, 내녀네두 일:꾸널 두구 해멍
넌 사라먼 농사 마~이 진넌 사라먼 둬:야 되니까. 마:멀 잘 써애지. 오설

그믐날까지.

　언제부터 언제까지요?

　▮ 응, 정월 달에 들어오면 정월 십오 일에 들어오면 말이야. 시월 말일 날 가서 나가잖아.

　아, 나갈 때는 이제 뭘 줍니까?

　▮ 대가를 주지, 그 쌀 다섯 가마니면 다섯 가마.

　보통 몇 가마, 어느 정도 줍니까?

　▮ 보통 인제, 여기, 여기서는 그저 일곱여덜 가마. 그런데 그건 아주 일을 진짜 프로로 잘 하는 사람이야. 그럼, 소도 잘 몰 줄 알고.

　보통은 한 ?

　▮ 다섯 가마.

　그럼, 그런 사람들이 와서 주로 어떤 일을 하죠?

　▮ 아, 일 뭐, 자기가 알아서 하잖아. 뭐, 주인과 똑같이 하지 뭐. 주인 따라다니며 하는데 뭐.

　밥 뭐, 다 또, 다 먹여주고, 재워주고

　▮ 그럼, 재워주고, 옷해 주고, 신발 사주고 뭐, 다 하지, 뭐. 그래 뭐, 예를 들어서 담배 피우는 사람, 담배 해 주고, 술 사주고, 이, 그래서 옛날에도 머슴을 집에 두었을 때, 바깥 양반은 하, 일 빨리 안 한다고 야단을 치고 그러잖아. 그러면 안에 있는 할머니가 살살 그 일꾼을 달래기 위해서 이거 하, 아저씨도 안 드리는데, 막걸리가 가용주 말이야, 맛있는 술이니까, 먹으라고. 그래, 가지고 와, 이리. 먹으라고. 응, 그러고 그렇게 은근히 도와줬다잖아. 그렇게 해야지, 그 일꾼이 그 집에서 살면서 주인이 잘 해 줘야지 되지. 그러기만 하면 신경질을 막 내고 이러면 신경질을 내면 그 집이 나쁜 집이라고 소문이 난단 말이야. 그럼 내년에 일꾼을 두지를 못 해. 언제든지 그 좋은 아량을 써서, 내년에도 일꾼을 두고 해 먹는 사람은 농사 많이 짓는 사람은 뒈야 되니까. 마음을 잘 써야지. 옷을

해줘두 좀 깨끄태게 해준대덩가. 머, 참, 그래서 거 옌:나레두 그 지예가 사라미 다: 또까틍게 아니드라구.

그리구 옌나레는 어르신들끼리 이러케 도라가면서 이를 해주기도 하자나요? 고렁걸 머라고 함니까?

▪ 음, 품마시해능거지, 품마시.

고릉거는 어떠케, 어떤시그로 이러케 함니까? 결성?

▪ 예, 예:럴 드러서 예럴 드러서 여기 말해자믄 이:서방네가 열:찌비 산: 다 이래며넌 젤: 말해자며넌 맏찝, 으~, 그지비를[295] 먼저 가서 해주고, 으~, 그래구서 인제 모심넝거나 머 이래능걸 ㄴ럴 바짜너. 일해능거럴. 그래면 서로 도러가면서 해는데, 또 때예 따라서 이 집버텀 해:줄경우 그집뚜 가서 먼저 해주구, 그런데 머, 도러가면서 해:주구. 근데 대:개 친척까네넌 큰지비 농토가 더 망:쿠, 동생네넌 즈:그며넌 마:넌 지비가 더 해주지.

일:꾼늘 **할때, 간식까틍거두 주구 그럴 때

▪ 그럼, 다: 주지, 야중에. 글쎄, 그러~이까 내 얘기가 일꾼니라구. 어, 저 사람 머, 이런데 멀: 지금 머, 이, 요주메 머 도시락뚜 읍:씨 그냥 와서 뭐 해다구.[296] 이래가주구 머 이러케 그러케 증해가주구 해능게 아니기 때미네 해:멍넝거 잘해줘애지, 잘해줘. 예럴 드러서 저기, 주이넌 반찬엄넌 바벌 머거두 일:꾼마넌 달리 해주구. 우리넌 우리아버지가 옌:나레 일:꾼데루[297] 살:쩌게 한 사라멀 군녀널 둬:써. 구넌, 구넌 똥아널 한 지비, 우리 지베서 사런는데, 그사라미 야:중에 자손드럴 공부럴 가르처가주구 원주를 세:무소에두 금무해구, 다: 돼써. 그렌데 그지비 그 일, 그지빈 그 사라 먼 일:꾼니라구 생가걸 안해써. 저, 우리지베를 나메 지비다 생가걸 안해 따구. 아주 외로운 사라민데 그러케 해가주구 원체 이:럴 잘해니까넌 색: 씨럴 누가 보내주구 이래가주구, 요 호:전면 대:덩니[298]라구 여기 샤:넌데, 거기 사런는데 지금두 사러. 그런데 아이, 아주 머, 부자여. 인제 아주 옌: 날애기지, 옌:나렌 그러케 어렵께 해써.

해줘도 좀 깨끗하게 해 준다든가. 뭐, 참, 그래서 그 옛날에도 그 지혜가 사람이 다 똑같은 것이 아니더라고.

그리고 옛날에는 어르신들끼리 이렇게 돌아가면서 일을 해 주기도 하잖아요, 그런 것을 뭐라고 합니까?

▪ 음, 품앗이 하는 것이지, 품앗이.

그런 것은 어떻게, 어떤 식으로 이렇게 합니까? 결성?

▪ 예, 예를 들어서 예를 들어서 여기 말하자면 이서방네가 열 집이 산다 이러면 제일 말하자면 맏집, 응, 그 집을 가서 먼저 해 주고, 그러고서 인제 모 심는 거나 뭐 이러는 것을 날을 받잖아. 일 하는 것을. 그러면 서로 돌아가면서 하는데, 또 때에 따라서 이 집부터 해 줄 경우 그 집도 가서 먼저 해 주고, 그런데 뭐, 돌아가면서 해 주고. 그런데 대개 친척간에는 큰집이 농토가 더 많고, 동생네는 적으면 많은 집이 더 해주지.

일꾼을 **할 때, 간식 같은 것도 주고 그럴 때

▪ 그럼, 다 주지, 나중에. 글쎄, 그러니까 내 얘기가 일꾼이라고. 어, 저 사람 뭐, 이런데 뭘 지금 뭐, 이, 요즘에 뭐 도시락도 없이 그냥 와서 뭐 해다오. 이래가지고 뭐 이렇게 그렇게 정해가지고 하는 것이 아니기 때문에 해 먹는 것은 잘 해 줘야지, 잘 해 줘. 예를 들어서 저기, 주인은 반찬 없는 밥을 먹어도 일꾼만은 달리 해 주고. 우리는 우리 아버지가 옛날에 일꾼 데리고 살 적에 한 사람을 구 년을 뒀어. 구 년, 구 년 동안을 한 집에, 우리 집에서 살았는데, 그 사람이 나중에 자손들을 공부를 가르쳐서 원주를 세무소에도 근무하고, 다 됐어. 그런데 그 집이 그 일, 그 집은 그 사람은 일꾼이라고 생각을 안 했어. 저, 우리 집에를 남의 집이다 생각을 안 했다고. 아주 외로운 사람인데 그렇게 해서 원체(워낙) 일을 잘 하니깐 색시를 누가 보내주고 이래서, 요 호전면 대덕리라고 여기 사는데, 거기 살았는데 지금도 살아. 그런데 아이, 아주 뭐, 부자야. 인제 그러니 아주 옛날 얘기지, 옛날엔 그렇게 어렵게 했어.

사람 성실해서

▥ 그럼 성실핸 사람, 그래서 아이, 머, 어디가머넌 머 놀:구, 누가 품, 저기, 풍깝쭈느냐구. 한 지비서 구녀널 사러써. 그러니까 그사라미 그러케 그, 이, 지, 집쭝녀기 강핸 사라미지, 인간썽이.

사람 성실해서

▪ 그럼 성실한 사람, 그래서 아 이, 뭐, 어디 가면 뭐 놀고, 누가 품, 저기, 품값 주느냐고. 한 집에서 구 년을 살았어. 그러니까 그 사람이 그렇게 그, 이, 지, 집중력이 강한 사람이지, 인간성이.

1) '제'는 '짓+어'의 결합으로 만들어진 활용형인데, 이 지역에서는 '지어→져→제'의 음운변동(활음화, '여→에' 모음축약)을 거쳐 형성된 것이다.

2) '판대기'는 '판때기'의 방언형.

3) '모두'의 방언형.

4) '벌써'의 방언형.

5) 일할 때(특히, 논을 맬 때에) 부르는 민요의 일종.

6) '사름'의 방언형으로, 모를 옮겨 심은 지 4~5일쯤 지나서 모가 완전히 뿌리를 내려 파랗게 생기를 띠는 것을 말한다.

7) '모숨모숨'은 '한 줌 안에 들어올 만한 분량 만큼'을 뜻한다.

8) '호미'의 방언형인데, 접미사 '-앙이'가 결합하여 '호망이'가 된 후, '이' 모음역행동화와 비모음화(鼻母音化)에 의하여 '호맹이〉호매~이'가 된 것이다.

9) '츰:'은 '처음〉첨:〉츰:'의 과정을 거쳐 형성된 것인데, '처음'의 제2음절의 '으'가 탈락한 후, 보상적 장모음화에 의하여 '첨:'이 되었고, 다시 이 지역에서 일어나는 음운현상인 모음상승화에 의하여 '츰:'이 실현된 것이다.

10) '나중에'의 방언형.

11) '해쌀미'는 총 네 번의 논갈이 중에서 두 번째로 논을 가는 것을 말한다. '해쌀미'는 '햇-삶-이'로 분석되는데, '햇곡식, 햇과일'에서의 접두사 '햇-'과 동사 '삶-', 그리고 명사 파생 접미사 '-이'의 결합으로 형성된 것으로 보인다.

12) '울퉁불퉁하게'의 방언형.

13) '-버텀'은 '-부터'의 방언형인데, '-부터〉-버터'와 같이 비원순모음화에 의해 형성되었고, 여기에 첨사 'ㅁ'이 덧붙은 것이다.

14) '허쌀미'는 '해쌀미(햇삶이)'의 잘못된 발화로 보인다.

15) 'ㅎ'은 공명음 사이에서 탈락하는 것이 일반적인데, 어간 '좋다'와 관형형 어미 '-은'의 결합에 의하여 형성된 활용형 '조흔'에서는 'ㅎ'이 탈락하지 않았다.

16) '마~핸'은 '마~해-ㄴ'로 분석되는데, '마~해다'는 '망하다'의 방언형이다. '망하

다'는 원래 동사로서 '멸망하다'와 비슷한 뜻을 지니고 있는데, 여기서의 의미는 '좋다'의 대립되는 형용사 '나쁘다'의 뜻이다. 이와 같은 형용사로서의 '망하다'의 의미는 경기도 방언에서도 나타난다.

17) '모두, 전부, 싹' 등에 대응하는 방언형이다.

18) '바래-는'으로 분석되며, '바래다'는 '바라다'의 방언형이다.

19) '써레'의 방언형으로, '써:레〉쓰:레'와 같은 '어〉으'의 모음상승의 변화에 의해서 형성된 것이다. 고어에서는 '서흐레, 써흐레'로 나타난다. 이는 어중 ㅎ이 탈락과, 모음 '으' 탈락에 의한 장모음화 등으로 '써으레〉써:레〉쓰:레'가 된 것이다.

20) '이:쁘다'는 '예:쁘다〉이:쁘다'의 변화를 겪은 것인데, 이중모음 '예'의 경우는 모음상승이 일어났을 때 'yi'로 실현되어야 하나, 이러한 이중모음이 없기 때문에 그에 가까운 모음 '이'로 실현된 것이다.

21) '눈'의 비속어.

22) '다노리'는 풀을 맬 때(일을 할 때) 부르는 민요의 일종.

23) '베어서'의 방언형으로, 어간의 기본형은 '비:다'이다. 어간 '베:다'가 모음상승의 변화를 입어서 '비:다'로 실현되었고, 이 어간과 어미 '-어서'가 결합하여 활음화에 이은 보상적 장모음화에 의하여 '비어서→벼:서'가 된 것이다.

24) '쇠스랑'의 방언형.

25) '보뜰노니'는 '보뜰논-이'로 분석되며, '보뜰논'은 '봇논'의 방언형이다.

26) 강원도 원주시 판부면.

27) 보조사 '-까지'의 방언형

28) '조그만'의 방언형.

29) '다노'는 '논을 맬 때에 부르는 민요의 일종'인데, '다노를 찾는다'는 것은 논을 매기 위해 노래를 부르는 것을 말한다.

30) 활용형 '못해는'은 '못해-'와 어미 '-는'의 결합형인데, '못해-'의 경우는 '못하-'의 방언형이다. 이 지역에서는 어간 'X하-'가 'X해-'로 재구조화되어 실현되었다.

31) '얼칭대칭'은 '하늘 일이 이것도 저것도 아닌 중간치 정도의 대충대충인 상태' 정도의 의미를 갖는다.

32) '뿌려서' 정도의 의미를 갖는데, 어간 '뿌리-'와 어미 '-어'가 결합하여 활음화(뿌리어→뿌려), '여→에' 축약(뿌려→뿌레)에 의하여 형성된 것이다.

33) '옥씨기'는 '옥수수'의 방언형이다. '옥수수'가 간혹 쓰이기도 하는데, '옥수

수'는 원래 '玉'을 포함하는 중국어 '玉蜀黍'의 직역어으로 보인다.

34) '차지하고 있는 공간이 거의 없을 정도로 아주 조금 또는 아주 약간 비어 있다' 정도의 의미를 가지는데, '빼꼼하다'가 쓰이기도 한다.

35) '땜-에'로 분석되며, '땜'은 '때문'의 방언형이다. 이 지역에서는 '때민에'가 쓰이기도 한다.

36) '검은콩'의 일종.

37) 조사자가 '감미콩'이 무엇인지 물어보는 상황.

38) '검정콩'의 방언형.

39) '버리'는 '보리'의 방언형인데, 비원순모음화에 의하여 '보리〉버리'의 변화를 입은 것이다. 비원순모음화는 주로 경기도 방언에서 활발하게 일어나는데, 이 지역은 경기도에 인접해 있기 때문에 비원순모음화의 영향을 받고 있다.

40) '가을에'의 방언형으로, '가읅'과 조사 '-에'로 분석된다. '가읅'의 선대형이 'ᄀᆞ᎔'이었는데, ㅎ 종성체언의 'ㅎ'가 이 지역에서는 'ㄱ'에 대응되어 나타난다. 주로 처격 조사 '-에'와의 결합에서 'ㄱ'가 보이기는 하지만, 주격 조사 '-이', 계사 '이'와의 결합에서 '가읅-이, 가읅-이라'와 같은 형태도 나타난다. '겨울'의 경우에도 ㅎ 종성체언의 흔적을 보여서 '겨욹-이, 겨욹-에' 등의 모습을 보여준다.

41) '-꺼지'는 '-까지'의 방언형으로, '-꺼정'이 나타나기도 한다.

42) 여기서 말하는 보리는 가을에 심는 '가을보리'를 가리킨다.

43) '지내다'는 '지나다'의 방언형으로, 용언 어간갈에 '이'가 덧붙어서 생긴 형태로, '바라다〉바래다' 등의 예를 추가할 수 있다.

44) '고마~이지'는 '고마~-이-지'로 분석되며, '고마~'는 '그만'의 방언형이다. '그만'과 계사 '이'가 결합하여 비모음화되어 '그마~이'가 된 것이다.

45) '숫제, 아예' 정도의 의미를 지니는 이 지역의 방언형이다.

46) '여그서는'에서 '여그'는 '여기'의 방언형이다.

47) '으꾸'는 '없구'의 방언형으로, '없:다〉읎:다'의 모음상승이 일어난 후, 자음군단순화, 경음화, 위치동화에 의하여 '읍구→읍꾸→윽꾸~으꾸'가 형성된 것이다.

48) '유:월따리'는 '유월-달-이'로 분석되며, 처격 조사 '-이'는 '-에'의 방언형이다.

49) '드러걸'은 '드럭-을'로 분석되며, '드럭'은 '두둑'의 방언형이다.

50) '흙덩이'를 부수는 기계의 일종.

51) '맨드러놔야지'에서 '맨드러'는 '맨들-어'로 분석되며, '맨들다'는 '만들다'
   의 방언형이다.
52) '소등'의 방언형으로 ,이 지역에서는 '등'에 접미사 '-어리'가 결합된 '등어
   리'가 쓰이기도 한다.
53) '고물개'는 '고무래'의 방언형으로, 곡식을 그러모으고 펴거나, 밭의 흙을
   고르거나 아궁이의 재를 끌어내는 데에 쓰는 '丁' 자 모양의 기구를 말한다.
54) '우멍한데다'는 '우멍하-ㄴ-데다'로 분석되며, '우멍하다'는 '우묵하다'
   의 방언형이다.
55) '고랑'의 방언형.
56) '밭두둑'의 방언형으로, 밭을 간 다음, 씨를 뿌릴 수 있도록 흙을 좀 두둑하
   게 쌓아 올린 부분을 말한다.
57) '가르케'는 '가르키-어'로 분석되며, '가르키다'는 '가르치다'의 방언형이다.
   이것은 '가르키-어→가르켜→가르케'의 변동으로 형성된 것이다.
58) '고기-다'로 분석되며, '고기'는 '거기'의 방언형이다. '-다'는 '-에다'에서
   처격 조사 '-에'가 생략된 것이다.
59) '지자너'는 '짓잖아'의 잘못된 발화이다.
60) '망'의 방언형.
61) '고그다'는 '거기에다'의 뜻으로, '고그'는 '거기'의 방언형이다.
62) '지:멍는'는 '지어 먹는'의 뜻으로 '지:'는 어간 '짓-'과 어미 '-어'가 결합
   한 활용형이다. 이들의 결합으로 형성된 '지어'에서는 어미의 모음 '어'가 탈
   락하고, 탈락한 음에 대한 보상적 장모음화로 '지:'가 형성된 것이다. 하지만
   이 지역에서는 이와 같은 환경에서 모음 '어'가 탈락한 활용형 '지:'보다는
   '지어'나 활음화를 거친 활용형 '저:'가 가장 많이 실현된다.
63) '가령(假令)'의 방언형.
64) '똑바로'의 방언형.
65) '고삐~이가'는 '고삐~이-가'로 분석되며, '고삐~이'는 '고삐'의 방언형이
   다. '고삐~이'는 '고삐'와 접미사 '-앙이'가 결합한 것으로, '고삐+앙이〉고
   빵이〉고뺑이〉고삐~이'의 변화에 의해 형성된 것이다.
66) '바른손'은 '오른손'의 방언형이다. 이 지역에서는 '오른손'도 함께 쓰인다.
67) '이렇게이렇게'의 방언형으로, 옛말에 '이렁이렁'이 있다.
68) '따개구'는 '따개-구'로 분석되며, '따개다'는 '짜개다'의 방언형이다.
69) '됨'은 '되-ㅁ'으로 분석되는데, 이때의 어미 '-ㅁ'은 '-으면'의 방언형이다.

70) ‘윙게’는 ‘윙기-어’로 분석되는데, ‘윙기다’는 ‘옮기다’의 방언형이다. 이것
은 ‘옮기다〉옴기다〉옹기다〉윙기다’의 변화로 형성된 것이다.

71) ‘융모보리(육모보리)’는 보리 품종의 하나로, 보리쌀이 노란 색깔을 띤다.

72) ‘느리보리’는 ‘느릿보리, 늘보리’의 어형으로도 쓰이는 보리 품종의 하나이
다. 이것은 보리쌀의 낟알이 다른 보리보다 상대적으로 촘촘히 붙어있지 않
고 듬성듬성 붙어있으며, 색깔이 하얀 색을 띤다.

73) ‘매미보리’는 보리 품종의 하나로, 보리쌀이 파릇파릇한 색깔을 띤다.

74) ‘느른느른’은 ‘느릿느릿’의 방언형으로, 여기서는 ‘보리쌀의 낟알들이 촘촘
하지 않고 듬성듬성 붙어있는 상태’를 말한다.

75) ‘하야’는 어간 ‘하얗-’과 어미 ‘-아’가 결합하였으며, ‘하얗고, 하야니, 하
야’와 같은 활용 패러다임을 보여주어 규칙 활용을 보인다. 이는 표준어에서
불규칙활용을 하는 ‘하얗-’과 다른 양상을 보여준다.

76) ‘옥씨기 차돌배기’는 ‘옥수수 중에서 군데군데 박혀 있는 거뭇거뭇한 알’을
뜻한다.

77) ‘코도코도캐구’의 기본형은 ‘코독코독해다(코독코독하다)’이다. 이것은 ‘쌀
의 상태가 마르거나 얼어서 단단하게 굳어 있는 상태’를 뜻한다.

78) ‘몰르는데’는 ‘몰르-는데’로 분석되며, ‘몰르다’는 ‘모르다’의 방언형이다.
자음으로 시작하는 어미나 모음으로 시작하는 어미 모두 어간은 ‘몰르-’와
결합한다. 따라서 이 지역에서는 표준어와 달리 ‘몰르구, 몰르니, 몰라’와 같
은 규칙활용을 보여준다.

79) ‘종류’의 방언형으로, ‘종네’가 함께 쓰이기도 한다. 이것은 ‘유〉외’ 축약에
의한 ‘종뉴〉종뉘’의 변화로 형성된 것이다.

80) ‘그렇게’의 방언형.

81) ‘어떤’의 방언형.

82) ‘재깍’의 방언형으로, 어떤 일을 시원스럽게 빨리 해치우는 모양을 뜻한다.

83) ‘몸뚱아리’는 ‘몸뚱이’의 방언형으로, ‘몸뚱이’에서 접미사 ‘-아리’가 결합
하여 형성된 것이다.

84) ‘극젱이’의 방언형으로, 비모음화(鼻母音化)에 의해서 ‘극쩨~이’로 실현되
었으며, 비모음 ‘ㅇ’이 탈락된 형태인 ‘극쩨이’로도 쓰인다. 극젱이는 쟁기와
비슷하면서 볏이 없고 끝부분이 좀 무디게 생긴 농기구의 일종이다.

85) ‘보습’의 방언형으로 비원순모음화로 ‘버습’이 된 것이다. 이 지역에서는
‘보습’ 이외에도 어간말음이 ‘ㅍ’으로 실현되는 ‘버섶’도 함께 공존하는데, 주

격 조사와의 결합에서는 '버서피'가 실현되는 경우도 있다.

86) '밟다'는 자음으로 시작하는 어미가 오면, 이 지역에서는 어간말음 'ㄼ' 중에서 'ㄹ'이 탈락한다.

87) '땡이'는 명사 '땅'과 주격 조사 '-이'의 결합으로 '땅이'가 된 후, '이' 모음역행동화를 겪어서 실현된 것이다.

88) '아마'의 잘못된 발음으로 보인다.

89) '버리밥'은 '버리밭'의 어간말음 'ㅌ'가 직접 후행하는 'ㅂ'의 영향을 받아서 위치동화되어 나타난 것이다.

90) '도저히'의 방언형.

91) '노다지'는 '언제나' 정도의 의미를 갖는 방언형이다.

92) '들칠게지'는 '들어치는 것이지'의 뜻으로 '들칠'은 '들어치-을'로 분석된다. '들치다'는 '들어치다'의 방언형으로 어간 '들-'과 어간 '치-'이 연결 어미 없이 직접 결합한 합성동사의 예이다.

93) '여럿이'의 방언형으로, '여럿'의 어간말음 'ㅅ'이 이 지역에서는 'ㅈ'에 대응되기도 한다.

94) '여나무니'는 '여남은-이'로 분석되는데, 이때 '이'는 사람을 나타내는 의존명사이다.

95) '지부로'는 명사 '집(짚)'과 조사 '-으로'가 결합하여 원순모음화를 겪어 형성된 것이다. 이 지역에서는 어간말음이 'ㅂ'로 실현되는 '집'과 'ㅍ'로 실현되는 '짚'이 모두 공존한다.

96) '줄줄이'의 방언형.

97) '채지게다'는 '채직-에다'로 분석되며, '채직'은 '채찍'의 방언형이다.

98) '뉘케'는 '뉘키-어'로 분석되며, '눕혀'의 뜻이다. '뉘키다'는 '눕히다'의 방언형으로, '누키다'에서 '이' 모음역행동화에 의해 '뉘키다'가 되었으며, 어미 '-어'와 결합하여 '뉘켜→뉘케'와 같은 '여→에' 모음축약을 거쳐 '누케'가 형성되었다.

99) '까끄라기'의 방언형으로, 이 지역에서는 '까:래기, 까:래이'가 쓰이기도 한다.

100) '까불리지'는 '까불지'의 방언형으로 '까불리-지'로 분석된다. 일반적으로 이 지역에서는 '까불고, 까불어'와 같은 활용 패러다임을 보이는 '까불다'과 '까불르지, 까불러'와 같은 활용 패러다임을 보이는 '까불르다'가 함께 사용되는데, 어간 '까부리다'는 많이 쓰이지 않는다.

101) '가시랭이'의 방언형.

102) '부수다'에 해당하는 이 지역 방언형은 '부시다'이다. 따라서 '부시고, 부셔'
와 같은 활용 양상을 보인다.

103) '까불러'는 '까불르-어'로 분석된다.

104) '말레야'는 '말리-어야'로 분석되며, 어간 '말리-'와 어미 '-어야'가 결합
하여 '말려야→말레야'의 변동으로 형성된 것이다.

105) '두저거레애지'는 '뒤적거려야지'의 뜻으로 '뒤저거리다'는 '뒤적거리다'의
방언형이다.

106) '뚤러가주구'는 '뚫어서'의 뜻으로, '뚤르다'는 '뚫다'의 방언형이다. 자음으
로 시작하는 어미와 결합할 때에는 '뚤루구, 뚤루는'과 같은 활용형을 보인
다. 이 지역에서는 자음으로 시작하는 어미와 결합할 때 '뚤루다'뿐만 아니
라 '뚜루다'가 함께 쓰이기도 한다.

107) '거까주'는 '거-까주'로 분석되는데, '거'는 '거기'의 방언형이며, 보조사 '-까주'
는 '-까지'의 방언형이다. '-까지'는 이 지역에서 '꺼정, 꺼지' 등으로 실현되기
도 한다.

108) '해마두'는 '해마다'의 뜻으로, 보조사 '-마두'는 '-마다'의 방언형이며, '-마등,
-마당'이 쓰이기도 한다.

109) '이랑'의 방언형.

110) '쉬'는 '쉬이'의 뜻이다.

111) '삐얄가지지'는 '삐얄가-아-지-지'로 분석된다. 어간 '삐얄갛다'는 '빨갛-'의 방
언형으로, 자음으로 시작하는 어미와의 결합형은 '삐얄갛-다, 삐얄갛-구'로
실현되고, 모음으로 시작하는 어미와의 결합형은 '삐얄가'로 실현된다.

112) '얼마나'의 방언형.

113) '디다봐요'는 '들여다 봐요'의 뜻이다.

114) '비얄가투루'는 '비얄갛-두루'로 분석되며, '빨갛도록'의 뜻이다. '비얄갛
다'는 '발갛다'의 방언형이며, 보조사 '-두루'는 '-도록'의 방언형이다.

115) '느쿠'는 '늏-고'로 분석되는데, '늏다'는 '넣다'의 방언형이다.

116) '널께'는 '넓게'의 방언형으로, 어간 '넓-'과 어미 '-게'가 결합하여 경음
화, 자음군단순화를 거쳐 '넓게→넓께→널께'가 형성된 것이다.

117) '걷뚜'는 '그것두'의 방언형으로 '것'은 '그것'의 줄임말이다.

118) '솜방'은 '어떤 일을 하는데, 아주 형편이 없거나, 잘 하지 못하여 서투른
상태'를 뜻한다.

119) '배쌔망쿰'는 '배쌔-망쿰'으로 분석되며, '배쌔'는 '뱁새'의 방언형이며, 보조사

'-망쿰'은 '-만큼'의 방언형이다. 이 지역에서는 '-망쿰' 이외에도 '-만침, -만치'가 쓰이기도 한다.

120) '서랄버텀'은 '설-알-버텀'으로 분석되며, '알'은 '아래'의 방언형이고, '-버텀'은 '-부터'의 방언형이다.

121) '포기포기에'의 뜻을 가지는데, '포기+에'의 결합에서 활음화가 일어나 '포게'가 형성된 것으로 보인다.

122) '비로'는 '비료'의 방언형으로 이중모음 '요'가 단모음 '오'로 변화하였다.

123) '복상'은 '복숭아'의 방언형으로, '복생이'는 '복상'과 주격 조사 '-이'가 결합한 후, '이' 모음역행동화에 의해서 형성된 것이다.

124) '대가리'는 '머리'를 낮춰서 이르는 방언형이다.

125) '나물취'는 '참나물'의 일종을 뜻하는 방언형이다.

126) '곤드레'는 '고려엉경퀴'의 방언형.

127) '귀경'은 '구경'의 방언형으로 '이' 모음역행동화를 겪어 형성된 것이다.

128) '괴비'는 '고비'의 방언형으로, 고사리처럼 생겼으며 어린잎과 줄기는 나물을 해 먹기도 하고 뿌리는 약으로 쓰는 나물의 일종이다.

129) '방애:다'는 '방애-에다'로 분석되며, '방애'는 '방아'의 방언형이다.

130) '쩨'는 '찧-어'로 분석되는데, '찧어→찌어→쩌→쩨'의 변동을 거쳐 형성된 것이다.

131) '연자방아'의 방언형.

132) '다니며'의 방언형으로, 어간 '댕기-'와 어미 '-미(〈-며)'의 결합으로 형성된 것이다.

133) '쓸어 넣고'의 방언형으로, 전설모음화에 의한 '쓸다〉씰다' 변화로 형성된 것이다.

134) '겨'의 방언형.

135) '시른'은 '싫-은'으로 분석되며, '싫다'는 '쓿다'의 방언형으로, '슳다(쓿다)〉싫다'의 전설모음화를 겪은 것이다. '쓿다'는 '쌀, 조, 수수 따위의 곡식을 찧어 속꺼풀을 벗겨 깨끗하게 한다'는 뜻이다.

136) '시르면'은 '싫-으면'으로 분석되며, '싫다'는 '쓿다'의 방언형이다.

137) '등게넌'은 '등겨-넌'으로 분석되는데, '등게'는 '등게'의 방언형이며, 보조사 '-넌'은 '-는'의 방언형이다.

138) '애덜두'는 '애-덜-두'로 분석되는데, 여기서 '-덜'은 복수 접미사로서 '-들'의 방언형이다.

139) '할래이'는 '하-을래-이'로 분석되는데, 어미 '-을래'는 '-으려'의 방언형이며, 어미 '-이'는 '-니'의 방언형('ㄴ' 비모음화 탈락)이다.

140) 일할 때 부르는 노동요의 일종.

141) '도롱이'의 방언형.

142) '새까시나'는 '새깟-이나'로 분석되며, '새깟'은 '삿갓'의 방언형이다.

143) '괜차내유'는 '괜찮아요'의 뜻으로, 제보자 #2는 '-어요'에 대해 '-어유'를 많이 실현시킨다.

144) '떡둥구미'의 방언형으로, '뒹구마리'가 쓰이기도 한다.

145) '맹그러써'는 '만들었어'의 뜻으로 '맹글-었-어'로 분석된다. '맹글다'는 '만들다'의 방언형이다.

146) '똬리'의 방언형.

147) '주렁주렁'의 방언형.

148) '미테서버터먼'은 '밑에서부터는'의 뜻으로, '밑-에서-버텀-은'으로 분석된다. 이때 보조사 '-버텀'은 '-부터'의 방언형이다.

149) '쪼꾸마케'는 '조그맣게'의 뜻으로, '쪼꾸맣-게'로 분석된다. '쪼꾸맣다'는 '조그맣다'의 방언형이다.

150) '목'의 방언형으로, '목'을 속되게 이르는 말이다.

151) '꾸지'는 '꾸-지'로 분석되며, '꾸다'는 '꼬다'의 방언형이다.

152) '가마니'의 방언형.

153) '모두, 전부' 정도의 의미를 가지는데, '말짱'이 쓰이기도 한다.

154) '짚신'의 방언형.

155) '어디서'의 방언형.

156) '조리'의 잘못된 발화이다. 이 지역에서는 '조리'의 방언형으로는 '조랭이, 조래~이, 조리'가 흔히 쓰인다.

157) '시뱅이나'는 '지금이나'를 뜻하는 말인데, '시방'과 조사 '-이나'가 결합하여 '이' 모음역행동화를 겪어 형성된 것이다.

158) '둘머'는 '들머'로도 쓰이는데, 표준어의 '둘러치다'에서 '둘러'와 비슷한 의미를 지닌다. 이것은 주로 합성어 '들머치다, 들머때리다'의 예에서 실현된다.

159) '지비다'는 '집-이-다'로 분석되며, '집에다'의 뜻이다. 처격 조사 '-이'는 '-에'의 방언형이다.

160) '새보게'는 '새복-에'로 분석되며, '새복'은 '새벽'의 방언형이다.

161) '첫닭'의 방언형으로, 이 지역에서는 단독형인 경우에 일반적으로 자음군

‘ㄺ’ 중 ‘ㄹ’이 탈락하는데, 이 경우에는 ‘ㄱ’이 탈락하였다.

162) ‘우를때서버텀’은 ‘울 때서부터’의 뜻으로, ‘우르-을-때-서-버텀’으로 분석된다. ‘우르다’는 ‘울다’의 방언형으로, 유추에 의해 어간이 확대된 경우이다.

163) ‘얼간해’는 ‘얼간해-야’로 분석되며, ‘얼간해다’는 ‘얼큰하다’의 방언형이다.

164) ‘따꾸운주두’는 ‘따구우-은-주-두’로 분석되며, ‘따가운 줄도’의 뜻이다. ‘따구우-’는 모음으로 시작하는 어미와 결합하는 어간인데, 자음으로 시작하는 어미와 결합하면 어간은 ‘따갑-’이 된다. 이 지역에서는 ‘따갑다’의 방언형으로 ‘따굽다’가 실현되는 것이다. 그리고 의존명사 ‘주’는 ‘줄’의 방언형이다.

165) 강원도 정선군 정선읍.

166) ‘이씨꺼야’는 ‘있을 것이야’의 줄인 말.

167) 강원도 정선군에 북면 여량리에 위치해 있으며, 강원도 무형문화재 제1호인 정선아리랑의 대표적인 발상지 중의 한곳이다.

168) ‘우빵’은 ‘윗방’의 방언형.

169) ‘뒤지’는 ‘뒤주’의 방언형.

170) ‘짤릉거’는 ‘짤르-은-거’로 분석되며, ‘짤르다’는 ‘자르다’의 방언형이다.

171) ‘거기’의 방언형으로 ‘거:’가 실현되기도 한다.

172) ‘들여다’의 방언형으로 ‘디다’가 쓰이기도 한다.

173) ‘물방애서’는 ‘물방애-서’로 분석되며, ‘물방애’는 ‘물레방아’의 방언형이며, ‘-서’는 ‘-에서’의 줄임말이다.

174) ‘궁삭씨러웅게’는 ‘궁색스러운 것이’의 뜻을 지니는데, ‘궁삭씨러우-은-것-이’로 분석되며, ‘궁삭씨러우-’는 모음으로 시작하는 어미와 결합하는 어간이며, 자음으로 시작하는 어미와 결합하는 어간은 ‘궁삭씨럽-’이다. ‘궁삭씨럽다’는 ‘궁색스럽다’의 방언형이다.

175) ‘물동우’는 ‘물동이’의 방언형.

176) ‘요만추물’은 ‘요만큼을’의 뜻으로 ‘요만춤’은 ‘요만큼’의 방언형이다. 이 지역에서는 ‘-만큼’이 ‘-만춤, -만치, -만침, -망쿰’ 등으로 쓰이기도 한다.

177) 이때의 ‘낭구’는 땔나무에 사용되는 나무를 뜻하는 것으로, 일반적인 의미의 ‘나무’를 뜻하는 것보다는 의미 영역이 축소되어 사용된다.

178) ‘장저기나’는 ‘장적-이나’로 분석되며, ‘장적’은 ‘장작’의 방언형이다.

179) ‘낭글’은 ‘낡-을’로 분석되며, ‘나무를’을 뜻한다. ‘나무~낡’은 중세국어의 비자동적 교체는 보이는 ‘나모~낡’과 동일한 양상을 보여준다.

180) '삭따리'는 '삭정이'의 방언형이다.

181) '나무~낡'의 비자동적 교체를 보이는 이러한 예들은 이형태의 단일화를 지향
    하면서 '나무' 또는 '낭구/낭그'로 단일화되어 자동적인 교체를 보이기도 한다.

182) '짜개다'의 방언형.

183) '낟끄트매기'는 '낫-끄트매기'로 분석되며, '끄트매기'는 '끄트마리'의 방언
    형이다.

184) '지:다라케'는 '지-다랗-게'로 분석되며, '지다랗다'는 '기다랗다'의 방언
    형이다.

185) '낭궁가봐'는 '나무인가 봐'를 뜻하는 말로 '낭구(나무)+웅가(은가)+보+
    아'로 분석된다.

186) '쌔:써'는 '쌔-었-어'로 분석된다. '쌨어'는 '흔하고 흔하다', 또는 '많고 많
    다' 정도의 의미를 가지는 '쌔고 쌔다'에서의 어간 '쌔-'와 어미 '-었어'가
    결합하여 형성된 것이다.

187) '아카시아나무'의 방언형.

188) '낭기'는 '낡-이'로 분석되며, '나무가'를 뜻한다. '낡'은 중세국어에서 모음
    으로 시작하는 조사와 결합하는 어간 '낡'의 후예이다.

189) '구이하다'는 '귀하다'는 뜻으로, '귀하다'의 어두 음절 '귀'가 선행 시기에
    하향이중모음 [uy]이었음을 보여주는 증거라 할 수 있다.

190) '비여다'는 '비-어다'로 분석되며, '비다'는 베다'의 방언형이다. 이것은 장
    모음 환경이므로 모음상승에 의하여 '베:다〉비:다'의 변화를 겪은 것이다.
    이 어간 '비-'와 어미 '-어다'가 결합하여 활음 y 첨가에 의하여 '비여다'가
    실현된 것이다.

191) '그루터기'가 오래되어서 많이 삭아 있는 상태의 것을 뜻하며, '고자배기'
    라고 하기도 한다.

192) '그루터기'가 오래되어서 많이 삭아 있는 상태의 것을 뜻하며, '고자바리'
    라고 하기도 한다.

193) '사가서리'는 '삭-아서'로 분석되며, 어미 '-아서'에 대응하는 이 지역 방
    언형으로 '-아서리'가 실현되기도 한다.

194) '관솔'의 방언형.

195) '저짝뚜'는 '저쪽도'의 방언형.

196) '손전등'을 뜻하는 외래어.

197) '귀해서'의 방언형으로, 어두 음절의 모음 '귀'가 선행 시기에 하향이중모

음이었음을 보여주는 증거이다.

198) '남포'에다 유리로 씌운 조명 기구의 일종.

199) '고콜'의 방언형으로, 예전에, 관솔불을 올려놓기 위하여 벽에 뚫어 놓은 구멍을 뜻한다.

200) '전:기〉정:기〉증:기'의 변화를 겪은 것으로, 이는 위치동화와 모음상승화가 일어나서 형성된 것이다.

201) '죽일 욕을'을 뜻하는데, '죽이다'에서 '이' 모음역행동화에 의하여 '쥑이다'가 된 것이다.

202) '즈아버이'는 '자기 아버지'를 뜻하는 말로, 여기서는 제보자 할머니의 남편을 말한다.

203) '쥔:'은 '주인'의 방언형이다.

204) '비탈밭'의 잘못된 발화로 보인다.

205) '오양깐'은 '외양간'의 방언형이다.

206) '길르는'는 '길르-는'으로 분석되며, '길르다'는 '기르다'의 방언형이다. 표준어에서는 '기르고, 길러'와 같은 불규칙활용을 하지만, 이 지역에서는 '길르다, 길러'와 같은 활용 양상을 보여 규칙활용을 보여준다.

207) 강원도 일부 산골의 너와집에서는 부엌과 외양간이 따로 떨어져 있지 않고 같이 붙어있다.

208) 강원도 삼척시.

209) '귀융'은 '구유'의 방언형이며, '귀영'이 쓰이기도 한다.

210) '맨들다(만들다)'가 자음으로 시작하는 어미 '-기도'와 결합하여 어간의 '르'가 탈락하여 '맨드기도'가 실현되었다. 하지만, 이 지역에서는 이와 같은 르 탈락이 잘 나타나지 않는다. 강원도 영동방언에서는 이런 환경에서 르 탈락이 곧잘 일어나기도 한다.

211) '세멘'은 '시멘트'의 방언형이다.

212) 이 제보자는 강원도 횡성에서 시집을 온 분인데, 어미 '-어요'가 '-어유'로 많이 나타난다.

213) '이씀'은 '있으면'의 방언형인데, 어간 '있-'과 어미 '-음(-으면)'이 결합한 후, 전설모음화에 의해서 형성된 것이다.

214) '파르라'는 '팔-으라'로 분석되는데, 이때의 어간 '파르다'는 '팔다'의 방언형으로, 유추에 의해 어간이 확대된 경우이다.

215) '소냉긴데'는 '소나무인데'의 방언형이다. 어간이 '소나무~소낭'의 비자동

적 교체를 보이는 것인데, 주격 조사가 결합한 '소낡+이'가 '이' 모음역행동
화에 의하여 '소낭기〉소냉기'로 실현된 것이다.

216) '절루'는 '저절로'의 방언형이다.

217) '뺀:해버리기는'는 '뺀해-아-버리-기-는'으로 분석되는데, '뺀해다'는 '물건이
어느 정도 반반해서 보기에 나쁘지는 않다' 정도의 의미를 가진다.

218) '메게'는 '먹여'의 방언형. '먹이어→멕이어→멕여→멕에'의 변동에 의해
형성된 것이다.

219) '콩깍때기'는 '콩깍지'의 방언형인데, '깍대기'는 '*깍디'와 접미사 '-아기'
의 결합하여 '깍디+아기〉깍다기〉깍대기'로 변화한 것이다.

220) '응감'은 '영감'의 방언형으로, 어두 음절이 장모음이기 때문에 '어:〉으:'
모음상승에 의해서 형성된 것이다.

221) 이 지역에서 소를 세는 단위성 의존명사는 '바리'이다.

222) '내켜써'는 '내키-었-어'로 분석되며, '내키다'는 어간 '내-'와 사동 접미
사 '-키'가 결합하여 '내키다'가 된 것이다.

223) '심들다'는 '힘들다'의 방언형으로 ㅎ 구개음화가 일어난 예이다.

224) '본값'의 방언형임. 비원순모음화에 의하여 '본값〉번값'의 변화를 겪은 것이다.

225) 표준어의 '거붓하다'와는 의미가 다르다. 이 지역에서는 '가뿐하다' 정도의
의미를 가진다.

226) '끌다'에서 어간이 확대되어 '끄르다'가 실현된 것이다.

227) '끄르라는데'는 '끌-으라-는데'로 분석되며, 어간 '끌-'과 어미 '-으라'가
결합하면 활용형 '끌이 실현되어야 하지만 어간이 확대된 '끄르'가 나타난
다. 이것은 '나를(날-을), 파를(팔-을)'에서도 동일하게 실현되는데, 이는
유추에 의해 어간이 확대된 경우로 보인다.

228) '스구'는 '스-구'로 분석되며, '스다'는 '서다'의 방언형이다.

229) '알:길래'는 '알-길래'로 분석되며, 어미 '-길래'는 '-기에'의 방언형이다.

230) '도러시라구'는 '도러시-으라구'로 분석되며, '도러시다'는 '돌아서다'의 방
언형이다. 이 지역에서는 '서다'의 방언형이 '스다'로 실현되는데, '도러스
다〉도러시다'의 변화가 일어나며, 전설모음화에 의하여 '도러스다〉도러시
다'가 형성된다.

231) '수놈'의 방언형.

232) '암놈'의 방언형.

233) 단독형은 '우걱뿔'인데, 소의 양쪽 뿔이 안쪽으로 우그러져 약간 휘어진

것을 뜻한다.

234) '우구:탱게'는 '우긋해-ㄴ-것이'로 분석되며, '우긋해다'는 '우긋하다'의 방언형
이다.

235) '천지각'은 뿔 모양의 하나인데, 뿔의 한 쪽이 하늘로 향하고, 다른 한 쪽
이 땅으로 향한 것을 말한다.

236) '뻗쳥뿔'은 뿔 모양이 위로 뻗치어 있는 뿔을 말한다.

237) '청삽사리'는 개 품종의 하나.

238) '목덜미'의 방언형.

239) '잔등'의 방언형.

240) '질:구'는 '길고'의 방언형이다. '길다'는 구개음화를 겪어서 '질다'로 실현
된 것이다.

241) '등어리'는 '등'의 방언형으로, '등'에 접미사 '-어리'가 결합한 것이다.

242) '고버야'는 '곧아야'의 잘못된 발화이다.

243) '눌르이까'는 '누르니까'의 방언형이다. 이 지역에서는 '누르다'가 '눌르다'
로 실현되어, 표준어와는 달리 규칙활용을 한다.

244) '그저사'는 '그제야'의 뜻으로, '그저'는 '그제'의 잘못된 발화이다. '-사'는
중세국어의 '-아'에 대응하는 것으로 중부방언에서는 주로 'ㅿ'이 없어지는
변화를 겪었지만, 이 단어의 경우에는 'ㅿ〉ㅅ'의 변화를 보인다.

245) '뛰에도러댕기다가'는 '뛰어 돌아다니다가'의 뜻으로, '뛰에'는 '뛰-어'로
분석된다. '뛰-어'가 결합한 활용형은 '뛰에'뿐만 아니라 '뛔:, 뛰여'의 활용
형을 보이기도 한다.

246) '즈:거'는 '적어'의 방언형으로 어간 '적-'은 장모음으로 실현되기 때문에
모음상승이 일어날 수 있는 조건이 되며, 이 영향으로 '적:다〉즉:다'의 변화
를 겪은 것이다.

247) '우수워'는 '우수우-어'로 분석되며, '우수우-'는 모음으로 시작하는 어미
와 결합하는 어간이다. 자음으로 시작하는 어미와 결합하는 어간은 '우숩-'
이다. 이 지역에서는 '우습다'의 방언형으로 '우숩다'가 실현되는 것이다.

248) '줘씨까'는 '주었을까'의 뜻이다.

249) '지페'는 '집에'의 잘못된 발화이다.

250) '혼재'는 '혼자'의 방언형으로, 어간말에 '이'가 첨가된 어형이다. 이와 같은
예로, '자래(자라), 고등에(고등어), 장개(장가)' 등을 들 수 있다.

251) '읇다'는 '없다'의 방언형이며, 자음으로 시작하는 어미와 결합하면 '읍꾸~

우꾸, 움째' 등이 실현된다.

252) '곁두리'의 방언형.

253) '점심'의 방언형으로, 첫음절이 장모음이므로, 모음상승을 겪으면서 '점심〉즘심'이 된 것이다.

254) '일굽'은 '일곱'의 방언형이다. 비어두음절 위치에서 '오〉우'의 모음상승으로 형성된 것이다.

255) '저녁'의 방언형.

256) '대할치면'은 '대하려 치면'의 뜻이다.

257) '욍겨우레'는 '온겨울에'의 방언형으로 '겨울내내' 정도의 의미를 지니고 있다.

258) '마:구'는 '외양간'의 방언형으로, 이 지역에서는 '마구깐, 오양깐'이 쓰이기도 한다.

259) '곤처야지'는 '곤치-어야지'로 분석되는데, '곤치다'는 '고치다'의 방언형으로 'ㄴ' 첨가에 의해서 형성된 것이다. 이와 같은 'ㄴ' 첨가는 통시적으로 '더디다〉더지다〉던지다'와 같은 예에서 볼 수 있다.

260) '벼'는 '비-어'로 분석되며 '비다'는 '베다'의 방언형이다. '비다'는 어간의 첫음절이 장음이기 때문에 '에〉이' 모음상승에 의하여 '베:다〉비:다'가 형성된 것이다.

261) '알:루'는 '알:-루'로 분석되는데, '알:'은 '아래'의 방언형이며, 조사 '-루'는 '-로'의 방언형이다.

262) '때미네'는 '때민-에'로 분석되며, '때민'은 '때문'의 방언형이다. 이 지역에서는 '땜에(때문에), 때밀에(때문에)' 등이 쓰이기도 한다.

263) '지르마'는 '길마'의 방언형으로, '짐을 싣거나 수레를 끌기 위하여 소나 말 따위의 등에 얹는 도구'를 말한다.

264) '논:넌'는 '논:-는'으로 분석되며, '논:다'는 'ㄴ누다'의 방언형이다. 자음으로 시작하는 어미와의 결합에서는 '논:는다'가, 모음으로 시작하는 어미와의 결합에서는 '노너, 노눠'가 실현된다.

265) '늘구는'은 '늘구-는'으로 분석되는데, '늘구다'는 '늘이다'의 방언형이다.

266) '소마쿰'은 '소마쿰'으로 분석되며, 보조사 '-마쿰'은 '-만큼'의 방언형이다. 이 지역에서는 보조사 '-만치, -만침' 등이 쓰이기도 한다.

267) '냉겨진'는 '남기-어-지-ㄴ'으로 분석되는데, '냉기다'는 '남기다'의 방언형이다.

268) '승지리'는 '승질-이'로 분석되며, '승질'은 '성질'의 방언형으로 첫음절이

장모음이기 때문에 '어>으' 모음상승에 의해서 '성질>승질'의 변화를 입은
것이다.

269) '몽대~이루'에서 '몽대~이'는 '몽둥이'의 방언형이다.

270) '내케:두'는 '내키-어두'로 분석되며, '내키다'는 '내-'와 사동 접미사 '-키'가 결
합한 것으로 '낳게 하다'의 뜻을 지닌다. 이때의 '내키-'와 어미 '-어두'가 결합
하여 '내키어두→내켜두→내케두'의 변동을 거치게 되는 것이다.

271) '송꾸라걸'은 '송꾸락-얼'로 분석되는데, '송꾸락'은 '손가락'의 방언형이
며, '-얼'은 목적격 조사 '-을'의 방언형이다.

272) '우유소'는 '젖소'를 말한다.

273) '꿔:두'는 '꿰어도'의 뜻으로 '뀌-어도'로 분석된다. '뀌다'는 '꿰다'의 방언
형으로 자음으로 시작하는 어미와 결합할 때는 '뀌지, 뀌구'로 실현되고, 모
음으로 시작하는 어미와 결합할 때는 '꿔:두, 꿔:라' 등으로 실현된다.

274) '바까세'는 '밭-갓-에'로 분석되는데, '밭 가에'의 뜻이며, '갓'은 '가'의 방
언형이다. 이 지역에서는 '가생이'가 쓰이기도 한다. '갓'은 중세국어의 'ᄀᆞᆺ'
에 대응되는 어형인데, 'ㅿ>ㅅ'의 변화에 의해 형성된 것이다.

275) 어미소가 송아지를 부를 때 내는 소리.

276) '하여튼'의 방언형.

277) '이미, 벌써' 정도의 뜻을 부사이다.

278) '일루'는 '이리로'의 방언형.

279) '마라쏘'는 두 마리의 소를 겯어 밭을 갈 때 오른쪽에 맨 소를 뜻한다.

280) '고뻬이'는 '고삐'의 방언형으로 '고삐'와 접미사 '앙이'가 결합하여 '고삐+
앙이>고빵이>고뺑이>고뻬이'의 변화를 겪은 것이다.

281) '제자욱치길'은 '제 자국 치기를'을 뜻하는 것으로 '자욱'은 '자국'의 방언형
이다. '제 자국 치기'는 소의 앞발이 자국을 내면, 소의 뒷발이 앞발의 자국
을 밟으면서 앞으로 나아가는 것을 말한다.

282) '발투비'는 '발툽-이'로 분석되며, '발툽'은 '발톱'의 방언형이다.

283) '길:러'는 '길:르-어'로 분석되며, '길:르다'는 '게으르다'의 방언형이다.

284) '꼬리'의 방언형.

285) '터라구'는 '털'의 방언형으로 '털'과 접미사 '-구'가 결합하여 형성된 것이다.

286) '젤겅거'는 '빨간 거'의 잘못된 발화로 보인다.

287) '가르친다구'는 '가르치-ㄴ다-구'로 분석되며, '가르치다'는 '가리키다'의
방언형이다.

288) ‘키떼기’는 ‘키’를 낮춰 이르는 방언형이다.

289) ‘뼈다귀’의 방언형.

290) ‘하여튼’의 방언형.

291) ‘제줘야지’는 ‘지어 줘야지’의 뜻으로 ‘제’는 ‘지어(짓어)’의 방언형이다.

292) ‘일고여덟’의 방언형.

293) ‘하자내’는 ‘하지 않아’의 뜻이다.

294) ‘할머~이’는 ‘할머니’의 방언형.

295) ‘그지비를’은 ‘그 집에를’의 뜻으로 처격조사 ‘-이’는 ‘-에’의 방언형이다.

296) ‘해다구’는 ‘해-다오’로 분석되며, 어미 ‘-다구’는 ‘-다오’의 방언형이다.

297) ‘데리고’의 방언형.

298) 강원도 원주시 호전면 대덕리

의생활

목화, 삼, 모시의 재배와 길쌈

여긴 농사도 지지찌마는 이제 온 까틍거또 직쩜만드러짜나요, 옌나레는?

⁻ 온?

= 오뚜 뭐 미영¹⁾ 질쌈²⁾해구 베질쌈해구.

여기서 주로 항거슨 어떵거예요?

= 여긴 명:.

미영하고 또 땅건 안해씀니까?

= 미영질.

⁻ 여기선 명지³⁾하구 미영얼 잘 마~이 짜찌.

= 베넌 여긴 베꼬지 아니라 베는 모태.

이게 머 모시나 삼 이렁거뜨른.

= 모시는 모:태구.

⁻ 모시두 모:태찌.

사믄 어때요?

⁻ 삼두 모태구.

그냥 미영만

= 미영, 미영, 페가주구

⁻ 미영.

그면 소문 어떵걸 소미라고 함니까?

= 미영. 명:.

⁻ 미영얼 가주구 소:미래, 명:.

여긴 농사도 짓지만 이제 옷 같은 것도 직접 만들었잖아요, 옛날에는?

⁻ 옷?

⁼ 옷도 뭐 무명, 길쌈하고 베길쌈하고.

여기서 주로 한 것은 어떤 거에요?

⁼ 여긴 무명.

무명하고 또 딴 것은 안 했습니까?

⁼ 무명질.

⁻ 여기선 명주하고 무명을 잘 많이 짰지.

⁼ 베는 여긴 베(가 나는) 곳이 아니라 베는 못 해.

이게 뭐 모시나 삼 이런 것들은.

⁼ 모시는 못 하고.

⁻ 모시도 못 했지.

삼은 어때요?

⁻ 삼도 못 하고.

그냥 무명만

⁼ 무명, 무명, 펴서

⁻ 무명.

그러면 솜은 어떤 것을 솜이라고 합니까?

⁼ 무명. 무명.

⁻ 무명을 가지고 솜이래, 무명.

시리 나오는 상태는 이미 소물 거처서 나오는 상태?

⁻ 미영언 인제 트러가주군, 이러케 길:다마케⁴⁾ 이러케 또마러, 소누루.

그면 인제 나오는 시를 가지고 이러케 마는?

⁻ 아니여, 소:무루 말지. 소:무루 마러가주구 인제 기게예다 대:구는, 이러케 뽀버 가주구 바른소누루 이래:먼 차카차카 자버댕게 시:리 나오면 또 가라게⁵⁾ 대:구 감:꾸 또해구 또해구 그래지. 미영 잘: 때두 재미짜너.

그러니까 인제 고걸 쌀마서

= 뭐든지 **** 재미써.

⁻ 으~, 재미써, 아주.

= 해기 시릉걸 핼래야 해기 실치.

쌈는 상태, 소문 어느 상태, 삼꼬 난 상태가 되능거조?

⁻ 뭐라?

= 소:문 미영으루 해지.

⁻ 미영으루 해.

= 명:주루 안해구.

⁻ 명주루 안해지.

그럼 시리 되어 나오며는 그걸 인제 오슬 만드러야 되는데

⁻ 그럼.

만들기 위해서는 머가 피료하조?

⁻ 검, 말루

어뜨케 오슬 만듬니까, 예저네는 오슬 만드러?

⁻ 이제 또 물:레가 이써, 물:레래능게. 이제 거기다 해가주구넌 시:럴 빼:가주구는 또 나:서 자:짜너.

⁻ 그래가주구 인제, 베트레다 해가주군 또 짜지, 소누루. 아이, 옌:나렌 참 그게 사:라미여?

근데 이 그렁걸 짜능걸 머라고 함니까, 뭘 짠다고?

실이 나오는 상태는 이미 솜을 거쳐서 나오는 상태?

‒ 무명은 인제 틀어서는 이렇게 길다랗게 이렇게 또 말아, 손으로.

그러면 인제 나오는 실을 가지고 이렇게 마는 것입니까?

‒ 아니야, 솜으로 말지. 솜으로 말아서 인제 기계에다 대고는 이렇게 뽑아서 오른손으로 이러면 차카차카 잡아당겨 실이 나오면 또 가락에 대고, 감고, 또 하고 또 하고 그러지. 무명 자을 때도 재밌잖아.

그러니까 인제 그걸 삶아서

＝ 뭐든지 ***** 재밌어.

‒ 응, 재밌어, 아주.

＝ 하기 싫은 것을 하려야 하기 싫지.

삶는 상태, 솜은 어느 상태, 삶고 난 상태가 되는 것이죠?

‒ 뭐라?

＝ 솜은 무명으로 하지.

‒ 무명으로 해

＝ 명주로 안 하고.

‒ 명주로 안 하지.

그럼 실이 되어 나오면 그걸 인제 옷을 만들어야 되는데

‒ 그럼.

만들기 위해서는 뭐가 필요하죠?

‒ 거 뭐, 말로

어떻게 옷을 만듭니까, 예전에는 옷을 만들어?

‒ 이제 또 물레가 있어, 물레라는 것이. 이제 거기다 해 가지고서는 실을 빼서는 또 놔서 잣잖아.

‒ 그래서 인제, 베틀에다 해 가지고는 또 짜지, 손으로. 아이, 옛날엔 참 그게 사람이야?

그런데 이 그런 것을 짜는 것을 뭐라고 합니까, 뭘 짠다고?

= 베틀, 베틀.

⁻ 베틀. 명:틀이래지, 베짜능건 베틀.

그럼, 고 짜는 기구는 물레가 이짜나요?

= 물:렌 잔:능거구. 자:도 벨찔 다: 해, 그건 애기럴 이루 모:태.

⁻ 오허허.

= 열:깨럴 그게 날트리라 그래지?

= 예예.

= 거기다 열깨를 해가주구, 열깨를 시:럴 다 한데다가 뽀버가주구 그걸 또 뻐처노쿠 인제 함피리나 얼:말 이래 네갈랠 놔:가주구 또 해구. 그걸 짜구 그래는데 그 쟁기를 **** 참. 인제 잔:능건 물:레, 트능건, 처뻐네뻐텀 얘기를 해얘지. 먼저껀 씨애[6]

⁻ 씨애.

= 가트능건 기게: 해:가주구 소:멀 이래 노:먼 이렇게 고추럴 이러케 맨드러 가주구 뽐능거는 물:레. 인제 또 이러케 가라구루 열까락 쭉: 해능건 자새[7]라 그래지 그걸? 자새, 자새.

= 그걸 나러야지.

⁻ 으~, 나렁거.[8]

= 인제 그래구 또 날트레다 쌔:럴[9] 가따노쿠 쌜: 두 부부널 해:서 네:갈래로 쭉: 해:서 이러케 날 나러 노쿠. 도투마리[10]라능게 이써. 인제 그걸 가따가.

돋?

= 그거 감:넝거.

예, 그걸 머라고 한다고요?

= 도투마리. 도투마레다[11] 빵:때[12]를 그위예다 사근사근 너어가메[13]

빵때가 멈니까?

= 저 나능거 빵:때, 드:레 나능거 빵:때 이써.

= 베틀, 베틀.

¯ 베틀. 무명틀이라고 하지, 베짜는 것은 베틀.

그럼, 그 짜는 기구는 물레가 있잖아요?

= 물레는 잣는 것이고. 자아도 별짓 다 해, 그건 얘기를 이루 못 해.

¯ 오허허.

= 열 개를 그게 날틀이라 그러지?

= 예예.

= 거기에다 열 개를 해서, 열 개를 실을 다 한 곳에다가 뽑아서 그걸 또 뻗쳐 놓고 인제 한 필이나 얼마를 이렇게 네 갈래를 놔서 또 하고. 그걸 짜고 그러는데 그 쟁기를 **** 참. 인제 잣는 것은 물레, 트는 것은 첫번에 부터 얘기를 해야지. 먼젓것은 씨아

¯ 씨아.

= 같은 것은 기계에 해서 솜을 이렇게 놓으면 이렇게 고치를 이렇게 만들어서 뽑는 것은 물레. 인제 또 이렇게 가락으로 열 가락 쭉 하는 것은 자새라 그러지 그걸? 자새, 자새.

= 그걸 날아야지.

¯ 응, 난 것.

= 인제 그리고 또 날틀에다 씨아를 갖다 놓고 씨아를 두 부분으로 해서 네 갈래로 해서 쭉 해서 이렇게 날아(널어) 놓고. 도투마리라는 것이 있어. 인제 그걸 갖다가.

돋?

= 그것 감는 것.

예, 그걸 뭐라고 한다고요?

= 도투마리. 도투마리에다 뺑대를 그 위에다 사근사근 넣어 가며

뺑대가 뭡니까?

= 저기 나는 것 뺑대, 들에 나는 것 뺑대 있어.

˗ 쑥때가 뺑때가 돼, 쑤기.

＝ 아니여, 뺑:때가 따루 이써.

˗ 뺑:때가 따루 인는데 그 쑥까태, 홉싸.[14)]

＝ 뺑:때는 따루 이써.

˗ 크머는 그걸 가주구

＝ 비시:태, 그런데. 그거 해:가주구. 그게 밤난니:리지, 그거 해느라구 으이구, 그거 해느라구. 그래:서 쵱일 매:가주구 인제 여그[15)]다 재뿌럴 피워가주구 쵱일 부럴 해 끼리면 푸럴 해 가주구 거그다 주물러가주구 솔:루다 이래해:서 빤::빤하게 해서 거기다 또 감:꾸. 저기다 해서 *** ***해:노쿠, 그게 딸레오면 또 그만침 뻐처노쿠, 또 그래구, 아이구 참.

솔지를 해, 솔 솔 *** 하능거죠?

＝ 솔:지럴 해서 아주 빤::빤하게 해애지, 짜기가 습:찌[16)].

˗ 솔:루, 솔:루 이러케 자꾸 이래 씨담짜너[17)], 풀칠해느라구. 그래 인제 미테다 부럴 해:노쿠.

아, 미테 부를 하고

˗ 재:뿔루, 재뿔루다가

위예다가, 이러 위예다가 이러케 이러케 하면 인제 빤뜯빤뜨타게 부두러워지게 되능건가요?

˗ 빤:빤하게 되지. 뿔:빠태게돼지머서, 그래, 인제 말르면[18)] 감:짜너. 트레다 또, 베트레다 가머가주구, 가머 노쿤 또 새루 해지.

다시, 또

˗ 어~, 어~.

머, 어떤 부리 거 화로?

＝ 왱:게뿔.

˗ 왕게뿔, 왕게뿌럴 요 미테다 요로:케 해 뫄:노쿠 그

＝ 왕게뿌런 지레기[19)] 이마내게 해, 그래두.

˚ 쑥대가 뺑대가 돼, 쑥이.
˚ 아니야, 뺑대가 따로 있어.
˚ 뺑대가 따로 있는데 그 쑥 같아, 흡사.
˚ 뺑대는 따로 있어.
˚ 크면 그걸 가지고
˚ 비슷해, 그런데. 그것 해서. 그게 밤낮 일이지, 그것 하느라고 으이구, 그것 하느라고. 그래서 종일 매어서 인제 여기에다 잿불을 피워서 종일 불을 해 끓이면 풀을 해서 주물러서 솔로다 이렇게 해서 빤빤하게 해서 거기에다 또 감고. 저기에다 해서 *** ***해 놓고, 그게 딸려오면 또 그만큼 뻗쳐 놓고, 또 그러고, 아이구 참.

솔질을 해, 솔 솔 *** 하는 거죠?
˚ 솔질을 해서 아주 빤빤하게 해야지, 짜기가 쉽지.
˚ 솔로, 솔로 이렇게 자꾸 이렇게 쓰다듬잖아, 풀칠 하느라고. 그래 인제 밑에다 불을 해 놓고.

아, 밑에 불을 하고
˚ 잿불로, 잿불로다가

위에다가, 이렇게 위에다가 이렇게 이렇게 하면 인제 빤듯빤듯하게 부드러워지게 되능겁가요?
˚ 빤빤하게 되지. 빳빳하게 되어지면서, 그래, 인제 마르면 감잖아. 틀에다 또, 베틀에다 감아가지고, 감아 놓곤 또 새로 하지.

다시, 또
˚ 응, 응.

뭐, 어떤 불이 거 화로(불입니까)?
˚ 왕겨불.
˚ 왕겨불, 왕겨불을 요 밑에다 요렇게 해 해 모아놓고 그
˚ 왕겨불은 길이를 이만하게 해, 그래도.

이러케 쭉 해노코 인제 그 위에다가 요거를 다시 또

⌐ 그럼.

= 요거 말뚜걸 박:꾸, 딸려오까버 미테다 요로케 꽤:노쿠 이래곤 도투
마릴 이래 가머 노쿠는 저:께[20] 딸려오구, 그게 다 딸려오면 또 뻐처노쿠.
그래, 하루 움마나 매겐너? 난:두[21] 매봔는데 이저버런네, 움마 맨:는지 그
걸.

그래, 그러케 한 며뻔 정도 함니까?

⌐ 아유, 며뼁이[22] 뭐여, 머

= 아유, 백짜두 해:노쿠 짜구.

⌐ 그래두 수:가 수:가 웁:찌.

= 식쩐버팀 매구래능거는 한 백짜 해길래 하루 매:지.

⌐ 백짜 핼껄, 식쩐버터 매능건, 해능건.

= 두:리 매야, 양쪼그서. 풀치럴 좁쌀푸리데, 글쎄 또.

⌐ 좁쌀풀.

= 좁쌀푸럴 해가주구 거기다 메:까루가따 소누루 주물루, 씨다듬구

⌐ 이거 뭉테길[23] 이러게 주물러야 하자너. 주물루구[24] 이제 뻐처노쿠서
솔:루 자꾸 이르케 씨담:찌.

= 그래면 말르면 이래면 아주 빠짱말러 왜면[25] 빼능거처럼 고르르르 해
능게 해:지능게 조:쿠 똥:: 도투마리예다 뺑땔 노쿠 해얘지 아:먼 자꾸 금
방 가므면 또 보푸래기 일구 느러지니깐.

⌐ 그럼.

= 그래서 아유 도투마리가 어뜰 땐 이만행거 해:노쿠. 아유, 애:기만 해
두 지검네.[26]

그 인제 누예를 치셔짠슴니까? 누예, 누예를료.

= 누예는 마이 처봐찌.

으 얻, 안 안 처?

이렇게 쭉 해 놓고 인제 그 위에다가 요것을 다시 또

˚ 그럼.

˚ 요것 말뚝을 박고, 딸려올까봐 밑에다 요렇게 괴어 놓고 이러고는 도투마리를 이렇게 감아 놓고는 저기 것이 딸려오고, 그게 다 딸려오면 또 뻗쳐 놓고. 그래, 하루 얼마나 매겠나? 나도 매 봤는데 잊어버렸네, 얼마 맸는지 그걸.

그래, 그렇게 한 몇 번 정도 합니까?

˚ 아유, 몇 번이 뭐야, 뭐

˚ 아유, 백 자도 해 놓고, 짜고.

˚ 그래도 수가, 수가 없지.

˚ 식전부터 매고 그러는 것은 한 백 자 하기에 하루 매지.

˚ 백 자 할 걸, 식전부터 매는 것은, 하는 것은.

˚ 둘이 매야지, 양쪽에서. 풀칠을, 좁쌀 풀인데, 글쎄 또.

˚ 좁쌀 풀.

˚ 좁쌀 풀을 해서 거기다 멧가루 가져다가 손으로 주무르고 쓰다듬고.

˚ 이거 뭉치를 이렇게 주물러야 하잖아. 주무르고 이제 뻗쳐 놓고서 솔로 자꾸 이러케 쓰다듬지.

˚ 그러면 마르면 이러면 아주 바짝 말라 왜면을 빼는 것처럼 고르르르 해지는 것이 좋고 똑 도투마리에다 뺑대를 놓고 해야지 아니면 자꾸 금방 감으면 또 보푸라기 일고 늘어지니깐.

˚ 그럼.

˚ 그래서 아유, 도투마리가 어떨 땐 이만한 것을 해 놓고. 야유, 얘기만 해도 지겹네.

그 인제 누에를 치셨잖습니까? 누에, 누에를요.

˚ 누에를 많이 쳐 봤지.

으 얼, 안 안 쳐(봤다고요)?

= 마니 처봐따구?

어떤 누예는 종뉴가 어떵게 이씀니까?

= 누예는 항가지바께 읍떤데. 종뉘[27]가 조:은 해넌 누예가 더 굴:꾸 또
우뜨케 마 마~한[28] 해는 전부가 마~하따[29] 그래 잘구. 수까락까찌 머, 굴:
따랑게.

- 거:뚜 조운 해는 뉘예[30]가 엄청 크자너.

= 잘되머는 아주

- 굴:땅게[31], 허:영게 조:치 머.

= 굴:따랑게 조:치.

﹦많이 쳐 봤다고?

어떤 누에는 종류가 어떤 것이 있습니까?

﹦누에는 한 가지밖에 없던데. 종류가 좋은 해는 누에가 더 굵고 또 어떻게 종류가 좋지 못한 해는 전부가 좋지 못했다, 그래서 잘고. 숟가락 같지 뭐, 굵다란 게.

﹘그것도 좋은 해는 누에가 엄청 크잖아.

﹦잘 되면 아주

﹘굵다란 것이, 허연 것이 좋지 뭐.

﹦굵다랗게 좋지.

누에치기와 비단 짜기

아까 여기서는 머 땅거 안하고 인제 주로 미영을 진는다고?

- 아이, 미영두 해는 사래미 해:찌, 다: 안해찌.

= 옌:나렌 안해. 인:나렌[32] 해써두 시방은 명:하는 사람두 어:꾸.

- 읍써, 시방언 미영하는 사라먼.

= 누예치는 사람두 우:꾸.

그럼 그거슨, 그렁건 언제, 예저넨 재배를 이러케 다 하셔쪼?

= 누에, 누에는 그저네 알, 좁싸랄매~이 가틍걸 가따가 고게 까마케 나오먼 인제 애기잠자구 두:잠자구, 슥:짬자구, 늑:짬자구, 으이구, 내사[33] 다 아러두.

- 아이, 누에치기 돼.

누에치능, 고 처메는 어떠케 함니까, 누에를 칠려며는 먼저 그 어?

= 글쎄, 좁싸랄매~이 가틍게 째롬핸[34] 좁쌀가틍게

- 크먼 씨럴 요러케 똥구라케 요러케, 요걸 가주구 인제 한자미라구래지?

= 한잠.

- 한잠 인제 그걸 가따 노:먼 가따 그러케 놔:두먼 새::카만 알개~이가 소서 나와. 그래구

고고 고거는 고게 멈니까, 고 알 한잠?

= 뉘:알[35], 뉘:알.

- 뉘:알.

아까 여기서는 뭐 딴 것 안 하고 인제 주로 무명을 짓는다고?

˚ 아이, 무명도 하는 사람이 했지, 다 안 했지.

˭ 옛날엔 안 해. 옛날엔 했어도 지금은 무명하는 사람도 없고.

˚ 없어, 지금은 무명하는 사람은.

˭ 누에치는 사람도 없고.

그럼 그건, 그런 것은 언제, 예전엔 재배를 이렇게 다 하셨죠?

˭ 누에, 누에는 그전에 알 좁쌀 알맹이 같은 것을 갖다가 고것이 까맣게 나오면 인제 아기잠 자고, 두 잠 자고, 석 잠 자고, 넉 잠 자고, 으이고, 나야 다 알아도.

˚ 아이, 누에치기 (몸에) 돼.

누에치는, 그 처음에는 어떻게 합니까, 누에를 치려면 먼저 그 어?

˭ 글쎄, 좁쌀 알맹이 같은 게. 자름한 좁쌀 같은 게

˚ 크면 씨를 요렇게 동그랗게 요렇게, 요걸 가지고 인제 한 잠이라고 그러지?

˭ 한 잠.

˚ 한 잠 인제 그걸 갖다 놓으면 갖다 그렇게 놔 두면 새카만 알갱이가 솟아 나와. 그러고

고고, 고거는 그게 뭡니까, 그 알 한 잠?

˭ 누에알, 누에알.

˚ 누에알.

＝ 한잠 반:잠.

ˉ 어, 한잠 반:잠.

＝ 한 무까리³⁶⁾

눼:아를

ˉ 아럴?

＝ 아리 곽때기³⁷⁾ 요런데 따닥따닥 부터가주구, 나배~이가³⁸⁾ 시러가주³⁹⁾.

어떤 어떤 나무, 거 빤 나무 ?

ˉ 아니야, 저 곽

ˉ 곽때기다 해:써. 곽때기다 해는데 요만:해게 똥구라케, 고기다가 아주

＝ 한장언 저 저 책짱망쿰 해. 고기다 대고 이러케 커.

ˉ 고기다 아주 씨럴, 고기다 꼭꼭 배겨⁴⁰⁾, 깔려놔⁴¹⁾, 누에가.

고거시 인제 한 며칠 이쓰면 이게 쫌 자라게

＝ 자라, 올러와서 한 대:쇄 메기면 요만:행게 또 애기잠 자지. 또 한 사헐 메기면 슥, 두:잠자구, 또 한 사밀 메기면 슥:짬자구, 또 한 나흘 메기면 늑:짬자구 올러가 집찌치.

그러면 고 처메 이제 어느 정도 되며는 어느 정도 자라먼 그다메 메기를 주자나요, 메기를?

＝ 뽕두 주구, 뽕두.

ˉ 이게 쒀애지, 무레 나: 가주구.

머하고, 뽕, 뽕?

ˉ 뽕얼 아주

＝ 뽕이파리.

ˉ 실:고추처럼 쓰:러서 착챙 이겨. 그리믄 인제 그 궁무럴 빠러 머거, 누예 아리, 누예가.

그럼 아이자믈 자능거는?

＝ 애기잠.

＝ 한 잠 반 잠.

˜ 어, 한 잠 반 잠.

＝ 한 묶음

누에 알을

˜ 알을?

＝ 알이 곽대기 요런데 따닥따닥 붙어서, 나방이 슳어서

어떤 어떤 나무, 거 판으로 된 나무?

＝ 아니야, 저 곽

˜ 곽에다 했어. 곽에다 하는데 요만하게 동그랗게, 거기다가 아주

＝ 한 장은 저 저 책장만큼 해. 거기다 대고 이렇게 커.

˜ 거기다 아주 씨를, 거기다 꼭꼭 박여, 깔겨 놔, 누에가.

고것이 인제 한 며칠 있으면 이게 좀 자라게

＝ 자라, 올라와서 한 대엿새 먹이면 요만한 것이 또 아기잠 자지. 또 한
사흘 먹이면 석, 두잠자고, 또 한 삼일 먹이면 석 잠 자고, 또 한 나흘 먹
이면 넉 잠 자고 올라가서 집 짓지.

그러면 그 처음에 이제 어느 정도 되면 어느 정도 자라면 그 다음에 먹이를
주잖아요, 먹이를?

＝ 뽕도 주고, 뽕도.

˜ 이겨 줘야지, 물에 놓아서.

뭐하고, 뽕, 뽕?

˜ 뽕을 아주

＝ 뽕이파리.

˜ 실고추처럼 썰어서 착착 이겨. 그러면 인제 그 국물을 빨아 먹어, 누
에 알이, 누에가.

그럼 아이잠을 자는 것은?

＝ 아기잠.

‾ 인제 고거

처짜물 자능게 애기자미자나요?

＝ 아니야, 슥:짬.

‾ 그거 슥:짬 자능게, 늑:짬 자야 다 자지?

＝ 그럼.

‾ 늑짬자머 막짜미여, 늑:짬자먼. 애기자먼 인제 고 하:야케, 까만데서 아리 나와가주구 메칠 머그먼 자. 그 누예 자능거 보믄 대가리 이르 반짝 들구 자. 그래서 자능걸 알:지.

그래서 인제 처짜물 자. 대쌔 되면 처짜물 자고

‾ 애기잠.

그다메 한 사흘 지나면?

‾ 두:잠.

그면 사흘 지날 때까진 머함니까?

‾ 뽕메기지.

아, 그럼 뽕 메기면 인제 게속 또 뽕먹꼬 또 이제 또 자고

‾ 어~.

그다메 또 사흘 지나며는?

‾ 또 머꾸 또 자지.

또 뽕머꼬 또 자고, 고걸 인제

＝ 막짜먼 오:일마네 자구, 막짜미 더데[42].

아, 그리고 나서 인제 네번째 자믈 막짜미라고 하는데

＝ 막짬, 네:번째 자먼 하루 더 메기구.

그럼 자고 나면 인제 그다메 어떠케 되능거예요?

＝ 자꾸 머거가주 올러가지.

‾ 자꾸 머거가주 올러가지. 올러가믄 꼬치[43]지벌 지:짜너, 올라가.

＝ 일쭈이럴 메기면 인제 송까랑만

˗ 인제 그거

첫잠을 자는 게 아기잠이잖아요?

＝ 아니야 ,석 잠.

˗ 그것 석 잠 자는 것이, 넉 잠 자야 다 자지?

＝ 그럼.

˗ 넉 잠 자면 막잠이야, 넉 잠 자면. 아기잠은 인제 그 하얗게, 까만 데서 알이 나와서 며칠 먹으면 자. 그 누에 자는 것 보면 대가리 이렇게 반짝 들고 자. 그래서 자는 것을 알지.

그래서 인제 첫잠을 자. 댓새 되면 첫잠을 자고

˗ 아기잠.

그 다음에 한 사흘 지나면?

˗ 두 잠.

그러면 사흘 지날 때까진 뭐합니까?

˗ 뽕 먹이지.

아, 그럼 뽕 먹이면 인제 계속 또 뽕 먹고 또 이제 또 자고

˗ 어.

그 다음에 또 사흘 지나면?

˗ 또 먹고 또 자지.

또 뽕 먹고 또 자고, 그걸 인제

＝ 막잠은 오 일만에 자고, 막잠이 더뎌.

아, 그리고 나서 인제 네 번째 잠을 막잠이라고 하는데

＝ 막잠, 네 번째 자면 하루 더 먹이고.

그럼 자고 나면 인제 그 다음에 어떻게 되는 거에요?

＝ 자꾸 먹어서 올라가지.

˗ 자꾸 먹어서 올라가지. 올라가면 고치집을 짓잖아, 올라가.

＝ 일주일을 먹이면 인제 (크기가) 손가락만

송까랑만해지면 인제 어떠케 되능거조?

‒ 올리면 막 지어, 저:찌리.

인제 막 지불 지꼬, 그러면 인제 거기서 그렁거 저기

‒ 꼬추가 이렁거

‒ 꼬추가 아주 이:뻐. 깨롬:행게 요곰만행게. 그 아네다 집, 지벌 지:꾸 드러가 죽찌.

‒ 에이, 난두 여 올레노쿠 어디가따 오믄 그 요만해게

‒ 으~.

‒ 아주 죄:다 *** ***, **해라구.

‒ 허허. 이상해, 그걸 보믄 아주.

그러면 인제 고걸 지으며는 고걸 해가주고 인제 고걸 가주고서 지은 집

‒ 팍 가따 팔지, 또.

팔기도 하고 그거가지고 인제

‒ 명주.

‒ 멩:지[44] 짜지. 그거를 인제 무레다 쌀머 가주구 시:럴 케:. 이러케 자버 댕겨서 꼬추럴 인제 암만 이러케 처너가주 쌀무면 시:리 나와. 그래먼 인제 그거를 기게에다 대:구 적:쩍 이러케 빼지, 소누루

‒ 이런 ** 읍:써두 재민 인는걸.

‒ 재미써, 좌르락자르락.

‒ 그럼.

‒ 딸끄락짜드락 케먼서.

‒ 아유, 그거 짜가주구.

명주 시리 이러케 나오자나요?

‒ 으~, 시:리.

‒ 새:파라케 **핸 데두 이꾸. 빨::간 자주새기구 이래서 *** 이래 하나 해 끼렌는데, 꽤 조:테.

손가락 만해지면 인제 어떻게 되는 거죠?

▪ 올리면 막 지어, 자기끼리.

인제 막 집을 짓고, 그러면 인제 거기서 그런 것이 저기

▪ 고치가 이런 것

˜ 고치가 아주 예뻐. 자름한 것이 요것 만한 것이. 거 안에다 집, 집을 짓고 들어가 죽지.

▪ 에이, 나도 여기 올려 놓고 어디 가져다가 오면 그 요만하게

˜ 응.

▪ 아주 죄다 *** ***, **하라고.

˜ 허허. 이상해, 그걸 보면 아주

그러면 인제 그걸 지으면 그걸 해서 인제 그걸 가지고서 지은 집

˜ 팍 갖다가 팔지, 또.

팔기도 하고 그것 가지고 인제

▪ 명주.

˜ 명주 짜지. 그걸 인제 물에다 삶아서 실을 켜. 이렇게 잡아당겨서. 고치를 인제 앞만 이렇게 처넣어서 삶으면 실이 나와. 그러면 인제 그걸 기계에다 대고 적적 이렇게 빼지, 손으로.

▪ 이런 ** 없어도 재미는 있는걸.

˜ 재밌어, 좌르락자르락.

▪ 그럼.

˜ 딸끄락짤끄락 켜면서.

▪ 아유, 그것 짜서

명주 실이 이렇게 나오잖아요?

˜ 응, 실이.

▪ 새파랗게 **한 데도 있고, 빨간 자주색이고 이래서 *** 이렇게 한 해 끓였는데, 꽤 좋데.

아까 누예 치능 과정 이러케 쭉 아까 얘기 하셔짜나요? 그다메, 그

＂ 애기잠, 애기자믄 나흘 머거야 애기잠 자. 두:자믄 사흘만 머거두 또 두:잠 자. 또 사흘 머금 슥:짬 자고, 또 막짜믄 다쐬럴[45] 머거야 자구.

＂ 거, 다 각깨기던데.

예, 인제 고러케 해서, 이제 그다메 아까

＂ 그럼.

지블

＂ 인제 이레럴 머거야 여드렘마네 올러가머는

어디로 올라가게 됨니까, 집?

＂ 아:주 집찐능거 다: 해놔:찌 머. 지펄 똑똑 짤러가주구 막:씰[46] 거 맨드러가주 핸:는데

＂ 막, 막씰 맹글자너, 그럼.

어떵걸 만든다고요?

＂ 지푸루 이러게 인제 새낄 꽈가주구 거기다 꼬버노쿠[47] 이러케 이러케 자꾸 내레하먼 쭉쭝 내러오멘서는 아주 앙:크라케 되지. 근데 인제 그거 뚜 지내가주구[48] 야중엔 또 모두 곽때기루 맨드릉가[49] 사가주구해구.

거, 이제 성충이 돼 이제 사라, 이 되능 그 과정을 함번 쫌 자세히 함번 쫌

＂ 과정얼 머 우린 아럴 내보자너씨깐 몰:르지만.

인제 그

＂ 그사람넨 가주가서 고걸 띠여가주구 조은 종자로 바다 와 씨종자 해게찌. 씨잠 종네랄[50] **때 잠좀내놔:짜너. 거거는[51] 비천 어:떠케 돼:떤지 아주 번데기 잘해가주구 오라그래드라구.

아까 자믈 자고, 자는 상태는 뻔데기잉가요?

＂ 아이, 누예가 자지.

＂ 아이, 애기쩌겐 이마내. 늑:짬 잘 때 요만하구.

그 한, 이정도 크게 되면 그거는 멈니까, 그거는?

아까 누에 치는 과정 이렇게 쭉 아까 얘기 하셨잖아요? 그 다음에, 그

＝ 아기잠. 아기잠은 나흘 먹어야 아기잠 자. 두 잠은 사흘만 먹어도 또 두 잠 자. 또 사흘 먹으면 석 잠 자고, 또 막잠은 닷새를 먹어야 자고.

＝ 거, 다 각각이던데.

예, 인제 그렇게 해서, 이제 그 다음에 아까

＝ 그럼.

집을

＝ 인제 이레를 먹어야 여드렛만에 올라가면

어디로 올라가게 됩니까, 집?

＝ 아주 집짓는 것 다 해놨지 뭐. 짚을 똑똑 잘러서 막실 거기 만들어서 했는데

‾ 막실 만들잖아, 그럼.

어떤 것을 만든다고요?

＝ 짚으로 이렇게 인제 새끼를 꽈서 거기다 꽂아 놓고 이렇게 자꾸 내리면 쭉쭉 내려오면서 아주 앙크랗게 되지. 그런데 인제 그것도 지나서 나중엔 또 모두 곽으로 만들든가 사서 하고.

거, 이제 성충이 돼 이제 살아, 이, 되는 그 과정을 한 번 좀 자세히 한 번 좀

＝ 과정을 뭐 우린 알을 내보지 않았으니깐 모르지만.

인제 그

＝ 그 사람네는 가지고 가서 그걸 떼서 좋은 종자로 받아 와 씨종자로 하겠지. 씨잠 종류를 ** 때 잠 좀 내놨잖아. 거기는 빛은 어떻게 됐든지 아주 번데기 잘 해서 오라고 그러더라고.

아까 잠을 자고, 자는 상태는 번데기인가요?

‾ 아니, 누에가 자지.

＝ 아니, 아기 적에 이만해. 넉 잠 잘 때는 요만하고.

그 한, 이 정도 크게 되면 그거는 뭡니까, 그거는?

˭ 막짬.

˗ 막짬자구.

˭ 몰:라. 그거.

막짬자고 난 후 그걸 머라고 함니까?

˗ 누예.

고거또 누예자나요?

˗ 어~, 누예.

누예가 되고 나서 인제 이

˗ 그럼, 지벌 지꼬 올러가.

지블 진는 고 상태는 멈니까?

˭ 그게 그런만침 커야지. 막짬자구 이레마네.

번데기는 그럼 언제?

˭ 그게 인제 눼:가 가서 지:가 다: 지벌 잘 지꾸 누예가 충실해야 뻔데기가 잘 되지. 시시해먼 중가네 주거가주구 송쟁이 모두 돼:, 마:니.

아, 그러면 인제 고기 집찌는 집찌꼬 나면 뻔데기가

˗ 우~, 뻔데기가 되지.

되능거고요.

˗ 그릉거두 이꾸 안 되머는 꼬:추루 오르먼 주거써, 그소게서. 그리구 잘 뒹건 노:랑게 이꾸.

˭ 노래일 쯤 확 떼:, 여드렘마네 짤러야 그게 뻔데기가 돼.

고치는 어느 상태를 고추라고 얘길 함니까?

˭ 누예꼬추가 꼬추지.

˗ 으~. 누예꼬추르 가주구 꼬추라구래.

뻔데기 되고 나서, 그다메?

˗ 가따 팔자녀. 가따 팔먼 인제 그걸 종자해는데서 그걸 사가자녀, 뉘예럴, 꼬추럴. 그래 인제 고기서 종자 빼:서 도루 내:보내지.

〓 막잠.

〓 막잠자고.

〓 몰라. 그건.

막잠 자고 난 후 그걸 뭐라고 합니까?

〓 누에.

그것도 누에가 자나요?

〓 응, 누에.

누에가 되고 나서 인제 이

〓 그럼, 집을 짓고 올라가.

집을 짓는 그 상태는 뭡니까?

〓 그게 그런 만큼 커야지. 막잠 자고 이레 만에.

번데기는 그럼 언제?

〓 그게 인제 누에가 가서 자기가 다 집을 잘 짓고 누에가 충실해야 번데기가 잘 되지. 시시하면 중간에 죽어서 송장이 모두 돼, 많이.

아, 그러면 인제 거기 집 짓는 집 짓고 나면 번데기가

〓 응, 번데기가 되지.

되는 것이고요.

〓 그런 것도 있고, 안 되면 고치로 오르면 죽었어, 그 속에서. 그리고 잘 된 것은 노란 것이 있고.

〓 노랄 쯤 확 떼, 여드레만에 잘라야 그게 번데기가 돼.

고치는 어느 상태를 고치라고 얘길 합니까?

〓 누에고치가 고치지.

〓 응, 누에고치를 가지고 고치라고 그래.

번데기 되고 나서, 그 다음에?

〓 갖다 팔잖아. 갖다 팔면 인제 그걸 종자하는 데서 그걸 사 가잖아, 누에를, 고추를. 그래 인제 거기서 종자 빼서 도로 내보내지.

옌나레 오슬 이러케 만드러 이번는데 오슬 진는 처네 종뉴가 마니 이짜나요,
천 종뉴가 어떵게 이써요?

  ˉ 처:니 좀 이러케 저래야

  ＝ 아이, 초:네 머 우트케 구이핼쩌게, 미영, 멩지지 머.

  ˉ 미영하구 멩지여, 명:하구 명지여.

  ＝ 삼베논넝거는 삼베구.

삼베도 여기서 마니 해쪼?

  ＝ 여기는 읍:써.

  ˉ 읍:써, 여기는.

  ＝ 몰:러. 여긴 삼베해능거.

  ˉ 저, 강능써 마~이 핸다그러데.

거, 혹시 하는 방버분 모르시구요?

  ˉ 몰:르지 머, 안해봐:서.

처:느로 오슬 만들 때 어떤 오슬 만드러쪼, 예:저네?

  ˉ 함:보기지, 머.

여자드리 임는 머

  ˉ 초매저구리,⁵²⁾ 고쟁이, 바지 이렁거 해입찌.

그다메 이제 남자들 가틍 경우는?

  ＝ 남자도 한:복빠지.

  ˉ 함:복, 두루매기 해입꾸.

　옛날에 옷을 이렇게 만들어 입었는데 옷을 짓는 천에 종류가 많이 있잖아요, 천 종류가 어떤 것이 있어요?

　￣ 천이 좀 이렇게 저래야

　＝ 아이, 촌에 뭐 어떻게 귀할 적에, 무명, 명주이지 뭐.

　￣ 무명하고 명주야, 무명하고 명주야.

　＝ 삼베 놓는 것은 삼베고.

　삼베도 여기서 많이 했죠?

　＝ 여기는 없어.

　￣ 없어, 여기는.

　＝ 몰라. 여긴 삼베하는 것은.

　￣ 저, 강릉서 많이 한다고 그러데.

　거, 혹시 하는 방법은 모르시고요?

　￣ 모르지 뭐, 안 해봐서.

　천으로 옷을 만들 때 어떤 옷을 만들었죠, 예전에?

　￣ 한복이지, 뭐.

　여자들이 입는 뭐

　￣ 치마저고리, 고쟁이, 바지 이런 것 해 입지.

　그 다음에 이제 남자들 같은 경우는?

　＝ 남자도 한복바지.

　￣ 한복, 두루마기 해 입고.

그다메 또 남자드리 그 오까틍거 어떵거 이씀니까, 남자들?

˗ 남자더런 두루매기 입꾸 이써. 두루매기 가틍거 마~이 입찌.

그다메 인제 예저네는 함보기불때 요러케

˗ 댄님, 댄님 매는 거두 이꾸.

그다메 또 허리예 이르케 하는?

˗ 허리띠.

= 바질리부니 허리뙬[53] 매애지, 암매먼 버서지자너.

˗ 그럼, 버서지지. 허리뙬 매애지.

그다메 허리띠 말고, 어

˗ 여기 매능건 댄님.

댄님, 그다메 이정도 거더서, 이정도

= 행전[54] 치능거.

˗ 행전치능거로구나, 행전.

= 그건 시방두 누가 주구먼 행전치자너.

그먼 잠, 잠뱅이[55] 도

= 잠:뱅인 우예 임능게 잠:배~이여.

˗ 잠배~이는 여기 오능게 잠배~이여. 우리 지끔 반:바지 임능게 그거, 그거까주구 잠배~이라그래.

오슬 만들 때 머, 그 마름질하능그렁거 이짜나요? 그렁게 어떤 종뉴가 이씀니까, 마름질할 때?

˗ 마릉개질[56] 해능거? 옌:나레 우리 저고리 다이 입짜너? 고러케 마르지 머, 저고리 뻗새루.

˗ 바지두 그러쿠.

그러문 인제 고 마름질 할 때 쓰는 도구드리 이짜나요, 도구드리 어떵게 이씀니까?

˗ 가새[57]지, 머. 아이, 우린 도:구 웂써. 가새하구 그저 인두. 인두넌 이러

그 다음에 또 남자들이 그 옷같은 것을 어떤 것 입습니까, 남자들?

˗ 남자들은 두루마기 입고 있어. 두루마기 같은 것을 많이 입지.

그 다음에 인제 예전에는 한복 입을 때 요렇게

˗ 대님, 대님 매는 것도 있고.

그 다음에 또 허리에 이렇게 하는?

˗ 허리띠.

˭ 바지를 입으니 허리띨 매야지, 안 매면 벗어지잖아.

˗ 그럼, 벗어지지. 허리띠를 매야지.

그 다음에 허리띠 말고, 어

˗ 여기 매는 것은 대님.

대님, 그 다음에 이 정도 걷어서, 이 정도

˭ 행전치는 것.

˗ 행전치는 것이구나, 행전.

˭ 그건 지금도 누가 죽으면 행전치잖아.

그건 잠, 잠방이도

˭ 잠방이는 위에 입는 것이 잠방이야.

˗ 잠방이는 여기 오는 것이 잠방이야. 우리 지금 반바지 입는 것이 그 것, 그것가지고 잠방이라고 그래.

옷을 만들 때 뭐, 그 마름질하는 그런 것 있잖아요? 그런 것이 어떤 종류가 있습니까, 마름질할 때?

˗ 마름질 하는 것? 옛날엔 우리 저고리 많이 입잖아? 그렇게 마르지 뭐, 저고리 본새로.

˗ 바지도 그렇고.

그러면 인제 그 마름질 할 때 쓰는 도구들이 있잖아요, 도구들이 어떤 것이 있습니까?

˗ 가위지, 뭐. 아니, 우린 도구 없어. 가위하고 그저 인두. 인두는 이렇

케 해가주구서 꽁 눌:러 줄치능게 인두.

= 저 쩜누까리자두[58] 요만핸 자 이꾸, 자 이꾸.

예?

= 자.

⁻ 자넌 요 품재구 이래능게 자.

근데 고렁거뜨를 다 모아두는 그르시 이짜나요, 고걸 머라고 함니까?

= 조방구리[59].

⁻ 도방구리[60].

그 도방구리에 넌능게 인제.

⁻ 가새, 실:패, 머야 저기

소네 요러케

⁻ 골미.

또 이러케 타닥타닥 방는 그 기게 틀가틍거.

= 미:싱이 엄:나?

⁻ 뭐:?

= 미:싱은 그땐 업써:찌 머:.

⁻ 인두. 인두하구 그러치 머. 옵:써, 다릉거는.

꼬맬 때 쓰는 뾰조칸

⁻ 바눌?

꿰:맬 때, 여러가지가 이짜나요, 그이까 크게 듬성듬성 요러케 매능거를 머라고 함니까?

⁻ 호능거 이꾸, 듬성듬성 호능거. 감:치능거는 요러케 해능게 감:치능거구. 으~, 감:치능거. 또 방능거는 지끔 자방틀 이짜너? 고러케 해능게 방능거구.

무슨 틀로 방는다?

⁻ 자방트리짜너 왜, 방능건 인제 그러케 그시구루 바거, 자방얼 방능거

게 해선 꼭 눌러 줄 치는 것이 인두.

゠ 저 점눈자도 요만한 자가 있고, 자 있고.

예?

゠ 자.

⁻ 자는 요 품 재고 이러는 것이 자.

그런데 그런 것들을 다 모아두는 그릇이 있잖아요, 그걸 뭐라고 합니까?

゠ 조방구리.

⁻ 도방구리.

그 반짇고리에 넣는 것이 인제.

⁻ 가위, 실패, 뭐야 저기

손에 요렇게

⁻ 골무.

또 이렇게 타닥타닥 박는 그 기계틀 같은 것.

゠ 미싱이 없나?

⁻ 뭐?

゠ 미싱은 그때는 없었지 뭐.

⁻ 인두. 인두하고 그렇지 뭐. 없어, 다른 것은.

꿰맬 때 쓰는 뾰족한

⁻ 바늘?

꿰맬 때, 여러 가지가 있잖아요, 그러니까 크게 듬성듬성 요렇게 꿰매는 것을 뭐라고 합니까?

⁻ 호는 것 있고, 듬성듬성 호는 것. 감치는 것은 요렇게 하는 것이 감치는 것이고. 응, 감치는 것. 또 박는 것은 지금 재봉틀 있잖아? 그렇게 하는 것이 박는 것이고.

무슨 틀로 박는다?

⁻ 재봉틀 있잖아 왜, 박는 것은 인제 그렇게 그 식으로 박아, 재봉틀을

처럼.

　그다메 허름허름한 오까퉁걸 또 이러케 막

￣ 그건 머여?

　인제 여기 빵구 뻥 뚤려쓰면 여기 천 가따 대그

￣ 떠러징거 진:넝거.

　예예, 고거는 인제

￣ 진:넌다[61], 그래.

　아주 허름한 올, 누더기 가퉁거를 이케

￣ 누더지, 누데기 진:넌다구 그래지 머.

　크게 듬성듬성 하능거 호:능거, 방능거, 그다메

￣ 감:치능거.

　또 어떵게 이씀니까?

￣ 호:능거, 드문드문하능걸 호:능거.

＝ 호:능거뚜 드문드문 호능거뚜 이꾸 머:. 감치능거뚜 이꾸, 방:능거, 뒤
딴 떠서 방:넝거뚜 이꾸.

　기치능거 이씀니까?

＝ 으~?

　기치능거요?

￣ 재치능건 또 머야?

　긴, 기치, 기치능거

＝ 시치는 얘깅가 버여.

￣ 으~?

＝ 시치능거.

￣ 시치능거, 어~이 시치능거는 뭘: 가주 시친다나?

＝ 그저네 옌:날 바지예 시치능거 ** 시치능거.

￣ 어~, 시치능거? 인제는 이러케 다: 해노쿠 이 송:가퉁거 뜨지 말라구,

박는 것처럼.

　그 다음에 허름허름한 옷 같은 걸 또 이렇게 막

ˉ 그건 뭐야?

인제 여기 구멍이 뻥 뚫렸으면 여기 천 갖다 대고

ˉ 떠러진 것, 깁는 것.

예예, 고거는 인제

ˉ 깁는다, 그래.

아주 허름한 옷 누더기 같은 것을 이렇게

ˉ 누더지, 누데기 깁는다고 그러지 뭐.

크게 듬성듬성 하는 것 호는 것, 박는 것, 그 다음에

ˉ 감치는 것.

또 어떤 것이 있습니까?

ˉ 호는 것, 드문드문하는 것을 호는 것.

˭ 호는 것도 드문드문 호는 것도 있고 뭐. 감치는 것도 있고, 박는 것,
뒷단 떠서 박는 것도 있고.

　기치는 것 있습니까?

˭ 응?

깃치는 거요?

ˉ 재치는 것은 또 뭐야?

깃, 기치, 기치는 것

˭ 시치는 얘기인가 봐요.

ˉ 응?

˭ 시치는 것.

ˉ 시치는 것, 응 시치는 것은 뭘 가지고 시친다고 하나?

˭ 그 전에 옛날 바지에 시치는 것 ** 시치는 것.

ˉ 응, 시치는 것? 인제는 이렇게 다 해 놓고 이 솜 같은 것 뜨지 말라고,

이러나지 말라구 시치능거여, 시치능거. 드멍드문[62] 시치지, 그래먼 소:미 고냥[63] 부터이짜너.

　그면 이불 이러케 이쓰며는

－ 그거뚜, 그거뚜.

　고정시키는 그걸 이제

－ 으~, 거뚜.

　어쩐다고 함니까, 그렁거를?

＝ 시친다구래지.

－ 시친다그래지.

　그다메 이케 뉘비

－ 뉘비능거?[64] 누비능거는 이러케 해가주구 저 잘게 누비능게 누비능거지, 자롬:해게[65] 꼬매능게 누비능거지.

＝ 누비능거뚜 이꾸, 가널게 호능거뚜 이떤데.

－ 으~, 가늘게 화:.

　가늘게 해서 호능거를?

－ 으~, 화:. 가늘:게 해서, 그래 애더럴 누비저구리[66] 그러케 해이피자너.

＝ 그게 조:완나? 바늘 구녕이 마:너서.

　인제 옌나레도 빨래를 여자드리 다 해짜나요?

－ 아이, 그럼 뭐:.

　남자드른, 허허, 그래 추울 때도 해쓸텐데, 빨래하는 그 도구는 어떵게 이씀 니까, 빨래하능거요?

－ 도:구는.

　옌나레는, 옌나레도 머 이게

－ 물데워가주구 함지에다 너쿠, 함지예다 무럴 부꾸[67], 빨래 주서다[68] 꽈:서[69] 뜨건[70] 무레 당궈[71] 가주구 돌메~이다 디구 비벼 빨지머.

　머, 아무거두 업씀니까?

일어나지 말라고 시치는 것이야, 시치는 것은. 드문드문 시치지, 그러면 솜이 그냥 붙어 있잖아.

　그러면 이불 이렇게 있으면

－ 그것도, 그것도.

고정시키는 그걸 이제

－ 응, 그것도.

어쩐다고 합니까, 그런 것을?

＝ 시친다고 그러지.

－ 시친다고 그러지.

그 다음에 이렇게 뉘, 뉘비

－ 누비는 것? 누비는 것은 이렇게 해서 잘게 누비는 것이 누비는 것이지, 자름하게 꿰매는 것이 누비는 것이지.

＝ 누비는 것도 있고, 가늘게 호는 것도 있던데.

－ 응, 가늘게 화.

가늘게 해서 호는 것을?

－ 응, 화. 가늘게 해서, 그래 애들을 누비저고리 그렇게 해 입히잖아.

＝ 그게 좋았나? 바늘 구멍이 많아서.

인제 옛날에도 빨래를 여자들이 다 했잖아요?

－ 아이, 그럼 뭐.

남자들은, 허허, 그래 추울 때도 했을 텐데, 빨래하는 그 도구는 어떤 것이 있습니까, 빨래하는 거요?

－ 도구는.

옛날에는, 옛날에도 뭐 이게

－ 물 데워서 함지에다 넣고, 함지에다 물을 붓고, 빨래 주워다 모아서 뜨거운 물에 담가서 돌맹이에다 대고 비벼 빨지 뭐.

뭐, 아무것도 없습니까?

˺ 그땐 잼무럴 잼무를 내:서 빠러써. 저기 지펄 때:서 잼무를 내거나, 아이 또 뭐이가 잼무를 부쿠해등가[72]? 메물찌[73]?

˹ 깍:찌, 메물찌.

˺ 메물찌, 그렁거 때:서 시루에다 물 끄리구 무럴 부:면 잼무리 나와. 거기다가 인제 당궈서 빨구, 쌈:능거뚜 그러케 쌍:꾸 이래지.

그러면 좀 깨끄태지나요?

˺ 깨끄태지지.

그다메 인제 나옹게 잼물말고 그다메 사용항게 머조?

˺ 그거지, 머.

잼물 이후에 인제

˺ 물:러.[74] 옌:나렌 우트게들 핸넌지 몰라두, 우린 그러케 해써써.

그러면 인제 그러케 빨래를

˺ 그거뚜 또 아이 잼물 내:서 그건 쌈:꾸 또 두벌 내:서는 이 빨래 당궈 가주구 빨구 이래짜너.

그먼 첨 빠능거를 그걸 무슨무슨 빤다고 함니까?

˺ 응?

빨래를 이러케 빨 때, 첨 빨기도 하고 두번 이러케 하기도 하는데 첨빠능거를?

˺ 아이빤다 그래, 으~, 아이빤다.

그다메 두번째는?

˺ 두벌.

근데 보통 두벌 하고 ***

˺ 그럼, 두벌하구.

˹ 잼물 내:구.

˺ 잼물 내:구, 그거뚜 또 잼무럴 내, 도캐다구.

두번 빨고 나서 잼무를 냅니까?

⁻ 그땐 잿물을 잿물을 내서 빨았어. 저기 짚을 때서 잿물을 내거나, 아니 또 무엇이 잿물을 붓고 했던가? 메밀지?

⁼ 깍지, 메밀지.

⁻ 메밀지, 그런 것을 때서 시루에다 물 끓이고 물을 부으면 잿물이 나와. 거기다가 인제 담가서 빨고, 삶는 것도 그렇게 삶고 이러지.

그러면 좀 깨끗해지나요?

⁻ 깨끗해지지.

그 다음에 인제 나온 것이 잿물이고 그 다음에 사용한 것이 뭐죠?

⁻ 그거지, 뭐.

잿물 이후에 인제

⁻ 몰라. 옛날엔 어떻게들 했는지 몰라도, 우린 그렇게 했었어.

그러면 인제 그렇게 빨래를

⁻ 그것도 또 아이잿물 내서 그건 삶고, 또 두 벌 내서는 이 빨래 담가서 빨고 이랬잖아.

그러면 처음 빠는 것을 그걸 무슨무슨 빤다고 합니까?

⁻ 응?

빨래를 이렇게 빨 때, 처음 빨기도 하고 두 번 이렇게 하기도 하는데 첫 빠는 것을?

⁻ 아이빤다고 해, 응, 아이빤다.

그 다음에 두번째는?

⁻ 두 벌.

그런데 보통 두 벌 하고 ***

⁻ 그럼, 두 벌 하고.

⁼ 잿물 내고.

⁻ 잿물 내고, 그것도 또 잿물을 내, 독하다고.

두 번 빨고 나서 잿물을 냅니까?

ㅡ 아니, 아이빨, 쌈:꾸선 인제 빠러가주구 말려가선 또 잼물 내:지.

잼무룰 내능거는 이게 잼무레 당궈논는다능경가요?

ㅡ 아니예요. 그 빨래에 잼무리 독캐다구, 삭찌 말라구 또 잼무럴 내, 무럴 또 무를.

아 무를, 잼무를 빼능거조?

ㅡ 으~, 빼능거.

빨래를 다 하고 나서, 그다메는?

ㅡ 풀해서 또 손질해얘지.

그래 인제 말리자나요, 말려가지고 인제 머 어떠케 함니까?

ㅡ 인제 말려가주구 푸럴 쒀가주구, 또 푸럴 해 빨래에다가, 그래가지구 인제 말려가주 뿌두태먼⁷⁵⁾ 또 이러케 해가주 또 밥:찌 빤:빠내지라구, 말려가주구는 대리지.⁷⁶⁾ 말려가주구 대려. 어~, 다디미질하능거⁷⁷⁾ 푸를 메겨가주구 한 뿌드태먼 발버가주구 또 뚜디리지.

발버가지고?

ㅡ 어~, 뚜디려.⁷⁸⁾ 그래먼 빤:빤해지자너.

거, 뚜디리능거는 멀로 뚜디림니까?

ㅡ 방매가 이써. 다디믿똘:두 이꾸.

다드미똘도 이꼬.

ㅡ 이 빤, 방매이두 이꾸.

그래 인제, 그걸로 뚜두리고 나서 그다메는?

ㅡ 그다멘 인제 말려가주구 또 꼬:매지,⁷⁹⁾ 꼬:맨다구. 바지저구릴 또 다시 맨드러.

그다메 꼬매고 나서 인제 최, 마지마구로는

ㅡ 대려.

뭐로 대림니까?

ㅡ 대리미⁸⁰⁾ 이써, 대리미루.

ᅳ 아니, 아이빨, 삶고선 인제 빨아서 말려서는 또 잿물 내지.

잿물을 내는 것은 이게 잿물에 담가 놓는다는 것인가요?

ᅳ 아니에요. 그 빨래에 잿물이 독하다고, 삭지 말라고 또 잿물을 내, 물을 또 물을.

아 물을, 잿물을 빼는 것이죠?

ᅳ 응, 빼는 것.

빨래를 다 하고 나서, 그 다음에는?

ᅳ 풀 해서 또 손질해야지.

그래 인제 말리잖아요, 말려서 인제 머 어떻게 합니까?

ᅳ 인제 말려서 풀을 쒀서, 또 풀을 해 빨래에다가, 그래가지고 인제 말려서 빳빳하면 이렇게 해서 또 밟지 빤빤해지라고, 말려서는 다리지. 말려서는 다려. 응, 다듬이질하는 것을 풀을 먹여서 한 빳빳하면 밟아서 또 두드리지.

밟아서?

ᅳ 응, 뚜두려. 그러면 빤빤해지잖아.

거, 두드리는 것은 뭘로 두드립니까?

ᅳ 방망이가 있어. 다듬잇돌도 있고.

다듬잇돌도 있고.

ᅳ 이 빤, 방망이도 있고.

그래 인제, 그걸로 두드리고 나서 그 다음에는?

ᅳ 그 다음엔 인제 말려서 또 꿰매지, 꿰맨다고. 바지저고리를 또 다시 만들어.

그 다음에 꿰매고 나서 인제 최, 마지막으로는

ᅳ 다려.

뭐로 다립니까?

ᅳ 다리미 있어, 다리미로.

요주멘 대리민데 옌나레는 머 이러케 달

⁻ 어, 수철 해가주구 손때리미라구 자를 이러케 박꾸서 이래::구 대리지.

예저네는 그 대리미 말고 머 땅거 안써씀니까? 대리미 말고?

⁻ 물:러, 우린 그렁거 다

뾰쪽항거, 이 이 인

⁻ 인두? 인두는 이게 바느질핼쩌게 바느질핼쩌게 요러케 솔케⁸¹⁾ 요러:
케 대릴 때 써.

그이까 인제 보통 잼물로 이제 잼물로 이제 빨래를 하기도 하고 양잼무리

⁻ 으~, 양잼물라구선 인제 그렁거 안해:찌.

옌나레는 잼물로 하다가 그다메 양잼물?

⁻ 아니여, 옌나레는 우리가 낭굴 때가주구 잼무럴 내:서 핸는데 양잼물
나곤 안해찌, 그렁거.

그러다가 이제 비누

⁻ 비누.

그게 나오면서 인제

⁻ 그럼.

그건 안하게 되고. 염쌕또 하셔써요, 염쌕까틍거?

⁻ 옌:나레 염새캐:찌. 물디리능거.

= 얻:따가?

⁻ 오세.

= 으~, 우리 머 다 드려찌 머.

어떠케 하셔써요?

= 아이 머, 물깨:미라능거 인능거 푸러가주구 범범벙 *처서.

⁻ 물카미써써, 옌:나레 파넝게.

어~, 어떤 물깜 이써?

⁻ 까망거 망:쿠, 빨겅거 노랑거 다 이써써. 그거 사다가 인제

요즘엔 다리미인데 옛날에는 뭐 이렇게 달

￣ 응, 숯을 해서 손다리미라고 자루를 이렇게 박고서 이렇게 다리지.

예전에는 그 다리미 말고 뭐 다른 것 안 썼습니까? 다리미 말고?

￣ 몰라, 우린 그런 것 다

뾰쪽한 것, 이 이 인

￣ 인두? 인두는 이게 바느질할 적에 바느질할 적에 요렇게 좁게 다릴

때 써.

그러니까 인제 보통 잿물로, 이제 잿물로 이제 빨래를 하기도 하고 양잿물이

￣ 응, 양잿물 나고선 인제 그런 것 안 했지.

옛날에는 잿물로 하다가 그 다음에 양잿물?

￣ 아니여, 옛날에는 우리가 나무를 때서 잿물을 내서 했는데 양잿물 나

곤 안 했지, 그런 것.

그러다가 이제 비누

￣ 비누.

그게 나오면서 인제

￣ 그럼.

그건 안 하게 되고. 염색도 하셨어요, 염색 같은 것?

￣ 옛날에 염색했지, 물들이는 것.

＝ 어디다가?

￣ 옷에.

＝ 응, 우리 뭐 다 들였지 뭐.

어떻게 하셨어요?

＝ 아니 뭐, 물감이라는 것 있는 것 풀어서 범벅 *쳐서.

￣ 물감 있었어, 옛날에 파는 것이.

응, 어떤 물감 있어요?

￣ 까만 것 많고, 빨간 것 노란 것 다 있었어. 그것 사다가 인제

＝ 그게 왜 업:써저씨까?

￣ 애:더럴, 애:덜, 스:레 오태이필래먼 인제 물까멀 디레가주구 해이피구 그래찌. 그게 웁:써저써, 물까미.

물깜 이러케 오세 머가 생기, 이러케?

￣ 오세?

예.

￣ 빨거케 되도, 까만물두 되구, 빨겅거뚜 되구 이래. 무럴, 물깜디리먼.

그먼 인제 모양을 보기 조케 멀 만들고 하자나오, 멀 만듭니까, 오세?

그냥 드리능건 아니

＝ 그거야 머, 까만치마 빨간저구리 그러케.

￣ 그럼, 노란 저구리.

＝ 그럼, 그러케 디리능거여.

무니 가틍거는 이러케 안해씀니까?

￣ 아이, 읍:찌, 그렁거. 무네[82] 가틍건 읍:찌.

그건 무네라고 함니까?

￣ 어, 무네라구.

＝ 무네가틍건 거기서 해지, 우리는 모:태.

무네가틍건 잘 모타구요?

＝ 으~, 그러케 해구.

그럼 머 표백까틍거뜨른 요즈멘 표백쩨가 이써서 표백하는데, 예저네는 표백쩨가 업쓰니까 그냥 다 잼물로 이러케 해서 아이빨고, 두벌 빨고

￣ 지끄믄 머 재물들뚜 안써, 지끄믄. 그전버터 비누 사다가 씨구 이래지.

＝ 비올라능가 머:, 비가 뭐 그러케 서:느러치는 안하네.

＝ 그게 왜 없어졌을까?

￣ 애들을 애들 설에 옷 해 입히려면 인제 물감을 들여서 해 입히고 그랬지. 그게 없어졌어, 물감이.

물감 이렇게 옷에 뭐가 생기, 이렇게?

￣ 옷에?

예.

￣ 빨갛게 되도, 까만 물도 되고, 빨간 것도 되고 이래. 물을, 물감 들이면.

그러면 인제 모양을 보기 좋게 뭘 만들고 하잖아요, 뭘 만듭니까, 옷에? 그냥 들이는 것은 아니

＝ 그거야 뭐, 까만 치마 빨간 저고리 그렇게.

￣ 그럼, 노란 저고리.

＝ 그럼, 그렇게 들이는 거야.

무늬 같은 것은 이렇게 안 했습니까?

￣ 아니, 없지, 그런 것은. 무늬 같은 것은 없지.

그건 무늬라고 합니까?

￣ 어, 무늬라고.

＝ 무늬 같은 것은 거기서 하지, 우리는 못해.

무늬 같은 것은 잘 못하고요?

＝ 응, 그렇게 하고.

그럼 뭐 표백 같은 것들은 요즘엔 표백제가 있어서 표백하는데, 예전에는 표백제가 없으니까 그냥 다 잿물로 이렇게 해서 아이빨고, 두 벌 빨고

￣ 지금은 뭐 잿물들도 안 써, 지금은. 그전부터 비누 사다가 쓰고 이러지.

＝ 비 오려는가 뭐, 비가 뭐 그렇게 (날씨가) 서느렇지는 않네.

주석

1) '미영'은 '목화'(木花)를 가리키는 이 지역 방언형으로, 무명실로 짠 피륙을 말한다.
2) '길쌈'의 방언형.
3) '명주'의 방언형
4) '길다맣게'는 길다랗게'의 방언형으로 접미사 '-다랗'에 대응되는 이 지역의 방언형은 '-다맣'이다.
5) '가락'은 '물레로 실을 자을 때 실이 감기는 쇠꼬챙이'를 가리킨다.
6) '씨얘'는 '씨아'의 방언형으로, 목화에서 씨를 빼는 기구를 뜻한다.
7) '자새'는 '새끼, 바 따위를 꼬거나 실 따위를 감았다 풀었다 할 수 있도록 만든 작은 얼레'를 뜻한다.
8) '나렁거'는 '날-언-거'로 분석된다. '날다'에서 어간이 확대된 형태인 '나르-'와 과거를 뜻하는 관형형 어미 '-언('-은'의 방언형)'이 결합하여 형성된 것이다.
9) '쌔럴'은 '쌔-럴'로 분석되며, '쌔'는 '씨아'의 방언형이다. '씨아'에서 어간말의 '이'가 첨가되어 '씨애'가 되고, 다시 '씨애'는 활음 첨가된 '씨얘'나 활음화된 '쌔'로 실현된다.
10) '도투마리'는 베를 짤 때 날실을 감는 틀을 뜻한다.
11) '도투마리에다'의 방언형으로, '도투마리'와 처격 조사 '-에'가 결합한 후, 활음화에 의해서 형성된 것이다.
12) '빽때'의 표준어형은 '빽대'이며, 빽쑥의 줄기를 뜻한다.
13) '넣어 가며'의 방언형으로 어미 '-며'는 모음축약에 의하여 '-메'로 실현된다.
14) '홉싸'는 '흡사(恰似)'의 방언형.
15) '여그'는 '여기'의 방언형.
16) '숩찌'는 '쉽지'의 방언형.
17) '씨담짜너'는 '씨담-잖-어'로 분석된다. 이때의 '씨담다'는 '쓰다듬다'의 방언형으로 '쓰담찌, 쓰다머'와 같은 활용 양상을 보인다.
18) '말르먼'은 '말르-면'으로 분석되며, '말르다'는 '마르다'의 방언형이다.
19) '지레기'는 '길이'의 방언형이다. '질이(〈길이)'와 어미 '-어기'로 분석되는데,

'질이+어기〉지러기〉지레기'의 변화를 겪으면서 형성된 것이다.

20) '저기 것이'의 방언형으로, '저:'는 '저기'의 방언형이다.

21) '난:두'는 '나도'의 방언형.

22) '몇 번이'의 잘못된 발화이다.

23) '뭉테기'는 '뭉치'의 방언형으로 '*뭉티'와 접미사 '-어기'가 결합하여 '뭉티+어기〉뭉터기〉뭉테기'의 변화를 겪은 것이다.

24) '주물루구'는 '주물루-구'로 분석되며, '주물루다'는 '주무르다'의 방언형이다. 이것은 '주물루구, 주물러'와 같은 규칙적인 활용 양상을 보여 표준어와 다른 양상을 띤다.

25) '면의 일종'으로 보이며, 일본을 뜻하는 '왜'와 '면(麵)'이 결합한 형태이다.

26) '지겹다'는 '지겹다'의 방언형.

27) '종뉘'는 '종류'의 방언형인데, '유〉위'의 모음축약으로 형성된 것이다.

28) '마~한'은 '마~하-ㄴ'로 분석되는데, '마~하다'는 '망하다'의 방언형이다. '망하다'는 원래 동사로서 '멸망하다'와 비슷한 뜻을 지니고 있는데, 여기서의 의미는 '좋다'의 대립되는 형용사 '나쁘다'의 뜻이다. 이와 같은 형용사로서의 '망하다'의 의미는 경기도 방언에서도 나타난다.

29) '마~하따'는 '망했다'의 잘못된 발화이다.

30) '뉘예'는 '누에'의 방언형으로 '눼:, 누예' 등으로 실현되기도 한다.

31) '굴:땅게'는 '굵-닿-ㄴ-것-이'로 분석된다. 어간 '굵-'과 접미사 '-닿(다랗)'이 결합하여 '굵닿다'가 형성된 것인데, '굵닿다'와 '굵다랗다'가 이 지역에서는 모두 공존한다.

32) '인:날'은 '옛날'의 방언형으로, 첫음절이 장모음이므로 '에〉이' 모음상승이 일어나게 된다. 하지만 첫음절의 이중모음 '예[ye]'가 상승하더라도 그에 대응하는 이중모음 '[yi]'가 이 지역에서는 존재하지 않으므로 이중모음 '[yi]'에 가장 가까운 음인 '이'로 변화한 것이다.

33) '내사'는 '나야'의 방언형으로, '사'는 중세국어의 '-사'에 대응하는 어형으로 '△〉ㅅ'의 변화를 겪은 것이다.

34) '쨔롬하다'는 '자름하다'의 방언형.

35) '눼:알'은 '누에알'의 방언형으로, 체언에서의 활음화로 형성된 것이다.

36) '묶음'의 방언형.

37) '곽'의 방언형.

38) '나배~이'는 '나방'의 방언형으로 '나방'과 접미사 '앙이'가 결합하여 '나방이'

가 된 후, '이' 모음역행동화, 비모음화에 의하여 '나뱅이〉나배~이'가 된 것이다.

39) '시러가주구'는 '실-어-가주구'로 분석되며, '실다'는 '슬다'의 방언형으로, '벌레나 물고기 따위가 알을 깔기어 놓다'는 뜻이다.

40) '배겨'는 '박이어(박게 하여)'의 방언형으로, '박다'에 사동 접미사 '이'가 결합하여 '박이다'가 되었으며, '이' 모음역행동화를 겪으면서 '백이다'가 되었다. 여기에 어미 '-어'가 결하여 '배겨'로 실현되었다.

41) '깔려'는 '깔리-어'로 분석되며, '깔리다'는 '깔기다'의 방언형으로, '깔리다'에 어미 '-어'가 결합한 것이다.

42) '더데'는 '디디어'의 방언형으로 '더디다'에 어미 '-어'가 결합하여 '더뎌→더데'의 변동으로 형성된 것이다. 이 과정에서 '여→에' 모음축약 현상이 일어난다.

43) '꼬치'는 '누에고치'의 방언형.

44) '명주'의 방언형인데, 이 지역에서는 형태소 내부에서 '여〉에' 축약이 흔히 일어나는데, 이런 변화에 발 맞춰 '명주〉멩지'의 변화를 겪었다.

45) '다쐬'는 '닷새'의 방언형

46) '막실'은 누에가 잠을 잘 수 있는 만든 누에집을 뜻한다.

47) '꼬버노쿠'는 '꼽-어-놓-구'로 분석되는데, '꼽다'는 '꽂다'의 방언형이다.

48) '지내가주구'는 '지내-어-가주구'로 분석되는데, '지내다'는 '지나다'의 방언형으로 어간말음절 모음에 '이'가 첨가된 예이다.

49) '맨드룽갸'는 '만들든가'의 잘못된 발화이다.

50) '종네랄'은 '종네-랄'로 분석되는데, '종네'는 '종류'의 방언형이며, 조사 '-랄'은 '-를'의 방언형이다. 이 지역에서는 '종뉘'와 함께 '종뉘'가 쓰인다.

51) '거거'는 '거기'의 방언형으로, '거:, 거그' 등이 함께 쓰인다.

52) '초매저구리'는 '초매'와 '저구리'의 합성어이다. '초매'는 '치마'의 방언형으로 어간말 '이'의 첨가에 의해, '저구리'는 '저고리'의 방언형으로 비어두음절에서 '오〉우' 모음상승에 의해 형성된 것이다.

53) '허리뛰'는 '허리띠'의 방언형.

54) '행전(行纏)'은 바지나 고의를 입을 때 정강이어 감아 무릎 아래 매는 물건을 뜻한다.

55) '잠방이'는 가랑이가 무릎까지 내려오도록 짧게 만든 홑바지를 뜻한다.

56) '마릉개질'은 '마름질'의 방언형.

57) '가위'의 방언형.

58) '쩜누까리자두'는 '쩜눈까리자-도'로 분석되며, '쩜눈까리자'는 '점눈자'의 방언형이다. 여기서 '눈까리'는 '눈'을 속되게 이르는 말로, 이 지역의 방언형이다.

59) '도방구리'의 잘못된 발화이다.

60) '도방구리'는 '반짇고리'의 방언형인데, 이 지역에서는 '반짇그륵'도 함께 쓰인다.

61) '진넌다'는 '짓-는다'로 분석된다. '짓다'는 '깁다'의 방언형으로, 자음으로 시작하는 어미와의 결합형은 '진넌다, 지쩌'의 활용형을 보이고, 모음으로 시작하는 어미와의 결합형은 '지어'의 활용형을 보인다. 따라서 표준어와는 다른 양상을 보인다.

62) '드문드문'의 방언형.

63) '고냥'은 '그냥'의 방언형임.

64) '뉘비능거'는 '뉘비-는-것'으로 분석된다. 이때 '뉘비다'는 '누비다'의 방언형으로 '이' 모음역행동화에 의해 형성된 것이다.

65) '자롬:해게'는 '자롬해-게'로 분석되며, '자롬해다'는 '자름하다'의 방언형이다.

66) '누비저고리'의 방언형.

67) '부꾸'는 '붓-구'로 분석되는데, '붓다'의 활용형은 '분:넌다(붓는다), 부워' 등으로 실현되어 불규칙 활용을 보여준다.

68) '주서다'는 '줏-어다'로 분석되며, '줏다'는 '줍다'의 방언형이다. 이 지역에서 흔히 실현되는 활용 양상은 '준넌(줍는), 줘라(주워라), 주워라' 등과 같다. '줏다'는 중세국어의 '즛다'의 후대형으로 'ㅿ〉ㅅ'의 변화로 형성된 것이다. 하지만 이러한 변화는 극히 제한적으로만 나타나며, 'ㅿ〉∅'의 변화가 일반적이다.

69) '뫄:서'는 '모:-아서'로 분석되며, '모:다'는 '모으다'의 방언형이며, 자음으로 시작하는 어미와 결합할 때는 '모:는(모으는)'과 같은 활용형을 보여준다.

70) '뜨건'은 '뜨거운'의 방언형이다.

71) '당궈'는 '당구-어'로 분석되는데, '당구다'는 '담그다'의 방언형이다. 이 지역에서는 '당구는데, 당궈' 등의 활용형을 보이며, '담구는데, 담궈' 등이 쓰이기도 한다.

72) '부쿠'는 '붓고'의 방언형인데, 어간은 '붕-'으로 분석된다. 이 지역에서는 활용형 '부쿠'와 함께 '부꾸'가 함께 나타나기도 한다.

73) '메물찌'는 메밀에서 알맹이를 까낸 껍질을 뜻한다.

74) '물:러'는 '몰라'의 방언형이다. 이 지역에서는 모음상승이 활발히 일어나고

있는데, 일반적인 모음상승은 '에〉이' 상승, '어〉으' 상승이나, 드물게 '오〉우' 상승이 일어나기도 한다. '물:러'는 바로 '오〉우' 모음상승에 의해 형성된 것이다.

75) '뿌두태먼'은 '뿌듯해-면'으로 분석되며, '뿌듯해다'는 '풀기가 좀 세거나 팽팽하다'는 뜻으로 표준어 '빳빳하다'와 비슷한 의미를 지닌다.

76) '대리지'는 '대리-지'로 분석되며, 이때의 '대리다'는 '다리다'의 방언형이다.

77) '다디미질'은 '다듬이질'의 방언형이다.

78) '뚜디려'는 '뚜디리-어'로 분석되며, '뚜디리다'는 '두드리다'의 방언형이다.

79) '꼬매지'는 '꼬매-지'로 분석되며, '꼬매다'는 '꿰매다'의 방언형이다.

80) '다리미'의 방언형.

81) '솔케'는 '솔게'의 방언형으로, '솔다'는 '공간이 매우 좁다'는 뜻을 가진다.

82) '무늬'의 방언형.

식생활

채소 재배와 요리

혹씨, 여기 보며는 인제 요리 마니 해 드셔쓸꺼, 요리를 마니 하셔쓸꺼 아니예요? 여기에 인제 바테 아까 길러떤 채소가틍거뜰도 마니 이쪼, 채소가틍거?

¯ 채:소두 그래. 그저 배:차[1], 무: 그러치 머.

= 허허~, 그럼.

배차.

¯ 어~, 무:. 그저 채:소래능게 그거야, 당파, 또 간, 가시 이짜너 간, 그러치 머.

그다메 멍능과, 멍는 채소가틍거뜰도 재:배 안하셔씀니까, 지베서 머 흔히 해멍는?

= 배:추, 무수[2] 이렁게 이찌 멍능거.

¯ 오이, 호:박 이러치 머.

그다메 인제 머꼬 아까 보메 해떵 가, 그

¯ 간.

머, 그렁거 요리를 요리도 하셔짜나요, 요리?

¯ 요:리 해머거야 그렁걸루 그저 배:추에다 서꺼서 김치 해머꾸이래찌.

요리를 할 때 주로 어떠케 함니까? 어떤 요리드리 주로잉가요, 요리가틍거뜨른?

¯ 요리래야 그저 김치 해머꾸 그저 뭔나물가틍거 보꼬, 쌀머 무체 머꾸이래지, 머.

우리가 젤 마니 멍능게 멈니까, 여기서?

¯ 김치지 머. 김치가 젤: 마이 먹찌.

혹시, 여기 보면 인제 요리 많이 해 드셨을 것, 요리를 많이 하셨을 것 아니에요? 여기에 인제 밭에 아까 길렀던 채소 같은 것들도 많이 있죠, 채소 같은 것?

￣ 채소도 그래. 그저 배추, 무 그렇지 뭐.

＝ 허허, 그럼.

배추.

￣ 어, 무. 그저 채소라는 것이 그거야, 당파, 또 갓, 갓이 있잖아 갓, 그렇지 뭐.

그 다음에 먹는 과(일), 먹는 채소 같은 것들도 재배 안 하셨습니까, 집에서 뭐 흔히 해 먹는?

＝ 배추, 무 이런 것이 있지 먹는 것.

￣ 오이, 호박 이렇지 뭐.

그 다음에 인제 먹고 아까 봄에 했던 가, 그

￣ 갓.

뭐, 그런 것 요리를 요리도 하셨잖아요, 요리?

￣ 요리 해 먹어야 그런 것으로 그저 배추에다 섞어서 김치 해 먹고 이러지.

요리를 할 때 주로 어떻게 합니까? 어떤 요리들이 주로인가요, 요리 같은 것들은?

￣ 요리라야 그저 김치 해 먹고 그저 뭔 나물 같은 것 볶고, 삶아 무쳐 먹고 이러지, 뭐.

우리가 제일 많이 먹는 것이 뭡니까, 여기서?

￣ 김치지 뭐. 김치가 제일 많이 먹지.

여기서는 어떠케 당굼니까, 그거슬? 고 당구는 과정을 쫌 얘기를 해주실 수 이쓰세요?

‑ 과정이래야 머여, 저기 메레치전 느쿠[3].

먼저 인제 김치가틍걸 할려며는 배

‑ 배:추이찌.

그거를 처메 어떠케 인제 해 씨서

‑ 씨서서, 소구메 저려따 씨서가주구.

씨서서 소구메 인제 한 어느 정도 저림니까?

= 제려서[4] 씨서야지.

‑ 제려가주 씨찌.

아 예, 먼저 배추를 소금, 소금무레 제, 제

‑ 으~, 제려가주 씨어[5] 가주구 그냥.

제려가주고 어느 정도, 어느 정도 이러케 제려 둠니까?

‑ 아주 주께 제레애지.

거 한 메칠 정도 이러케?

‑ 아이, 메치런 앙가구 그저. 아치메 절구믄[5] 나제 씨께 되자너. 으~, 나제 씨께 되자너, 나제.

= 조흔[7] 배:찬[8] 안:되구, 나뿡거나 되지, 조응거는 금방 안주거요, 딱따카지.

그럼, 머 하루빰 정도?

여기서는 어떻게 담급니까, 그것을? 그 담그는 과정을 좀 얘기를 해 주실 수 있으세요?

￣ 과정이라야 뭐야, 저기 멸치젓 넣고.

먼저 인제 김치 같은 것을 하려면 배

￣ 배추 있지.

그걸 처음에 어떻게 인제 해 씻어

￣ 씻어서, 소금에 절였다 씻어서.

씻어서 소금에 인제 한 어느 정도 저립니까?

＝ 절여서 씻어야지.

￣ 절여서 씻지.

아 예, 먼저 배추를 소금, 소금 물에 제, 제

￣ 응, 저려서 씻어서 그냥.

저려서 어느 정도, 어느 정도 이렇게 절여 둡니까?

￣ 아주 (배추 속이) 죽게 절여야지.

거 한 며칠 정도 이렇게?

￣ 아니, 며칠은 안 가고 그저. 아침에 절이면 낮에 씻게 되잖아. 응, 낮에 씻게 되잖아, 낮에.

＝ 좋은 배추는 안 되고, 나쁜 것이나 되지, 좋은 것은 금방 안 죽어요, 딱딱하지.

그럼, 뭐 하룻밤 정도?

ᵇ 하루빰 자야지, 하루빰.

ᵀ 으~, 하루빰. 소배추 가튼건 하루빰 자야ᄒᆞ구.

어떵거요?

ᵀ 배:추 조응거.

그다메 인제 그걸

ᵀ 씨어가주구 양염[9]해:서, 무처.

양녀문 어떠케 만듬니까, 양녀문뇨? 어떵거, 어떵거, 양념?

ᵀ 거, 양녀미래야 머 마널[10], 파, 무수[11] 채 쓰:러 느쿠 이러케 무체서 그 걸 이래 발르구.

그다메 또 꼬추.

ᵀ 고추까루.

거기예 어, 양여메는 머머 드러감니까?

ᵀ 양염 드러갈께 머 이써? 마날, 파, 꼬추까루, 메레치젙, 그러치 머 양 여미래야.

그러케 해서 인제 이걸 다, 버

ᵀ 버무리지.

배추를 보통

ᵀ 쿵건 바:널 째개구,[12] 자그머 기냥 해부리지[13].

어떠케, 어떠케 함니까? 배추를 인제 양여메다가 배추를 이러케, 이러케 하 능걸 머라고 함니까? 배추를?

ᵀ 버무린다 구래지.

ᵇ 그거뚜 여러가지여, 배:추 앙군다[14] 그래구 머.

배:추 어떠케 한다구요?

ᵇ 배:추 속: 앙군다구래구.

ᵀ 송:는능거를 앙군다구래.

그다멘 또 어떠케 앙구고 나서요?

＝ 하룻밤 자야지, 하룻밤.

￣ 응, 하룻밤. 소배추 같은 것은 하룻밤 자야 하고.

어떤 거요?

￣ 배추 좋은 것.

그 다음에 인제 그걸

￣ 씻어서 양념해서, 무쳐.

양념은 어떻게 만듭니까, 양념은요?, 어떤 거, 어떵거, 양념?

￣ 거, 양념이라야 뭐 마늘, 파, 무채 썰어 넣고 이렇게 무쳐서 그걸 이렇게 바르고.

그 다음에 또 고추.

￣ 고춧가루.

기기에 어, 양념에는 뭐 뭐 들어 갑니까?

￣ 양념 들어갈 것이 뭐 있어? 마늘, 파, 고춧가루, 뭐 멸치젓, 그렇지 뭐 양념이라야.

그렇게 해서 인제 이것을 다, 버

￣ 버무리지.

배추를 보통

￣ 큰 것은 반을 짜개고, 작으면 그냥 해 버리지.

어떻게, 어떻게 합니까? 배추를 인제 양념에다가 배추를 이렇게, 이렇게 하는 것을 뭐라고 합니까? 배추를?

￣ 버무린다 그러지.

￣ 그것도 여러 가지야, 배추 앙군다 그러고 뭐.

배추 어떻게 한다고요?

＝ 배추 속 앙군다 그러고.

￣ 속 넣는 것을 앙군다고 그래.

그 다음엔 또 어떻게, 앙구고 나서요?

= 아이, 꼬꽁눌러노:먼 되능거지.

- 항아리다 느쿠 꼬꽁눌러노치. 그래구 끄:내 머그먼 되지 머.

그다메 김치 말고 또 어떤 요리가 이씀니까, 반차네?

- 깍뚜기, 무:루 깍뚜기 해 노차너. 아이, 그렁거 다 지베서 자셔껜는데 왜그래, 깍뚜기 가틍거를.

그런데, 인제 제가 왜 그걸 문냐면 요게 과정이 고게 지방마다 쪼꿈씩 다를 쑤가 이짜나요? 인제, 고렁걸, 그다메 재료

= 그거 다: 항꺼버네 해니깐, 배:추하구.

김치 종뉴가 만차나요?

- 동:지미 해노쿠, 깍뚜기, 김치, 동지미[15], 그러치 머.

그다메 인제 어, 알타리무우가튼, 무우, 무수 넙쩍하게 써러가지고 이러케 물, 무룰 왜 이러케 하는 김치도 이씀니까?

- 그건 멍:가?

나박낌치.

- 나박지[16], 나박찌는 배:추를 쓰:러 가주구년 무:럴 납쭝납쭈캐게 쓰:러서 꼬추까리에다 버무레가주구서 당구능게 그게 나박낌치.

물, 물김치도 이씀니까?

- 으~, 물김치가찌 머. 이러케 지꿍물두 이꾸. 그겅가? 그게 물김치.

동지미는 어떠케 만듬니까?

- 동:치미는 기냥 통무럴 씨서가주구 소굼무레다가 처느쿠, 거기다 양염해 느:먼 그게 동:치미여.

제가 고걸 쪼끔 잘 몰라가지고 먼저 그까

- 통무.

어, 통무, 통무를

- 으~. 씨서가주구 항아리다 느:쿠, 소굼물 푸러서 재우지 말구, 데운무럴 해머 뽀얕, 동덩뜨지. 소굼무레다 해 노:머넌 뭐야, 절구면 나뻐.

＝ 아이, 꼭꼭 눌러 놓으면 되는 것이지.

― 항아리에다 넣고 꼭꼭 눌러 놓지. 그러고 꺼내 먹으면 되지 뭐.

그 다음에 김치 말고 또 어던 요리가 있습니까, 반찬에?

― 깍두기, 무를 깍두기 해 놓잖아. 아니, 그런 것 다 집에서 자셨겠는데 왜 그래, 깍두기 같은 것을?

그런데, 인제 제가 왜 그걸 묻냐면 요것이 과정이 고것이 지방마다 조금씩 다를 수가 있잖아요? 인제, 그런 것, 그 다음에 재료

― 그것 다 한꺼번에 하니간, 배추하고.

김치 종류가 많잖아요?

― 동지미 해 놓고, 그런 것 깍두기, 김치, 동치미, 그렇지 뭐.

그 다음에 인제 어, 총각무 같은, 무우, 무수 넓적하게 썰어서 이렇게 물, 물을 왜 이렇게 하는 김치도 있습니까?

― 그건 뭔가?

나박김치.

― 나박김치, 나박김치는 배추를 썰어서 무를 납죽납죽하게 썰어서 고춧가루에 버무려서 담그는 것이 그게 나박김치.

물, 물김치도 있습니까?

― 응, 물김치 같지 뭐. 이렇게 김칫국물도 있고. 그것인가? 그게 물김치.

동치미는 어떻게 만듭니까?

― 동치미는 그냥 통무를 씻어서 소금물에다가 쳐 넣고, 거기다 양념해 넣으면 그게 동치미야.

제가 그걸 조금 잘 몰라서 먼저 그러니까

― 통무.

응, 통무, 통무를

― 응. 씻어서 항아리에다 넣고, 소금물 풀어서 재우지 말고, 데운 물을 하면 뽀얗게, 동동 뜨지. 소금물에다 해 놓으면 뭐야, 절이면 나빠.

가라안자, 툼벙[17].

　아, 그냥 바로 부꼬

　⌐ 바로 부꾸, 거기다 인제 양여멀 좀 느:야 돼.

　양녀믄 어떵거 너씀니까?

　⌐ 마날, 생강 이렁검만 느:먼 돼, 어, 찌여서.[18] 뭔: 봉지에다 느: 주머이다 느: 가주구 당구믄 우러나자녀. 그래먼 깨끄태자녀, 무리.

　그렁걸 그냥 당구능게 아니라 고거슬 어디에다가 요러케 싸서 머 구멍이 약깐 뚤린거 그튼데 싸서 당 당궈노

　⌐ 거기다 늘 머글 때꺼정 놔둬. 거기서 궁무리 우러나자녀, 양염무리. 그러케해논능게 동치미여.

　거, 언제 주로 먹씀니까?

　⌐ 가:레 김장 당굴쩌게 그러케 함 돼.

　그다메 또 오이가지고 또 그러케 하능거 이씀니까?

　⌐ 그건 오이지.

　예, 그건 어떠케 멍나요?

　⌐ 오이 따가주 소굼무레다 절궈따 머금 그게 오이지지.

　한 어느정도 절굼니까, 오이지 당굴 때? 그 오이지 가틍거뜨른 인제.

　＝ 그렁건 몰를꺼여. 남:자덜 그건 모:르지.

　이거 어르신들한테 여쭤봐야 되겐

　＝ 난 여자래두 오이질 안 해머거 보이 몰:러.

　⌐ 오이지럴 소구멀 소굼무레다 당구먼

　＝ 난 운제[19] 한버른 물커저 몸머께떤데.

　⌐ 그건 소굼무리 싱거워 물커지지.

　＝ 아이, 왜그래는지 난 담:찌두 안해써.

　⌐ 짭짤해게 해:서 당궈야 해. 짭짤해게 해:서 당구구.

가라앉아, 툼벙.

아, 그냥 바로 붓고

⁻ 바로 붓고, 거기다 인제 양념을 좀 넣어야 돼.

양념은 어떤 것 넣습니까?

⁻ 마늘, 생강 이런 것만 넣으면 돼, 어, 찧어서. 무슨 봉지에다 넣어 주머니에다 넣어서 담그면 우러나잖아. 그러면 깨끗하잖아, 물이.

그런 것을 그냥 담그는 것이 아니라 그것을 어디에다가 요렇게 싸서 뭐 구멍이 약간 뚫린 것 같은데다 싸서 담 담가 놓

⁻ 거기다 늘 먹을 때까지 놔 둬. 거기서 국물이 우러나잖아, 양념물이. 그렇게 해 놓는 것이 동치미야.

거, 언제 주로 먹습니까?

⁻ 가을에 김장 담글 적에 그렇게 하면 돼.

그 다음에 또 오이 가지고 또 그렇게 하는 것 있습니까?

⁻ 그건 오이지.

예, 그건 어떻게 먹나요?

⁻ 오이 따서 소금 물에다 절였다가 먹으면 그게 오이지지.

한 어느 정도 절입니까, 오이지 담글 때? 그러니까 그 오이지 같은 것들은 인제.

꞊ 그런 것은 모를거야, 남자들 그건 모르지.

이것 어르신들한테 여쭤봐야 되겠네요.

꞊ 난 여자라도 오이지를 안 해 먹어 보니 몰라.

⁻ 오이지를 소금을 소금물에다 담그면

꞊ 난 언제 한번은 물크러져 못 먹겠던데.

⁻ 그건 소금물이 싱거워 물크러지지.

꞊ 아이, 왜 그러는지 난 담지도 안 했어.

⁻ 짭짤하게 해서 담가야 해. 짭짤하게 해서 담그고.

그다메 오이지는 아닌데 오이지 말고 오이를 딱딱 짤라서 반쪽 또 칼들 요러
케 내가지고
　- 허허, 그거는 오이만지지.
　= 오이속:빼기라 구래.
　- 어~, 오이속:빼기, 어~ 속:빼기.
　= 그거두 이르미 두가지래. 오이만지, 오이속:빼기라
　- 으, 만지래기두해구. 만지라구, 으, 오이만지. 속:빼기래기두해구.
어떤 마를 마니 씁니까? 여기서는 만지하고 속빼기 중에서?
　- 아이, 속:빼기두 씨구, 만지두 씨구 이래니깐 모르지 머.
　= 이렁저렁 지꺼려서 몰:라.
　- 허허, 그럼, 이렁저렁 지꺼리지.

그 다음에 오이지는 아닌데 오이지 말고 오이를 딱딱 잘라서 반쪽 또 칼들
요렇게 내서

- 허허, 그거는 오이소박이지.
= 오이소박이라 그래.
- 응, 오이소박이, 응, 오이소박이.
= 그것도 이름이 두가지야. 오이만지, 오이소박이라
- 으, '만지'라고도 하고, '만지'라고, 응, 오이만지. '소박이'라고도 하고.
어떤 말을 많이 씁니까? 여기서는 만지하고 속배기 중에서?
- 아이, '소박이'도 쓰고, '만지'도 쓰고, 이러니깐 모르지 뭐.
= 이렁저렁 지껄여서 몰라.
- 허허, 그럼, 이렁저렁 지껄이지.

1) '배추'의 방언형.

2) ¯ 제보자는 '무', ⁼ 제보자는 '무수'를 쓰고 있다.

3) '메레치젓'은 '메리치'와 '젓'의 합성어로서, '메레치'는 '멸치'의 방언형인데, '메르치'가 실현되기도 한다.

4) '제리-어서'로 분석되며, '제리다'는 '절이다'의 방언형으로, '제리다'와 함께 '절구다'가 쓰이기도 한다.

5) '씨어'는 '씻어'의 방언형이다. '씻다'는 모음으로 시작하는 어미와 결합할 때 '씨어(씻어)'와 같은 활용형이 되는데, 때에 따라서는 '씨에, 쎄'와 같은 형태를 보이기도 한다. 이런 양상을 보건대 이 지역에서는 '씻다'가 불규칙활용을 보임을 알 수 있다.

6) '절구믄'은 '절구-믄'으로 분석되며, '절구다'는 '절이다'의 방언형이고, '-믄'은 '-면'의 방언형이다.

7) 국어의 경우, 모음과 모음 사이에서는 일반적으로 'ㅎ'이 탈락한다. 하지만 '좋다'의 경우는 관형형 어미 '-은'과 결합했을 때 'ㅎ'이 탈락하지 않고 '조흔'의 형태를 보이기도 한다.

8) '배:찬'은 '배차-ㄴ'으로 분석되며, '배차'는 '배추'의 방언형이다.

9) '양염'은 '양념'의 방언형.

10) '마널'은 '마늘'의 방언형이며, '마날'이 쓰이기도 한다.

11) '무우'의 방언형.

12) '째개-구'로 분석되며, '째개다'는 '짜개다'의 방언형.

13) '해부리지'는 '해버리지'의 방언형이다. 이 지역에서는 '-부리다'보다는 '-버리다'로 실현되는 경우가 일반적이다.

14) '앙군다'는 '앙구-ㄴ다'로 분석되며, '앙구다'는 '한 곳에 버무리어 쟁이다'는 뜻이다.

15) '동치미'의 방언형.

16) '나박지'는 '나박김치'의 방언형이다.

17) '툼벙'은 의성어로서 크고 묵직한 물건이 깊은 물에 떨어져 잠기는 소리. 또

는 그 모양을 뜻한다.

18) '찌여서'는 '찧-어서'로 분석되며, '찧어서→찌어서→찌여서'의 변동으로 형
   성된 것이다.

19) '언제'의 방언형.

질병과 민간요법

그거 말고 인제 옌날, 지금하곤 다르게 옌나레도 병 마니 걸려짜나요? 지금
보다 더 병이, 여, 예, 예, 지그믄 양먹꼬 이러케 병웡가고 하는데 옌나레는 머,
양먹찌도 모타고, 병원가, 병원도 업쓰니까 모까지-나요? 그래, 그래서 인제 그
랜는데, 그러면 먼저, 옌나레 이때 마니 생겨떤 질병가틍거 어떵거, 피부에 생
기능거뜰, 어떵, 어떵게 이씀니까? 피부에 생기능거뜰?

  ▪ 옌:나렌 머 이, 그게 인제 ***네 따라서 갈:며넌 머 마:마래능거 이써,
손님핸대구.

  그거가, 그거는 생기면 어트게 되조, 사라미?

  ▪ 이, 예를 드러서 머야, 그거럴 빨리 이, 여기 사리 말해자믄 두툴, 요
러케 뻘:거케 톡톡 부러나지머. 그렌데 그게 에, 치료럴 잘바드먼 괜찬치
만 그냥 ** 골머터지며넌 말짱 이 얼구리가[1] 억짜너, 마:마가 생기면.

  그렁거 말고 인제 피부에 이러케 생기능거뜰도 머 어떵거 이씀니까? 이런
피부에 생기능거?

  ▪ 몰르겐네, 다릉거넌.

  버짐가틍거또 마니 생기죠?

  ▪ 그러치, 그건. 근데 옌:나레 그 보며넌, 대:개 몸:머거두 영양, 예:럴드
러, 바비 머, 바비 움:넝게 아니라 부시꽝게나 머 이렁거럴 제대루 머 참,
가춰서 먹찔 아너끼때미네 그런 문제가 만:치 머.

  고렁거엔 어떵게, 어떵게 이씀니까, 버지메는?

  ▪ 몸:머거서

　그것 말고 인제 옛날, 지금하곤 다르게 옛날에도 병 많이 걸렸잖아요? 지금보다 더 병이, 여, 예, 예, 지금은 약 먹고 이렇게 병원 가고 하는데 옛날에는 뭐, 약 먹지도 못하고, 병원 가, 병원도 없으니까 못 가잖아요? 그래, 그래서 인제 그랬는데, 그러면 먼저, 옛날에 이때 많이 생겼던 질병 같은 것 어떤 것, 피부에 생기는 것들, 어떤, 어떤 것이 있습니까? 피부에 생기는 것들?

　▪ 옛날엔 뭐 이, 그게 인제 ***에 따라서 갈면 뭐 '마마'라는 것 있어, 손님한다고.

　그거가, 그거는 생기면 어떻게 되죠, 사람이?

　▪ 이, 예를 들어서 뭐야, 그것을 빨리 이, 여기 살이 말하자면 두툴, 요렇게 뻘겋게 톡톡 불어나지 뭐. 그런데 그게 에, 치료를 잘 받으면 괜찮지만 그냥 ** 곪아터지면 말짱 이 얼굴이 얽잖아, 마마가 생기면.

　그런 것 말고 인제 피부에 이렇게 생기는 것들도 뭐 어떤 거 있습니까? 이런 피부에 생기는 것?

　▪ 모르겠네, 다른 것은.

　버짐 같은 것도 많이 생기죠?

　▪ 그렇지, 그건. 그런데 옛날에 그 보면, 대개 못 먹어도 영양, 예들 들어, 밥이 뭐, 밥이 없는 것이 아니라 부식관계나 뭐 이런 것을 제대로 뭐 참, 갖춰서 먹지를 않았기때문에 그런 문제가 많지 뭐.

　그런 것엔 어떤 것, 어떤 것 있습니까, 버짐에는?

　▪ 못 먹어서

버지미 생기자나요, 그니까 종유도 만차나요? 고렇게

▣ 그럼, 뭐 만:치.

어떵거, 어떵거 이씀니까? 고렁경우, 버지메는?

▣ 에, 머. 인제 예를 드러서 이 이러::케 머 이래구 똥:구라케 자우기 나면서 이러케 히끼수룸해. 그래 결구겐 피부가 거치러지넝거지, 그게.

고렇게 멈니까? 고런 버지메

▣ 글쎄, 난 그건 몰:루겐네. 그건 먼: 버지미라해는지.

그럼 버지미 생기며는 어트케 치료해씀니까, 옌나레 야기 업쓸때는?

▣ 게, 머 이 지금두 머, 가지니, 오이니, 머 이렁거럴래: 피부미용핸다구 이러케 막 문질러주구 구래자너, 게 머: 이, 예럴 드러 동물 기르멀 발른대덩가 머 그러치, 머.

옌나레요, 어떤 동물?

▣ 저기 저 이, 그 무신[2] 이르 톡톡 뿌러나구 머 이런 그런 버지메넌 머 산때지 기루미 야기라구래가주구, 산때지, 메때지 마리야. 사네 그거 자버가주구 그거럴 이러:케 끄려 가주구서넌 시키면 거기서 나오자너, 기루미. 그걸 발르구 머 이래능거뚜 이꾸. 그게, 그게 예:방이 마~이 된다구 그래. 옌나레 그게 자연치료방버비여. 그게 자연

그렇게 조초 머. 자연치료 방법, 그다메 여르메 이런데 이게 사리 저핀: 데 이러케 도돌도돌하게 나는?

▣ 그거 머, 땀띠가 난다구래능거야.

그렁거또 이러케 옌나레는 야그로 자연치료 약 쓰, 쓰게 인나요?

▣ 옌:나레 그 자연치료넌, 그런 경우예넌 소구멀 무렁, 저기 조꿈 미지근해게 데워가주구선, 소구멀 약깐 느:서, 그이간 너무 짜겁께[3] 해능게 아니구 밍밍해게 그냥

아니, 누가 오시능거?

▣ 아니야, 저:쪼게 뒤:찌베 군지사예 댕기넌 사라미여.

버짐이 생기잖아요, 그러니까 종류도 많잖아요? 그런 것이

▪ 그럼, 뭐 많지.

어떤 것, 어떤 것 있습니까? 그런 경우, 버짐에는?

▪ 에, 뭐. 인제 예를 들어서 이 이렇게 뭐 이러고 동그랗게 자국이 나면서 이렇게 희끄스름해. 그래 결국엔 피부가 거칠어지는 것이지, 그게.

그런 것이 뭡니까? 그런 버짐에

▪ 글쎄, 난 그건 모르겠네. 그건 무슨 버짐이라 하는지.

그럼 버짐이 생기면 어떻게 치료했습니까, 옛날에 약이 없을 때는?

▪ 그게, 뭐 이 지금도 뭐, 가지니, 오이니, 뭐 이런 것을 내어 피부미용한다고 이렇게 막 문질러 주고 그러잖아. 그게 뭐 이, 예를 들어 동물 기름을 바른다든가 뭐 그렇지. 뭐.

옛날에요, 어떤 동물?

▪ 저기 저 이, 그 무슨 이렇게 톡톡 불어나고 뭐 이런 그런 버짐에는 뭐 산돼지 기름이 약이라 그래서 산돼지, 멧돼지 말이야. 산에 그것 잡아서 그것을 이렇게 끓여서 식히면 거기서 나오잖아, 기름이. 그걸 바르고 뭐 이러는 것도 있고. 그게, 그게 예방이 많이 된다고 그래. 옛날에 그게 자연치료 방법이야. 그게 자연

그런 것이 좋죠 뭐. 자연치료 방법, 그 다음에 여름에 이런 데 이게 살이 접힌 데 이렇게 도돌도돌하게 나는?

▪ 그것 뭐, 땀띠가 난다 그러는 거야.

그런 것도 이렇게 옛날에는 약으로 자연치료 약 쓴 것이 있나요?

▪ 옛날에 그 자연치료는, 그런 경우에는 소금을 물을, 저기 조금 미지근하게 데워서, 소금을 약간 넣어서 그러니깐 너무 짜게 하는 것이 아니고 밍밍하게 그냥

아니, 누가 오시는 것?

▪ 아니야, 저쪽에 뒷집에 군지사에 다니는 사람이야.

그다메, 그다메 두드레기도 이러케 마니 나기도 하조, 사람드리? 그 두드레기는 어떠케 보통 치료를 함니까, 두드레기가 나며는?

▥ 두드레기[4] 그 그, 이 저, 옌:나레 이 응급 응급 치료로다, 그사라미 지금 춘천, 저기, 시경찰서:장까지 해:찌마넌 그 사라미 가다가, 그저네 초둥하꾜쩌게 마리야. 가다가 땡:뻬가 이러케 땅에다가 구:럴 뚤:구[5] 인넌데, 아이 그거 거기 발:겨널 해니깐, 그거럴 가서 어너 아이가 작때기루 쑤시니까넌 이 나러와가주 여기 쐈:딴 마리야. 이 그래니 머 아주 그냥 배랑간 아주 얼구리가, 으~, 이러케 뭐: 올루면서[6] 그냥 막 두툴두툴해구 이래해:서 그렌데 그 지비짜너, 집, 베쬠마리여. 그거 오래뒹거 그거럴 태워서 이러::케 가따가 이러케 발르드라구[7]. 그러케두 한번 치료해능거 봔:네. 내가 그건 직쩜내가 본, 그 사람, 으, 그때 그러케 자기 엄마가 해주넝걸 봐:써.

그 재를 바르능검니까?

▥ 으~, 재럴. 어~. 그래구 옌:나레넌 옌:나렌 미련해기두, 예:럴 드러 이 눈 눈뻥이 난대덩가, 머 이래며넌, 눈뻥언 대:구 만저그르쑤룩, 이래 말해재며넌 난:넝거버다 더 해:가 된다.

어떤 눈뻥이 나며는?

▥ 예:럴 드러 이 누네 무신 이러케 빨:거케 마리여. 여리 난대덩가 머 이러케 해:서 눈뻥이, 안:지리 인제 나오면, 그거럴 우투케 해나면, 아::주 이거 소널 무꺼노쿠, 으~, 어~, 무꺼노쿠, 일절 여기넌 근드리지 모태게 해. 그러케 자연이 그 가러안질때까지 그냥 이러케 머, 몸:만지게 해넌 그런 그게. 괘:니 그게 미련해지 머. 제잘루[8] 날:때만 바래구[9].

그 좁쌀가틍게 요러케 나기도 하자나요, 누네? 고렁거는 머라고 함니까?

▥ 그게 글쎄, 그게 눈, 안:질 근데 그게 다리키가[10] 난다구 구래지. 고여페 톡.

고 다래끼가 위예도 나고, 미테도 나자나요, 고 이르미 이씀니까? 위예 나능

그 다음에, 그 다음에 두드러기도 이렇게 많이 나기도 하죠, 사람들이?, 그 두드러기는 어떻게 보통 치료를 합니까, 두드러기가 나면?

▪ 두드러기 그 그, 이 저, 옛날에 이 응급 응급치료로다, 그 사람이 지금 춘천, 저기, 시경찰서장까지 했지만 그 사람이 가다가, 그 전에 초등학교 때에 말이야. 가다가 땅벌이 이렇게 땅에다가 굴을 뚫고 있는데, 아니 그것 거기 발견을 하니까, 그것을 가서 어느 아이가 작대기로 쑤시니까 이, 날아와서 여기 쐈단 말이야. 이 그러니 뭐 아주 그냥 별안간 아주 얼굴이, 응, 이렇게 부어 오르면서 그냥 막 두툴두툴하고 이러해서 그랬는데 그 짚 있잖아, 짚, 볏짚 말이야. 그것 오래된 것 그것을 태워서 이렇게 갖다가 이렇게 바르더라고. 그렇게도 한번 치료하는 것 봤네. 내가 그건 직접 내가 본, 그 사람, 으, 그때 그렇게 자기 엄마가 해 주는 것을 봤어.

그 재를 바르는 겁니까?

▪ 응, 재를. 응. 그리고 옛날에는 옛날에는 미련하기도, 예를 들어 이 눈 눈병이 난다든가, 뭐 이러면 눈병은 대개 만지고 그럴수록, 이렇게 말하자면 낫는 것보다 더 해가 된다.

어떤 눈병이 나면?

▪ 예를 들어 이 눈에 무슨 이렇게 빨갛게 말이야. 열이 난다든가 뭐 이렇게 해서 눈병이, 안질이 인제 나오면, 그것을 어떻게 하나면 아주 이것 손을 묶어 놓고, 응, 응, 묶어 놓고 일절 여기는 건드리지 못하게 해. 그렇게 자연히 그 가라앉을 때까지 그냥 이렇게 뭐, 못 만지게 하는 그런 그게. 괜히, 그것이 미련하지 뭐. 저절로 나을 때만 바라고.

그 좁쌀 같은 것이 요렇게 나기도 하잖아요, 눈에? 그런 것은 뭐라고 합니까?

▪ 그게 글쎄, 그게 눈, 안질 그런데 그게 다래끼가 난다고 그러지. 그 옆에 톡.

그 다래끼가 위에도 나고, 밑에도 나잖아요, 그 이름이 있습니까? 위에 나거를 머라고 함니까?

▪ 어, 머 민다리키[11]니 머:니 그래는데, 그렌데 인제 그러케두 해구 또 미신 민넌 사라먼 이러::케 서까래럴 돌려서:가주구서넌[12], 예:럴드러 으~, 수무살 머근 사라미먼 수물 이러케 가따 시어[13]가주싱구 또 모:잘르믄[14] 되루[15] 또 반대방향으루 서:가주구, 수물, 수무사럴 머거따 이래믄 수무번째 가서 거기에다가 이러케 눈처럼 사라멀 이러케 그려가주구 벼게다가, 고 서까래 끄테다, 으~ 모냥얼 이러케 그려노쿠 그 누네다가 안:질 그거 나:께해달라구그르깐 모:설 꼭빵넌데 그:리멀 그려노쿠 거기, 그런거뚜 내가 보와써.

근데 인제 고거 미신 말고 인제 자연치료뻐분 업씀니까?

▪ 자연, 자연치료뻐번 인제 침만넝게 조:치 머. 다리키 나넌데두.

침도 몸마즘 어터케 함니까?

▪ 아이구, 왜 몸마저? 여기두 할바이[16] 하나 요 요, 여기두 시골마담 또 침논넌이가 다: 이써. 가마:니 아맘니 무신 머 의:악 전문 무신 머 하귀럴 바든 사람덜 아니구, 그냥 응급치료, 예:럴 드러서 누가 이러케 배아푼데 어디럴 노터라, 이러케 보구 상식쩌그로 배워가주구 논넌 사라미 이찌. 그 돈:두 암바꾸 그냥, 누가 애기 나:따 그래믄 밤쭝이래두 어디가 아푸다 그래믄 데리구 가서 응급치료 반넝거지.

그 잘모타면 크닐 나자나요?

▪ 그건 잘모땡거지. 그렌데 그 사람더리 또 그러케 잘 무:태넌[17] 사람더리 아니지, 월래 그거 남 침놔:준대넌 사라미 잘문[18] 논넌 사라미 아니야. 그 침 노면 좀 가라앙께 되고 고러케 되는. 으~, 가러앙께, 그이가 인제 치메 아마 무슨 자꽁인지 하이튼 피가 좀 나오구 이래믄 가러안저.

사람 또 이게 여르미 되면 여기 발 사이에 뭐 이러케 막 나는 병이 이짜나요? 냄새도 나고 그다메 여기 이러케 바리 갈라 가렵꼬, 그런 병은?

▪ 그게 발쌔가 물룬다[19]구래자너.

그런 병을 머라고 함니까?

는 것을 뭐라고 합니까?

▪ 어, 뭐 민다래끼니 뭐니 그러는데, 그런데 인제 그렇게도 하고 또 미신 믿는 사람은 이렇게 서까래를 돌려세워서, 예를 들어 스무살 먹은 사람이면 스물 이렇게 갖다 세워서 또 모자라면 도로 또 반대방향으로 세워서, 스물, 스무살을 먹었다 이러면 스무번째 가서 거기에다가 이렇게 눈처럼 사람을 이렇게 그려서 벽에다가, 그 서까래 끝에다, 모양을 이렇게 그려 놓고 그 눈에다가 안질 그것 낫게 해달라고 그러면서 못을 꼭 박는데, 그림을 그려 놓고 거기 그런 것도 내가 봤어.

그런데 인제 그것 미신 말고 인제 자연치료법은 없습니까?

▪ 자연, 자연치료법은 인제 침 맞는 것이 좋지 뭐. 다래끼 나는 데도.

침도 못 맞으면 어떻게 합니까?

▪ 아이고, 왜 못 맞아? 여기도 할아버지 하나 요 요, 여기도 시골마다 또 침 놓는 이가 다 있어. 가만히 암암리 무슨 뭐 의학 전문 무슨 뭐 학위를 받은 사람들 아니고, 그냥 응급치료, 예를 들어서 누가 이렇게 배 아픈데 어디를 놓더라, 이렇게 보고 상식적으로 배워서 놓는 사람이 있지. 그 돈도 안 받고 그냥, 누가 아기 낳았다 그러면 밤중에라도 어디가 아프다 그러면 데리고 가서 응급치료 받는 거지.

그 잘못하면 큰일 나잖아요?

▪ 그건 잘못된 거지. 그런데 그 사람드리 또 그렇게 잘 못하는 사람들이 아니지. 원래 그것 남 침 봐 준다는 사람이 잘못 놓는 사람이 아니야. 그 침 놓으면 좀 가라앉게 되고 그렇게 되는. 응, 가라앉게, 그러니까 인제 침의 무슨 작용인지 하여튼 피가 좀 나오고 이러면 가라앉아.

사람 또 이게 여름이 되면 여기 발 사이에 뭐 이렇게 막 나는 병이 있잖아요? 냄새도 나고 그 다음에 여기 이렇게 발이 갈라 가렵고, 그런 병은?

▪ 그게 발 사이가 무른다고 그러잖아.

그런 병을 뭐라고 합니까?

▬ 그이 머, 무조무루 따:지능거지 머.

예. 그럼 고기에 쫌 조운약까틍거 이써씀니까, 옌나레는 많이?

▬ 예, 옌:나레넌 여기 머야. 저, 이 이런 개우레 가며넌 쥐선푸리라구 이써. 지금두 이써.

무순풀요?

▬ 쥐:선풀, 쥐:선푸리래능게 이르미 그렁게 이써, 푸리. 그거를 그걸 떠 가주구서는 이러케 싹싹 비벼서 그 새가네다가[20] 찡구며넌[21] 해 해, 해:도기 되구, 발싸이에. 쥐:선푸리라구 이써. 그래구 이 입뚜, 여리 과:해거나 머 이러케 해면 병이 나자너. 이 아이드리 이거 머 세빠누리[22] 도더따 이 랠쩌게 그, 이 시골서[23] 그저네 보며는 사네가며는 이 붕나무라구 이꺼덜 랑.[24] 거 붕나무래는데 보며는 벌거지[25]가 요러::케 똥구라케 해가주구 지 블 지꾸서 고아네 드러가서 야중에 보며넌 머야, 진덴물[26]가치 드란저이따 구[27] 그 아네. 그거럴 쌀머서 무럴 찌거발르머넌 이 세빠다기 하:여턴[28] 사 람두 아주 홀딱 버서지면서 나:. 벌레 쌀문 무리, 거, 붕나무에 인는. 그게 아주 조:워. 거 지굼두, 지굼두 웬만핸 사람더런 해:두넌데, 그거. 이, 이 뼹 나쓸 때 그러케 해:능거여. 이뼹이래능게 대:개 너무 고단해거나 머 이 래쓸쩨 나자너, 사람더리. 요줌사라미나 머 옌날사리미나. 그래 그랠쩨 그렁걸루, 이, 대:개 이 사네 가까이 샤:넌 사람더런 자연치료뻐비 그 사 네서 다: 이떠라구. 아주 뭔: 나물 뭐:세 조타, 뭐.

옌나레 또 열, 열도 이러케 마니 날 때도, 애기드리나 그럴땐 어떠케 해씀니까?

▬ 옌:나레 그, 머, 이런데서 열 가틍거 마~이 나구 이랠쩌게넌 저 호두 기룸두 해: 메기더라구, 저거. 호두를 저걸 깨: 가주구 소가럴 이러::케 뜯, 뜨드땐, 예:럴 드러 박까틍거 해넌데다가 밥소세다[29] 느:두 돼:. 그르세다 느:서, 느:른 느:따가 이러케 폭: 쩌둔 다메 꼭 짜면 고기서 기르미 나온다 구. 그래 그거뚜 메기기두 해구 또 이 성에유[30]라구 요런 나무예 달린 열 매가 인넌데 그거뚜 쌀머 메기구 머 여러가지 ***** 돼여.

▇ 그게 뭐, 무좀으로 따지는 것이지 뭐.

예. 그럼 거기에 좀 좋은 약 같은 것 있었습니까, 옛날에는 많이?

▇ 예, 옛날에는 여기 뭐야. 저, 이 이런 개울에 가면 쥐선풀이라고 있어. 지금도 있어.

무슨 풀요?

▇ 쥐선풀, 쥐선풀이라는 것이 이름 그런 것이 있어. 풀이. 그것을 그걸 떠서는 이렇게 싹싹 비벼서 그 사이에다 끼우면 해독이 되고, 발 사이에. 쥐선풀이라고 있어. 그러고 입도 열이 과하거나 뭐 이렇게 하면 병이 나잖아. 이 아이들이 이거 뭐 혓바늘이 돋았다 이럴 적에 그, 이 시골에서 그전에 보면 산에 가면 이 붉나무라고 있거든. 거 붉나무라는데 보면 벌레가 요렇게 동그랗게 해서 집을 짓고서 그 안에 들어가서 나중에 보면 뭐야, 진딧물같이 들어앉아 있다고 그 안에. 그것을 삶아서 물을 찍어 바르면 이 혓바닥이 하얗던 사람도 아주 홀딱 벗어지면서 나아. 벌레 삶은 물이, 거, 붉나무에 있는. 그게 아주 좋아. 거 지금도, 지금도 웬만한 사람들은 해 두는데, 그것. 이, 입병 났을 때 그렇게 하는 거야. 입병이라는 것이 대개 너무 고단하거나 뭐 이럴 적에 나잖아, 사람들이. 요즘 사람이나 뭐 옛날사람이나. 그래 그럴 적에 그런 것으로, 이, 대개 이 산에 가까이 사는 사람들은 자연치료법이 그 산에서 다 있더라고. 아주. 뭐 나물 뭣에 좋다, 뭐.

옛날에 또 열, 열도 이렇게 많이 날 때도, 아기들이나 그럴 땐 어떻게 했습니까?

▇ 옛날에 그, 뭐, 이런 데서 열 같은 것 많이 나고 이럴 적엔 저 호두 기름도 해 먹이더라고, 저거. 호두를 저걸 깨어서 속 알을 이렇게 뜨뜻한, 예를 들어 밥 같은 것 하는 데다가 밥솥에다 넣어도 돼. 그릇에다 넣어서, 넣으면 넣었다가 이렇게 폭 쪄 둔 다음에 꼭 짜면 거기서 기름이 나온다고. 그래 그것도 먹이기도 하고 또 이 석류라고 요런 나무에 달린 열매가 있는데 그것도 삶아 먹이고, 뭐 여러 가지 ***** 돼요.

주석

1) ‘얼구리가’는 ‘얼굴이’의 뜻으로, 주격조사 ‘-이’와 ‘-가’가 중복되어 나타난 예이다. 이와 같이 주격조사가 중복되는 현상은 강원 영동방언에서 주로 나타나며, 이 지역을 포함한 영서방언에서는 잘 나타나지 않는다.

2) ‘무신’은 ‘무슨’의 방언형으로 전설모음화에 의해 형성되었다.

3) ‘짜겁께’는 ‘짜겁-게’로 분석되며, ‘짜겁다’는 ‘짜다’의 방언형이다.

4) ‘두드러기’의 방언형.

5) ‘뚫고’의 방언형. 이 지역에서는 ‘뚤루다’가 많이 쓰인다.

6) ‘올루면서’는 ‘오르면서’의 뜻으로 ‘올르다’는 ‘오르다’의 방언형이다. 이 지역에서는 ‘올르다, 올러’와 같은 활용 양상을 보인다.

7) ‘발르다’는 ‘바르다’의 방언형이다.

8) ‘제잘루’는 ‘저절로’의 방언형으로 ‘절루’가 쓰이기도 한다.

9) ‘바래-구’로 분석되는데, ‘바래다’는 ‘바라다’의 방언형이다. 이렇게 용언 어간 말에 모음 ‘이’가 첨가되는 예들이 몇몇 있는데, ‘지내다(지나다), 만내다(만나다)’가 그것이다.

10) ‘다리키’는 ‘다래끼’의 방언형이다.

11) ‘민다리키’는 ‘눈의 위쪽에 나는 다래끼’를 뜻한다.

12) ‘셔:가주구서넌’은 ‘세워 가지고서는’의 뜻으로서, ‘세우다〉세:다〉시:다’의 변화로 형성된 어간 ‘시:-’와 어미 ‘-어’의 결합으로 ‘셔:’가 형성된 것이다.

13) ‘시-어’로 분석되며, ‘시다’는 ‘세다’의 방언형이다. ‘에〉이’ 모음상승에 의하여 형성된 것이다.

14) ‘모:잘르믄’은 ‘모잘르-믄’으로 분석되며, ‘모잘르다’는 ‘모자르다’의 방언형이다. 이것은 ‘모잘르지, 모잘러’와 같은 활용 양상을 보인다.

15) ‘되루’는 ‘도로’의 방언형이다.

16) ‘할아버지’의 방언형.

17) ‘무:태던’은 ‘못하는’의 뜻으로 ‘뭇:하다’는 ‘못하다’의 방언형이다. 첫음절이 장모음 환경이므로 ‘오〉우’ 모음상승에 의하여 ‘못하다〉뭇하다’가 형성된 것이다.

18) ‘잘문’은 ‘잘못’의 방언형인데, 비어두 음절에서 ‘오〉우’ 모음상승으로 ‘잘못〉
잘못’이 형성된 것이다.

19) ‘물룬다’는 ‘물루-ㄴ다’로 분석되며, ‘물루다’는 ‘무르다’의 방언형이다.

20) ‘새가네다가’는 ‘새간-에-다가’로 분석되는데, ‘사이에다가’의 뜻을 갖는다. ‘새
간’은 ‘사이’와 ‘간(間)’의 합성어로 보이는데, ‘초갓집, 역전앞과 마찬가지로
단어가 중복된 예로 볼 수 있다.

21) ‘찡구며넌’은 ‘끼우며는’의 뜻으로, ‘찡구다’는 ‘끼우다’의 방언형이다.

22) ‘쎄빠눌’은 ‘혓바늘’의 방언형이다.

23) ‘시골서’는 ‘시골-서’로 분석되는데, 이때의 ‘-서’는 ‘-에서’에서 처격 조사 ‘-에’
가 생략된 예라 할 수 있다.

24) ‘이꺼들랑’은 ‘있거든’의 뜻으로 조사 ‘-거들랑’은 ‘거든’의 방언형이다.

25) ‘벌거지’는 ‘벌레’의 방언형이다.

26) ‘진딧물’의 방언형.

27) ‘드란저이따구’는 ‘들앉-어-있-다-고’로 분석되는데, ‘들앉다’는 ‘들어앉다’의
방언형이다.

28) ‘하여턴’은 ‘하옇-던’으로 분석되며, ‘하옇다’는 ‘하얗다’의 방언형이다.

29) ‘밥소세다’는 ‘밥솣-에다’로 분석되는데, ‘솥’이 처격 조사와의 결합에서는 ‘솣’
으로 실현된다. 이 지역에서는 일반적으로 ‘소치, 소틀, 소테’와 같은 활용 양
상을 보인다.

30) ‘서엥뉴’는 ‘석류’의 잘못된 발화로, 이 지역에서는 ‘성뉴’로 나타나는 것이
일반적이다.

세시 풍속과 놀이

　어르신 아까 저기, 수수 이짜나요? 그거 아까 도깨비 뭐 그거 무슨 얘기예
요, 그게?

　▪ 어허, 아이, 수수, 뭐야 이 이 일, 왜정 때 그 교꽈서 채게 우리 일항
년 드러가쓸 때, 그 기비당고라구 이써, 기비당고래능게 일번마리 수수떠
기여, 우리나라 말로는 수수떠기지. 긴:데[1] 그거를 어린아이덜 저기 게 인
제 거 옌:나레 도꺼비[2], 도깨비를 쪼처따구, 그래서 그게 그 떡 그 자꾸를
쫀는대는 뜨세서 아이들 도레 저걸 해 준다구, 그 떠걸. 그런 유래가 인
능거요. 왜 그러나 해머는 그 그 도깨비가 우투케[3] 돼:서 그래냐? 으, 저
뭐야? 꼬깜모냥으로 아::주 저기 도깨비가 아무리 아이가 울:구 그래두 그
달갤라구[4] 그러니까는 저기 마:럴 안드떠니 저:기 저 수수 수수떠걸 주께
이래니까는 아이가 우루멀 딱끄치더래. 그러니간 데루 그게 꼬까메 얼킨
얘기하구 비스태지, 그래가지구서는 뭐야 도깨비가 수수떠기 되니까는
들구 도망, 들구 도망얼 가따구 해가주구서 그게 귀, 자꾸를 쫀는대구 말:
해요. 그래서 그게 오눌랄까지두 그 스꽈니 돼가주구 대:구[5], 아이들 그
돌 생일 이랠쩌게 저기 떠걸 해주자나.

　저걸로요?

　▪ 우~. 그래구 뭐 또 그저네 우리 쪼꾸마:서 얘기, 드른 얘기는 그거뚜
머야. 수수 저 대궁이[6], 미치 빨:거.[7] 이러케 저 짤러 보머넌, 이러케 저 대궁이.

　▪ 그게 왜 그런야 하믄 저 거 하누레서[8] 사라미 하눌로 올라갈라구 그
래는데 저기 이러케 주럴 꼭때기다 말하자믄 어려운 위기에 당핸는데,

　어르신 아까 저기, 수수 있잖아요? 그것 아까 도깨비 뭐 그것 무슨 얘기에요, 그게?

　■ 어허, 아이, 수수, 뭐야 이 이 일, 왜정 때 그 교과서 책에 우리 일학년 들어갔을 때, 그 기비당고라고 있어, 기비당고라는 것이 일본 말이 수수떡이야, 우리 나라 말로는 수수떡이지. 그런데 그것을 어린아이들 저기 그게 인제 거 옛날에 도깨비, 도깨비를 쫓았다고, 그래서 그게 그 떡 그 잡귀를 쫓는다는 뜻에서 아이들 돌에 저것을 해 준다고, 그 떡을. 그런 유래가 있는 거요. '왜? 그러냐' 하면 그, 그 도깨비가 어떻게 돼서 그러냐? 으, 저 뭐야? 곶감 모양으로 아주 저기 도깨비가 아무리 아이가 울고 그래도 그 달래려고 그러니깐 저기 말을 안 듣더니, 저기 저, '수수, 수수 떡을 줄게.' 이러니깐 아이가 울음을 딱 그치더래. 그러니깐 도로 그게 곶 감에 얽힌 얘기하고 비슷하지, 그래서 뭐야 도깨비가 수수떡이 보이니까 들고 도망, 들고 도망을 갔다고 해서 그게 귀, 잡귀를 쫓는다고 말해요. 그래서 그게 오늘날까지도 그 습관이 돼서 대개, 아이들 그 돌, 생일 이럴 적에 저기 떡을 해 주잖아.

　저것으로요?

　■ 응. 그러고 뭐 또 그전에 우리 조그만해서 얘기, 들은 얘기는 그것도 뭐야. 수수 저 대, 밑이 빨개. 이렇게 저 잘라 보면, 이렇게 저 대.

　■ 그게 왜 그러냐 하면 저 거 하늘에서 사람이 하늘로 올라가려고 그러는데 저기 이렇게 줄을 꼭대기에다 말하자면 어려운 위기에 당했는데,

어어, 하눌로 올러 가기는 해야되구, 그래니깐 하나님, 하나님, 저기 하누
레서 이 줄 좀 내려 보내달라구래가주구서 사라미 차캔 사라미 인제 통,
어드루[9] 이러케 수물라구래니깐 주룰 내려보내가주구 그걸 타구 올러가
꺼든. 긴데 호랑이가 또 거기 나타내가지구 호랑이두 이 머야, 나 좀 살
궈[10]달라구 주룰 내려보내라니깐 이러::케 머야 튼튼치 아는 주룰 내려보
내가주구 내려오다가 그냥 중, 중, 중가네 올러가다 뚝 떠러저가주구, 해
필[11] 그 수수 대궁 빈: 데 거기 가서 뚝 떠러저대. 그 도깨비가. 그래가주
구서는 그 도깨비가 여기 이, 외:부 상처럴 마이 이붕거지, 이러케 피가
나와서. 그래서 그 마:리 이 내려와가주구서 수수때궁이 뻘거타 이런 애
기두 이꾸요. 근데 그 옌:날 사람드른 그렁거럴 뭐 이게 ***야, 그래. 옌:나
레 저기 아이더리 머야, 말해자믄 거시기 영양 부조기래서 그래는지 이러
케 참, 지금 머 소말리야 사람덜 모냥[12] 이러케 빼::빼 말르면서 아르니까
는 그거를 옌:날 사람드른 머 자래를[13] 알른다구 그래자너. 그래가주구서
이 머야, 닥채나무[14] 뿌레기가[15] 야기라구 인제

　무순 나무?

▣ 닥채나무, 조이, 한:지 맹그는. 그 나무 뿌리가 야기라구 이래가주구
그래, 그게 왜 그 전서리 내려오느냐해며는 자라를, 저기 부뚜러 가주가
다가, 닥채나무예다 뿌뚜러 매니까는 거기다가 이러케 도망가장케 부뚜
러 매노니까는 죽떠래. 그래서 인제 그거와는 극꽈 그기다 이런 시구루
해:서 그게 야기라구. 그래서 옌:나레는 저게[16], 자래럴 아르머는 그 닥채
나무 뿌레기 물두 해:메게따능거지. 그깐, 이 시기요뻐비나 무신 경:강요
뻐비나 머 누가 한 사라미 이게 이러케 해믄 조타 이래므는 그게 그냥 머,
말해자믄 에이형이나 삐:형이나 다: 어, 또까치 그 야기 만는 줄 알구 그
러케덜 옌:날 이:원[17]더른 그러케 해:때능거야.

어어, 하늘로 올라가기는 해야 되고, 그러니까 하나님, 하나님, 저기 하늘에서 이 줄 좀 내려 보내달라고 그래서 사람이 착한 사람이 인제 통, 어디로 숨으려고 그러니깐 줄을 내려보내서 그걸 타고 올라갔거든. 그런데 호랑이가 또 거기 나타나서 호랑이도 이 뭐야, 나 좀 살려 달라고 줄을 내려보내라니까 이렇게 뭐야 튼튼하지 않은 줄을 내려 보내서 내려오다가 그냥 중, 중, 중간에 올라가다 뚝 떨어져서, 하필 그 수숫대 벤 데 거기 가서 뚝 떨어졌대. 그 도깨비가. 그래서는 그 도깨비가 여기 이, 외부 상처를 많이 입은 것이, 이렇게 피가 나와서. 그래서 그 말이 이 내려와서 수숫대 뻘겋다 이런 얘기도 있고요.그런데 그 옛날 사람들은 그런 것을 뭐 이게 ***야, 그래. 옛날에 저기 아이들이 뭐야, 말하자면 거시기 영양부족이라서 그러는지 이렇게 참, 지금 뭐 소말리아 사람들 모양으로 이렇게 빼빼 마르면서 앓으니까 그것을 옛날 사람들은 뭐 자라를 앓는다고 그러잖아. 그래서 이 뭐야, 닥나무 뿌리가 약이라고 인제

무슨 나무?

▪ 닥나무, 종이, 한지 만드는 그 나무 뿌리가 약이라고 이래서 그래, 그게 왜 그 전설이 내려오느냐하면 자라를, 저기 붙들어 가지고 가다가, 닥나무에다 붙들어 매니까 거기다가 이렇게 도망가지 않게 붙들어 매어 놓으니까 죽더래. 그래서 인제 그것과는 극과 극이다 이런 식으로 해서 그게 약이라고. 그래서 옛날에는 저기, 자라를 앓으면 그 닥나무 뿌리 물도 해 먹였다는 것이지. 그러니까, 이 식이요법이나 무슨 건강요법이나 뭐 누가 한 사람이 이게 이렇게 하면 좋다 이러면 그게 그냥 뭐, 말하자면 A형이나 B형이나 다 어, 똑같이 그 약이 맞는 줄 알고 그렇게들 옛날 의원들은 그렇게 했다는 거야.

주석

1) '그런데'의 방언형.

2) '도깨비'의 잘못된 발화이다.

3) '우투케'는 '우퉁-게'로 분석되며, '우퉁다'는 '어떻다'의 방언형이다.

4) '달갤라구'는 '달개-을라-구'로 분석되는데, '달개다'는 '달래다'의 방언형이며, 어미 '-을라'는 '-으려'의 방언형이다.

5) '대:구'는 '대개'의 방언형이다.

6) '대궁이'는 '대'의 방언형이다.

7) '빨:거'는 '빨겋-어'로 분석되는데, '빨겋다'는 '빨갛다'의 방언형이다. '빨겋-'은 어미 '-어'와 결합하여 활용형 '빨거'가 실현되는데, 이와 같은 활용 양상은 규칙적인 모습을 보여주는데, 표준어와는 다른 모습이다.

8) '하누레서'는 '하눌-에서'로 분석되며, '하눌'은 '하늘'의 방언형이다.

9) '어드루'는 '어디로'의 뜻이며, '어드'는 '어디'의 방언형이다.

10) '살궈'는 '살구-어'로 분석되며, '살구다'는 '살리다'의 방언형이다.

11) '하필'의 방언형으로, '이' 모음역행동화가 실현된 것이다.

12) '모냥은 '모양'의 방언형.

13) '자래를'은 '자래-를'로 분석되며, '자래'는 '자라'의 방언형이다. '자라'는 '손바닥이나 몸의 일정한 곳에 생기는 쌀알 같은 것. 열이 올랐다 내렸다 하면서 배가 몹시 아픈 증상'을 말한다. '자래(자라)'처럼 체언 어간말에 '이'가 첨가되는 예로는 '초매(치마), 씨애(씨아), 방애(방아), 장개(장가)' 등이 있다.

14) '닥나무'의 방언형.

15) '뿌리'의 방언형으로, '뿌리'와 접미사 '-어기'가 결합하여 '뿌리+어기〉뿌러기〉뿌레기'의 변화를 거쳐 형성된 것이다.

16) '저게'는 '저기'의 방언형이다.

17) '이:원'은 '의원'의 방언형으로, 이중모음 '의' 중 '으'가 탈락하면서 이중모음의 단모음화가 이루어진 예이다.

<자>